화엄경보현행원품소

화엄경보현행원품소

청량 징관 소
신규탁 역주

2022년 10월 15일 초판 1쇄 발행
2024년 11월 15일 재판 1쇄 발행

펴낸곳 :   운당문고
등 록 :   제2020-000223호
보급처 :   화엄학연구소
주 소 :   경기도 고양시 일산동구 호수로 640
            청원레이크빌 1508호
E-mail :   ananda@yonsei.ac.kr
            값: 30,000원

ISBN 979-11-972912-10(93220)

화엄학연구소총서 ②

화엄경보현행원품소

청량 국사 징관 소

신규탁 번역

운당문고

보은의 삼 주 향을 사르오니
한 소리는 법성교해 삼보님께로
또 소리는 시방 국토 중생에게로
마지막 소리는 다경실 역대 조사님께로
올라 퍼지이다.

역자 합장

개경게
開經偈

무상심심미묘법
無上甚深微妙法

백천만겁난조우
百千萬劫難遭遇

아금견문득수지
我今見聞得受持

원해여래진실의
願解如來眞實義

높고깊은 부처님법

만나뵙기 어렵건만

제가이제 받아지녀

참된의미 깨치리다

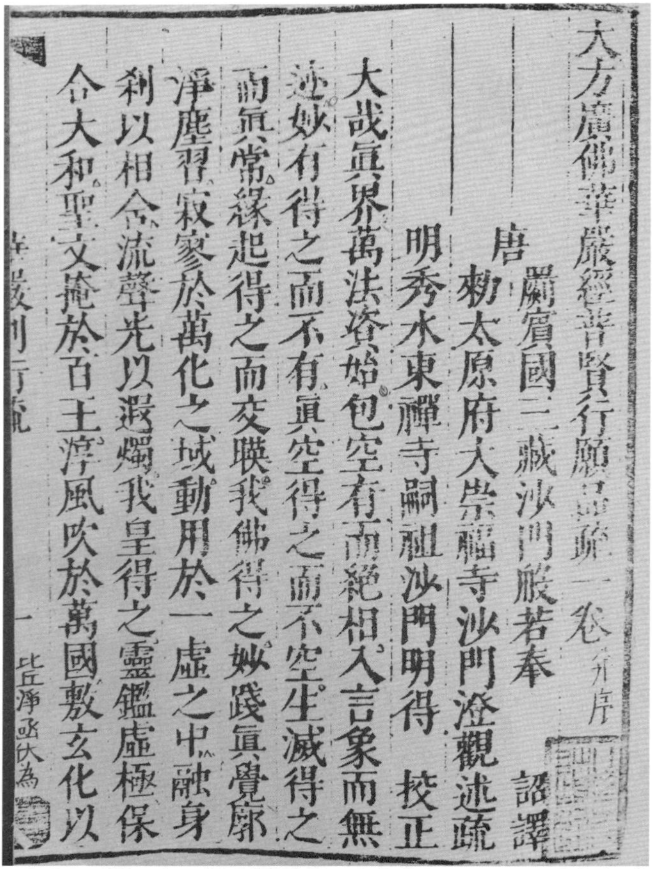
大方廣佛華嚴經普賢行願品疏一卷 并序
唐 罽賓國三藏沙門般若奉 詔譯
勅太原府大崇福寺沙門澄觀述疏
明秀水東禪寺嗣祖沙門明得 校正
大哉眞界萬法資始包空有而絕相入言象而無
迹妙有得之而不有眞空得之而不空生滅得之
而眞常緣起得之而交暎我佛得之妙踐眞覺廓
淨塵習寂寥於萬化之域動用於一虛之中融身
刹以相含流聲光以遐燭我皇得之靈鑑虛極保
合大和聖文掩於百王淳風吹於萬國敷玄化以
華嚴別行疏 一 比丘淨函伏為

〈사진1〉 서울 봉은사본 『화엄경보현행원품소』(1856), 징관의 서

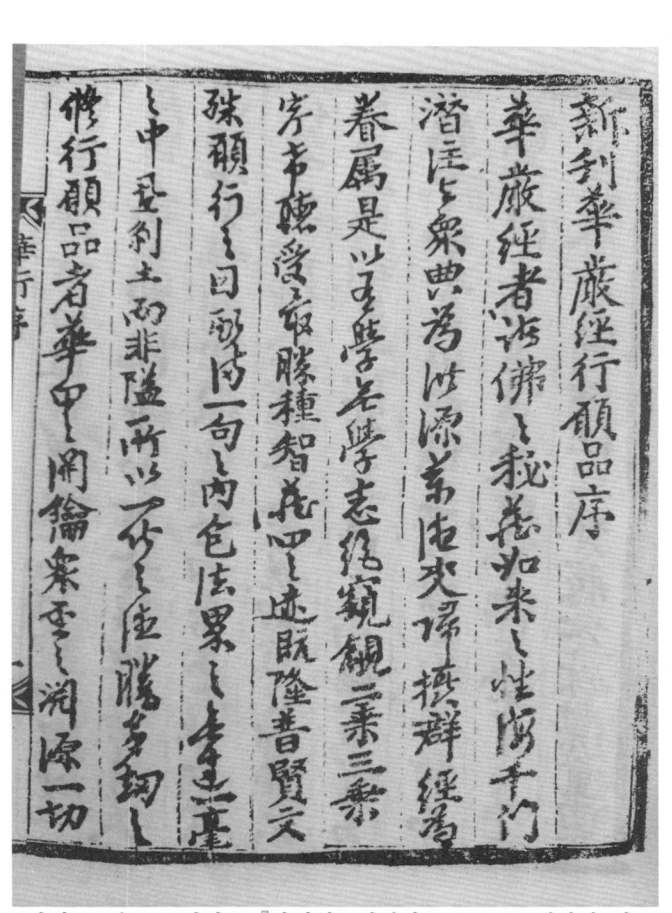

〈사진2〉 대구 동화사본 『화엄경보현행원품』(1736), 쾌선의 서

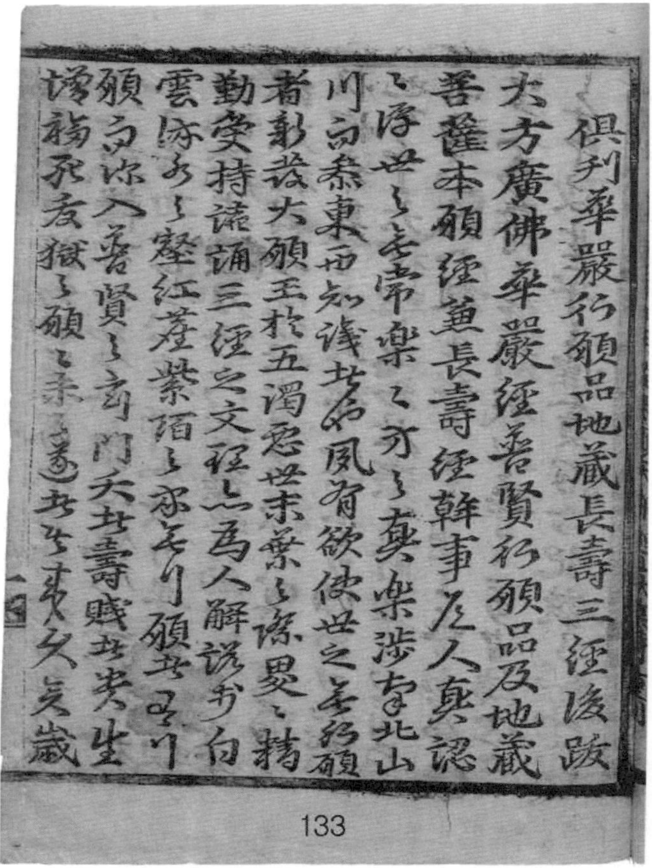
倶刊華嚴行願品地藏長壽三經後跋
大方廣佛華嚴經普賢行願品及地藏
菩薩本願經並長壽經雜事在人莫認
之浮世之無常樂之方之莫樂涉乎北山
門向黍東西知淺其所風有欲使世之無行願
者彰發大願王於五濁惡世末葉之際要之精
勤受持讀誦三經之文理之爲人解說於白
雲際之之蹙紅蓮紫陌之家莫行願其子門
願向你入普賢之玄門夭其壽賤其貴生
證禍於處獄之願之來遠其生其長久矣歲
133

〈사진3〉 순천 동리산 대흥사본『安樂窩沙門日課經偈』(1730),
상월 새봉의 발문

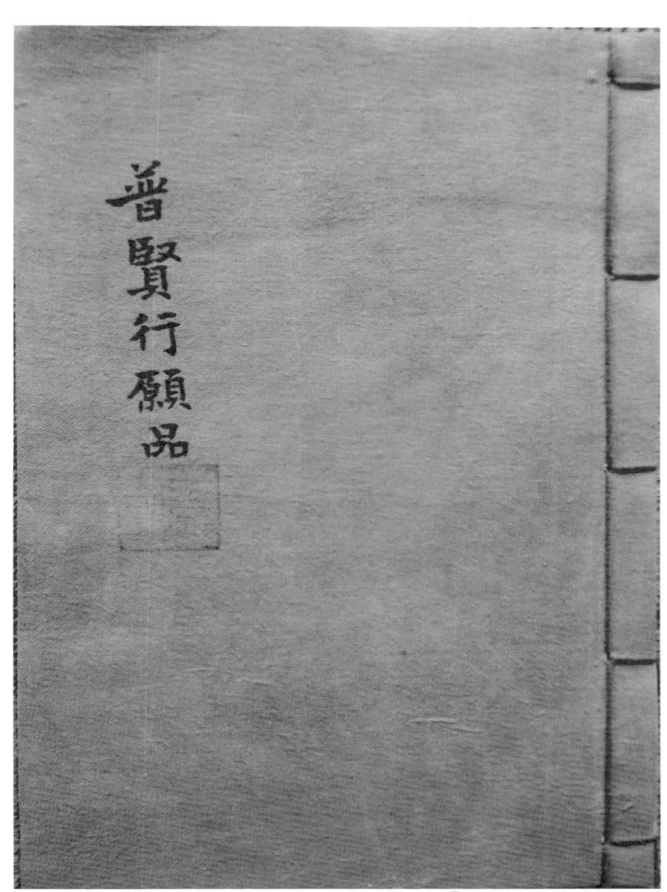

〈사진4〉 운악산 봉선사 한암 정수 필사본 『보현행원품』(2008)

10 화엄경보현행원품소

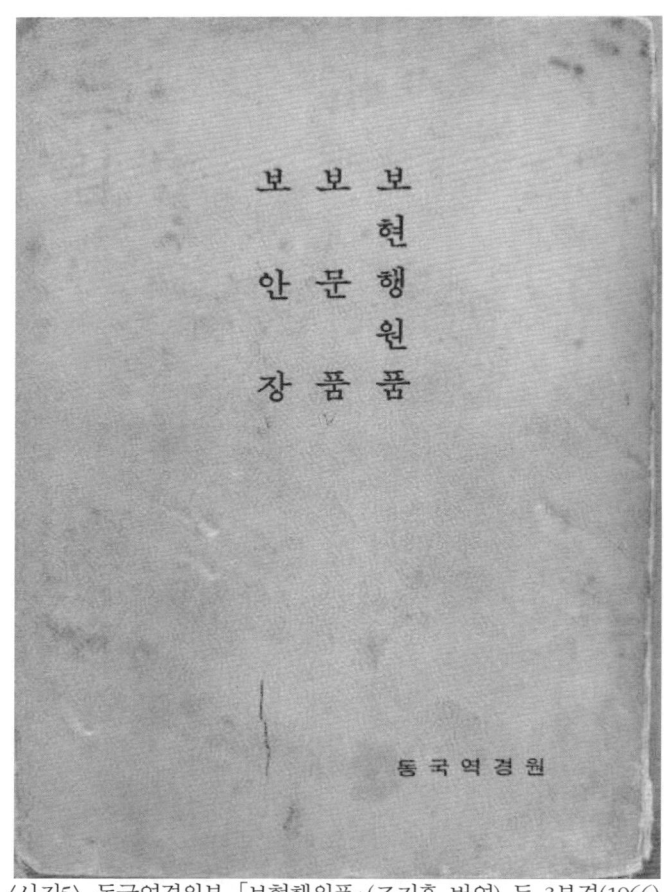

〈사진5〉 동국역경원본 「보현행원품」(조지훈 번역) 등 3부경(1966)

보현행원품 판본 11

〈사진6〉 운허 번역본, 왼쪽부터 40권본 화엄경(1966), 80권본 화엄경(19662/1968), 60권본 화엄경(1974/1975) ◉ 80권본 화엄경은 필자가 열람의 편의상 합본.

추천사

박재현 · 동명대 선명상치유학과 교수

평소 아내에게 결정장애가 있다고 지청구를 듣곤 하지만, 갑자기 연락받았을 때, 나는 전에 없이 똑 부러지게 대답했다. 나는 아직 학식과 덕망이 부족해서 추천사를 감당할 만한 인사가 못 된다고. 같은 말을 세 번 정도 했던 것 같은데, 결국 나는, 졌다. 따라서 내 추천사에 허물이 있다면, 그건 내 말을 귀담아듣지 않은 신규탁 교수님 때문이라는 걸 미리 밝혀둔다.

젊었을 때 역자의 글은 송곳으로 후벼 파고 칼로 도려내듯 했다. 그 날선 흔적이 이 책 뒤에 부록 되어 있는 「80화엄 구조표」와 「선재동자가 만난 선지식과 지위 대조표」, 「해제」 글에서 느껴진다. 역자의 필력은 일식집에서 그날의 오마카세를 요리하는 주방장의 칼날처럼 『화엄경』 전체를 꿰뚫고 나간다. 그리고 그런 가운데서 뼈를 발라내듯 보현행원품과 청량소의 위상과 의미를 밝혀내고 있다.

언제부턴가 역자가 기도하듯 글을 쓰고 있다는 느낌을 받았다. 역자의 마음이 순해진 탓인지, 향을 사르듯 속으로 마음을 쓰다듬기 때문인지, 어렵고 무거운 말귀를 밀고 나아가기엔 발뒤꿈치에 매달린 세월의 무게가 무거워진 때문인지 알 길은 없다. 여하튼 그런 느낌을 받았다. 이 책 『보현행원품청량소』는 그런 가운데 나올 만한 책이 나올 만한 때에 나온 것이라는 생각이 든다.

보현보살은 『화엄경』의 설법사다. 보현은 알뜰히 챙겨주는 보살이 아니다. 관음은 현세에서, 지장은 내세에서 뭔가 하나라도 챙겨주려는 모습을 상징하는 보살인 데 비해서 보현보살은 그 반대다. 보현은 남은 게 조금이라도 있으면 당장 내려놓으라고 한다. 바로 회향(廻向)이다.

책 속에서 선재동자가 긴 여정의 마지막에 만난 보현보살은 선재동자의 머리를 쓰다듬으며 말한다. 허공계가 끝나고, 중생의 세계가 끝나고, 중생의 업이 끝나고, 중생의 번뇌가 끝나더라도, 나의 회향은 끝나지 아니할 것이라고. 회향함에 잠깐도 쉬지 아니할 것이며, 조금도 고달프거나 만족하지도 않을 것이라고. 선남자여, 그대는 이 이치를 이렇게 알아야 한다고 책에는 적혀있는데, 아직 내게는 먼 얘기다.

이 책을 열며 역자는 보은의 향을 사르며 회향한다. 향 연기는 법성교해의 삼보님과 뭇 중생들 그리고 역자의 사부인 월운 강백을 감고 돌며 퍼져나간다. 그리고 높아진 가을 하늘 아래서 고운 아내분에 대한 미안함과 나누고 싶은 속정으로 휘감는다. 그리고 이런 회향의 마음은 책 말미에 있는 청량 징관 국사의 회향과 조응한다. 청량은, "내가 무슨 복이 있기에 이 어려운 해탈문을 받자와 찬양하는고" 감읍하면서, 이 회향으로 모든 중생이 같이 깨쳐 바다처럼 슬기로워지기를 기원하고 있다.

"부처는 자비한 마음으로 성품을 삼으시므로, 중생으로 인하여 자비심을 일으키고, 자비로 인하여 보리심을 내고, 보리심으로 인하여 정각을 이룬다"는 경전의 말귀에서 역자는 소스라친다. 불교는 시작도 세상이고, 세상의 중생이고, 끝도 그것이며, 깨닫는다니 한 소식한다느니 하는 게 모두 과정이고 방편이라는 말을 덧붙일 때, 역자의 짓눌린 어깻죽지가 설핏 눈에 밟힌다.

"이 원을 외우는 사람은 어떠한 세간에 다니더

라도 허공의 달이 구름에서 벗어나듯이 장애가 없을 것이며, 부처님과 보살들이 칭찬하고 천상 사람과 세상 사람이 모두 예경하고 중생들이 모두 공양할 것"이라고 책에는 적혀 있다. 보현행원은 회향으로 기원의 간절함을 넘어선다. 욕심이나 아집이 혹여라도 기원의 모습으로 세상을 속일까 싶어, 모든 중생의 기원으로 나의 기원을 회향해버린다.

이 책의 한 귀퉁이에 이름 석 자를 올리게 되어 기쁘기 한량없지만, 신규탁 교수님의 노작에 먹물 한 방울 떨어뜨릴지도 모른다는 두려움이 더 크다. 역자의 넉넉함이 내 모자람을 채우고도 남을 것이라고 스스로 위안해 본다. 또 이 또한 얽히고설킨 뭇 인연이 만들어 낸 한바탕 꿈일 것이라고 편하게 생각하기로 한다.

나는 단풍색을 참 좋아한다. 두어 해전에 역자가 월운 사부의 화엄경 번역을 좀 손질해서 『화엄경초역』이라는 제목으로 출판해서 보내왔을 때, 나는 무엇보다 단풍색 책 표지가 너무 맘에 들었다. 역자는 책을 출간하며, "어른의 글을 만진다는 것이 이렇게 어려운 걸 새삼 느꼈다"고 후기에 적었다. 세월이 두껍

게 깔릴수록, 한 글자 한 마디가 왜 그렇게 더 어려워지는지……. 평생 공부했던 걸 처음부터 죄다 다시 살펴봐야 하지 않을까 하는 생각까지 들 때, 그저 기도할 뿐 다른 도리가 없다. 그 무거운 부담을 조금이라도 덜어준 게 옅은 핏빛의 단풍색 책 표지였다.

단풍빛 가을 속으로 찬 바람 불면, 사실 나는 뭔 맛인지는 잘 모르지만, 역자가 늘 즐기는 미지근하게 살짝 데운 막걸리 한 사발 앞에 놓고 밤새워 출판 회향이라도 했으면 싶다. 그리고 물어보고 싶다. 이렇게 가슴 밑바닥까지 모조리 쏟아내고 다 되돌려 보내시면, 그다음엔 어찌하실 거냐고, 너무 헛헛해서 어떡하실 거냐고 물어보고 싶지만, 나는 끝내 묻지 못하고, 막걸릿잔에 비친 백열등만 바라보고 있을 것 또한 잘 알고 있다. 그렇게 하고픈 말을 서로 숨죽일 때, 늘 그랬던 것처럼, 또 한 번의 가을이 저마다의 속에서 익어갈 것이다.

역자 서문

1.

『화엄경』은 한국 불교 전통에 학문 방면이나 신앙 방면이나 큰 영향을 끼쳤다. 지금도, 출가 불자들은 최고급 교과과정 필수과목에서 만나고, 재가 불자들은 각종 기도의식 속에서 만난다.

그런데 정작 『화엄경』 전체를 읽은 불자들은 승속을 막론하고 많지 않다. 그 이유는 분량이 방대하기 때문이고, 한문을 읽을 줄 아는 이들이 많지 않기 때문이다.

그나마 보급된 것은 운허 용하(耘虛龍夏; 1892~1980) 강백께서 1964년 3월 25일 동국역경원을 설립하고, 〈한글대장경〉 속에 『화엄경』의 40권본(1966년), 80권본(상책 1966년, 하책 1968년), 60권본(상책 1974년, 하책 1975년)을 번역해 넣으면서부터였다.

운허 스님의 번역으로 『화엄경』 읽기가 수월해진 것은 사실이지만, 그러나 경학(經學)에 종사하는 몇몇 스님이나 연구자들이 갖다 쓸 뿐, 출가 재가를 막론하고 읽는 사람은 그리 많지 않다. 그래도 그나마 읽힌 것은 1959년 번역한 『화엄경』의 「보현행원품」 정도였다.

2.

「보현행원품」은 『화엄경』 속에 들어있는 한 부분인데, 이 관계를 알기 위해서는 약간의 설명이 필요하다.

한문 번역본 『화엄경』은 권수에 따라, 60권본도 있고 80권본도 있는데, 이 둘은 내용과 순서가 비슷하다. 한편 40권본도 있는데, 이 경의 내용은 위의 두 번역본에 들어있는 「입법계품」과 역시 비슷하다.

「입법계품」은 선재동자가 구법 여행에서 만나는 선지식들과의 이야기로 꾸려졌다. 문수보살의 안내로 선재는 덕운비구(40권본에는 '길상운비구'로 번역)를 만난다. 이 만남에서 한 가르침 배우고 나면 다시 다음 선지식을 소개받는다. 이렇게 하기를 52명을 만나 거치더니 다시 그 문수 앞에 선다. 이때 문수보살이 보현보살을 소개한다. 구법 여행 마지막으로 만난 이가 보현보살이다.

이렇게 마지막으로 만난 보현보살과의 대화가 40권본 『화엄경』으로 치면 제38권, 제39권, 제40권에서 진행되는데, 그중 제40권 속의 내용은

60권본이나 80권본의 「입법계품」 어디에도 들어 있지 않다. 특별한 이 한 권만 뽑아 별도의 책으로 세상에 유통시켰으니, 그것이 별행본(別行本) 『화엄경보현행원품』이다.

3.

이렇게, 큰 책에서 일부만 뽑아 따로 유통시킨 책을 별행본(別行本)이라고 하는데, 이 작업을 감행한 경학 대가의 안목은 탁월했다. 대가는 「보현행원품」이야말로, 방대한 저 『화엄경』 전체의 요준이라 간파했고 그의 안목은 뛰어난 역경승(譯經僧)과 의해승(義解僧)에게 공감되었다.

이런 역사(役事)에 결정적 힘을 보탠 이가 바로 당대 최고 역경승이자 의해승이었던 청량 징관(淸凉澄觀; 738~839) 국사이다. 국사는 일찍이 덕종 황제의 칙명으로 『정원신역화엄경소(貞元新譯華嚴經疏)』(전 10권) 찬술에 공인들 바 있다. 여기에서 한 걸음 더 디뎌 10권 속에서 별행본 「보현행원품」에 해당하는 부분만 추려 다듬고, 그 앞에 정교하고 방대한 화엄교학의 교상판석(敎相判釋)으로 현담(懸談)을 달아 붙이니, 이것이 바로 『화엄경보현행원품소』(전 1권)이다. 천하의 규봉 종밀(圭峰宗密; 780~841) 선사는 비록 종합하는 감회(勘會)의 솜씨를 발휘하여 스승의 주석에 과문(科文)도 내고 복주(復註)하였다. 그것이 바로 『화엄경보현행원품소초』(全 6권)요, 『화엄경보현행원품소과문』이다. 마침내 '보현행원'은 「품」에서 독립된 『경』으로 대접을 받았다. 작지만 독립된 『경』으로 유통되다가, 큰 『경』 속의 한 「품」으로 들어간 사례는 많아도 이런 일은 드물다.

이런 대가들의 안목과 솜씨로 「보현행원품」은 이제 독립 『경』으로 더욱 대접받게 되었다. 『보현행원품』이 된 것이다. 그리고 긴 세월 동양 3국 여러 지역에서 독서인(讀書人)의 사랑을 받았다.

4.

우리나라의 경우만 해도, 고려 시대에 균여 대사는 향가로 〈보현십원가〉를 유통시켰다. 조선 시대에 들어서도 여러 번 목판으로 새겨졌는데, 경학가들의 책상 위에 유통되는 『화엄경보현행원품』은 단연 대구 동화사판이 으뜸이다.

그 책은 건륭 원년(1736년) 2월 경상도 팔공산 동화사에서, 화엄 강백 기성 쾌선(箕城快善; 1693~1764) 스님이 목판에 새겨 찍어 제방에 보급한 것이다. 붓글씨로도 유명한 화엄 강백의 자필 서문도 앞에 붙어 독서인의 눈을 호강시킨다.

이보다 앞서 전라도에서는 숙종 36년(1710), 월저 도안(月渚道安; 1638~1715) 강백이 『안락와사문일과경게(安樂窩沙門日課經偈)』 속에 「보현행원품」을 담아 일용과송(日用課誦) 용으로 보급했고, 다시 이 책은 1730년(영조 6년) 순천 동리산 대흥사에서 상월 새봉(霜月璽封; 1687~1767) 강백에 의해 복각(覆刻)되어 유통되었다.

현대에는 운허 스님이 동국역경원 개념 2주년 기념으로 1966년 『보현행원품·보문품·보안장』을 다시 찍어 한글 세대에게 널리 읽혔으니, 이 도두 뿌리 깊은 한국 불교의 내력이다.

돌이켜보면, 조선 초 『경국대전』에서 선교양종(禪敎兩宗)의 승과(僧科)를 제정한 이래 『화엄경』은 명실공히 교종(敎宗) 최고의 교과서가 되었고, 숙종 7년(1681년)에는 불경을 실은 대장선(大藏船)이 전남 영광 임자도에 표류하면서 청량 국사의 『화엄경』 소(疏)와 초(鈔)가 실려 들어, 백암 성총(柏巖性聰; 1631~1700) 강백의 영도하에 선암사 창파각에서 『대방광불화엄경수소연의초』(1689년)를 판각하여 낙안 징광사에 보관했고, 그 판이 소실되자 다시 설파 상언(雪坡尙彥; 1701~1769) 강백이 판을 새겨 함양 영각사에 보관했으나 그마저 사라졌다. 그러던 중 다행스러운 건, 남호 영기(南湖永奇; 1820~1872) 율사의 주선으로 철종 7년(1856년) 영각사판을 복각하고 추사 김정희 대감의 '板殿(판전)'이란 글씨를 받아 현판 달아 서울 강남 봉은사 경내에 보관한 일이다. 필자가 보는 책은 그때 인경(印經)한 하늘 천(天) 자 권에서 벼슬 관(官) 자 권에 이르는 총 78책과 이제 번역하는 『화엄경보현행원품소』 1책이다. 『화엄경보현행원품소』 말미에는 「화엄합본삼간후서(華嚴合本三刊後序)」와 그리고 「영징이본대교(靈澄二本對校)」를 붙여 지난 역사를 전하고 있다.

5.

필자가 『보현행원품』을 처음 본 것은 1980년 경상도 풍기 희방사의 한 객사였다. 『천지팔양신주경』도 거기서 처음 보았다. 그만큼 흔했다는 말이다. 요즈음도 절에 있는 불교용품점이나 허름한 만물상에서도 살 수 있다. 아마도 읽으면 복 받는다는 소위 '공덕경'으로 취급된 탓이다.

무심코 지내다 봉선사 전 주지 한암당 정수 스님의 사경본을 입수했다. 고풍스러운 한지에 먹을 갈아 붓으로 정성스레 쓰고, 다섯 구멍 내어 실로 묶어 표지도 배접한, 매우 품위 있는 책이다. 한장본(漢裝本) 올려두는 서가에 봉안하고 그림 감상하듯이 펼쳐, 붓 들어가는 방향도 보곤 했다.

2020년 하안거 동안 이 책을 경기도 파주 보광사 강경법회(講經法會)에서 함께 읽었다. 주지 혜성 스님의 배려로 만세루(萬歲樓) 큰방을 강의실로 썼는데, 코로나19 번짐이 더욱 심해져 참석 인원을 15명으로 부득이 할애했다. 한암 스님께서 서사한 『보현행원품』을 원본 삼아, 한지 기분 내는 종이에 영인하고, 실로 묶어서 같이 읽었다.

막상 남에게 강의하려 하려니, 급기야 전에 보던 청량의 『소』와 규봉의 『초』를 넘겨 가며, 중요한 부분을 번역해서 강의했다. 유독 길고 많이 퍼부었던 장마에도 모두 열심이었다.

6.

청량의 『소』와 규봉의 『초』를 읽으면 읽을수록 두 화엄 대가께서, 왜 이토록 분량도 작은 『보현행원품』에 공들였는지 조금은 알 것 같았다. 대승불교의 핵심은 보살행이고, 수많은 보살행을 『화엄경』 속에 체계적으로 모아 담았고, 그렇게 편집된 『화엄경』의 방대한 이야기를 한 권의 『보현행원품』 속에 응축시켰다는 말이 실감 났다.

'공덕경'인 줄만 알았으니, 두 대가의 『소』와 『초』를 만나지 못했더라면 '무상심심미묘법(無上甚深微妙法)'을 손에 쥐고도 놓칠 뻔했다.

두 화엄 대가의 『소』와 『초』를 읽어가는 과정에서, 운허 노스님의 세 종류 한글본 『화엄경』을 다시 열람하게 되었다. 번역어 선정과 문장 엮기를 비롯해, 문단 나누기 그리고 문단 별 과목 이름 붙이기 등등 문장 부호 하나하나, 모두 보석처럼 반짝였다. 번역하신 게송 부분 읽을 때면 '앙지미고(仰之彌高)'의 공경심이 저절로 나온다.

부처님을 찬송하며, 부처님 제자라면 이런 서원으로 살아간다고 고백하신, 먼 옛날 인도와 중앙아시아 수행자들의 말씀. 그 말씀을 깊이 읽어내는 화엄 대가 두 분의 솜씨. 이 모두를 아름다운 한글 번역으로, 어린이조차도 읽게 하려는 역경보살의 발원……. 독자들께서도 이 책을 계기로, 시공을 넘나들며 보살의 길을 전해주신 저 선지식들의 불사(佛事)에 동참했으면 좋겠다.

이 책의 본문 말씀을 읽으시면 독자들도 아시겠지만, 중생으로 인해 자비심이 생기고, 자비심 때문에 보리심이 생기고, 보리심이 원인 되어 정각(正覺)을 얻는다고 했다. 불교는 시작도 세상이고 그 속에 사는 중생이다. 끝도 그것이다. 깨침도 성불도 열반도 모두 과정이고 방편이다.

이제 서문도 붙였으니, 내일은 외우(畏友) 박재현 교수님께 '수희공덕'을 핑계 삼아 추천사를 부탁드려야겠다. 박 교수님은 '철학'이라는 방법적 안목으로 불교를 연구하신다. 서울대 철학과 고(故) 심재룡 교수님의 고제(高弟)로, 스승을 이어 불교를 보편 인문학의 반열에 들이는 철학자이시다.

만 2년 전에 만든 번역 초고를 다듬느라 여름 가는 줄도 몰랐다. 고운 아내와 나누고 싶은 정도 많은데, 미안함도 넘치는데, 높아진 하늘에 시원한 바람이 불어온다.

2022년 한글날 신규탁 씀.

‖ 목 차 ‖

- 추천사 / 13
- 역자 서문 / 19
- 일러두기 / 33

제1편 현담

① 총표대부명의(總標大部名意)
I. 『보현행원품소』 청량 국사 서문 ·················39
　제1장. 불교의 근본은 법계 ·······················39
　제2장. 『화엄경』의 핵심 종지 ···················· 44
　제3장. 『보현행원품』의 유래 ···················· 56
　제4장. 제목 풀이로 본 『화엄경』 강요 ··········60

② 귀경청가(歸敬請加)
II. 삼보께 절하며 발원 ···························63

③ 개장석문(開章釋文)
III. 문단을 나눠 본문을 해석 ·······················64
　제1문. 가르침이 일어난 인연 ···················65
　제2문. 가르침의 종지를 변별함 ················ 73
　제3문. 『화엄경』의 번역과 전수 ················ 98
　제4문. 『화엄경』 제목 해석 ····················109
　제5문. 경전 본문과 주석 ···················· 133

제2편 경전 본문과 주석

Ⅰ. 서분 ···138
Ⅱ. 정종분 ···141
  제1장. 두루 한 원인을 바로 보임 ············143
    1) 수행할 내용 제시 ························143
    2) 따져 물어 명칭과 수 나열 ············144
    3) 행원의 명칭을 첩하여 따로 설명 ······147
      ① 예경제불 ·····························149
      ② 칭찬여래 ·····························159
      ③ 광수공양 ·····························162
      ④ 참제업장 ·····························174
      ⑤ 수희공덕 ·····························185
      ⑥ 청전법륜 ·····························192
      ⑦ 청불주세 ·····························195
      ⑧ 상수불학 ·····························198
      ⑨ 항순중생 ·····························206
      ⑩ 보개회향 ·····························217
    4) 이익을 맺어 알게 함 ····················224

제2장. 경전의 뛰어난 공덕을 드러냄 ······················226
　1) 경전 듣는 공덕과 비교 ······························226
　2) 그 밖의 공덕과 비교 ·································227
제3장. 끝맺으며 수지독송을 권함 ·························240
제4장. 게송으로 거듭 말씀하심 ·····························243
　1) 표방해서 거론 ··243
　2) 바로 노래함 ··244
　　(1) 두루 한 원인 바로 보임 ·····························246
　　　① 10대 행원을 따로 노래 ··························246
　　　　㈎예경제불원 노래 ·······························246
　　　　㈏칭찬여래원 노래 ·······························247
　　　　㈐광수공양원 노래 ·······························248
　　　　㈑참제업장원 노래 ·······························250
　　　　㈒수희공덕원 노래 ·······························251
　　　　㈓청전법륜원 노래 ·······························252
　　　　㈔청불주세원 노래 ·······························252
　　　　㈕나머지 3대 행원을 합쳐서 노래 ········253
　　　　　㉮3대 행원을 합쳐서 노래 ···············255
　　　　　　(ㄱ)회향을 총체로 노래 ···················255
　　　　　　(ㄴ)3대 행원 개별로 노래 ···············256
　　　　　　　(a)상수불학 노래 ······················257
　　　　　　　(b)항순중생 노래 ······················258

　　　　　　　　　　　　　　　　목 차　31

　　　　㈐앞의 회향 노래 ·················259
　　　　　　- 경전 수지의 서원 ············261
　　　　　　- 자리이타의 서원 ············264
　　　　　　- 중생 성숙의 서원 ············266
　　　　　　- 도반 동행의 서원 ············268
　　　　　　- 공양의 서원 ·················270
　　　　　　- 중생 이익의 서원 ············272
　　　　　　- 법륜 굴려주시기 서원 ········275
　　　　　　- 국토 청정 서원 ··············277
　　　　　　- 받들어 섬기기 서원 ··········283
　　　　　　- 정각 이루기 서원 ············286
　　　　　　- 10대 행원 총결 ··············291
　　　　　　- 문수·보현으로 귀결 ·········293
　　　　㈒맺어 회향으로 귀결 ···············299
　　　㉯왕생정토 서원 노래 ·················300
　　② 10대 행원을 총체로 노래 ·············304
　(2) 수승한 공덕 드러냄 ·························305
　　① 경전 듣는 공덕 노래 ··················306
　　② 갖가지로 얻는 이익 노래 ··············306
　(3) 맺고 수지 권함 ····························310
제5장. 칭찬하여 설법을 맺음 ························313

32 화엄경보현행원품소

Ⅲ. 유통분 ··316
   1) 설하신 법문을 지시 ·····························316
   2) 당시 대중들이 수지 ·····························317
     (1) 수지 할 대중 열거 ························317
     (2) 모두가 수지하겠다고 함 ··············321

④경찬회향(慶讚廻向)
Ⅳ. 경찬하고 회향 ···323

■ 부 록
- 80화엄 구조표 / 326
- 선재동자가 만난 선지식과 지위 대조표 / 328
- 해제 / 330
- 관련 논문 / 357
- 참고자료 / 417
- 찾아보기 / 418

■ 〈표〉
1. 정종분의 한글 번역에서 변형한 과목 대조표 / 141
2. 본문의 과목표 / 143, 226, 240, 243, 313
3. 62계송 분류표 / 245
4. 80화엄 구조표 / 326
5. 선재동자가 만난 선지식과 지위 대조표 / 328
6. 청량과 규봉의 10문 분별 비교표 / 343
7. 10권본과 1권본의 과목 비교표 / 344
8. 10권본의 수문해석 과목표 / 349

‖ 일러두기 ‖

1. 본 번역서의 대본은 『大方廣佛華嚴經普賢行願品疏(대방광불화엄경보현행원품소)』〈봉은사본〉이다.

2. 번역 과정에서 규봉 종밀(圭峰宗密: 780~841) 선사의 『大方廣佛華嚴經普賢行願品疏鈔(대방광불화엄경보현행원품소초)』(신찬속장5)를 활용했다.

3. 경의 본문 한자를 현토하여 번역문 밑에 붙여 독송의 편의를 도모했다.

4. 경의 본문 한글 번역은 『운허40화엄』의 해당 부분을 원형대로 인용했다.

5. 문단 나누기와 과목 이름 붙이기는 구봉 선사의 『大方廣佛華嚴經普賢行願品疏科文(대방광불화엄경보현행원품소과문)』(신찬속장5)을 활용했다.

6. 번역에 사용한 부호와 약호는 다음과 같다.

    "   "   : 인용문.
    '   '   : 중요 개념 및 용어, 또는 한글로 풀어

　　　　　　번역한 경우.

(　) 　　： 번역자가 임의로 보충한 어구, 한자의 소릿값.

[　] 　　： 한자 소릿값이 다를 경우.

▲ 　　： 원문 과목(科目)을 표시할 경우.

〈 　 〉 　　： 한글 과목(科目)을 표시할 경우.

『80화엄』 ：『大方廣佛華嚴經』(實叉難陀 譯).

『40화엄』 ：『貞元新譯佛華嚴經』(般若 譯).

『운허80화엄』 ：〈한글대장경〉(화엄부三·四).

『운허40화엄』 ：〈한글대장경〉(화엄부六).

『소』 　　：『普賢行願品疏』.

『초』 　　：『普賢行願品疏鈔』.

『과문』 ：『大方廣佛華嚴經普賢行願品疏科文』.

대정장 ： 大正新修大藏經.

신찬속장 ：〈卍新纂大日本續藏經〉.

고려장 ：〈高麗大藏經〉.

한불전 ：〈韓國佛教全書〉.

대방광불화엄경보현행원품소 1권 상
大方廣佛華嚴經普賢行願品疏

당나라 시대 카슈미르 출신
삼장 법사 반야 조칙을 받들어 번역
唐 罽賓國 三藏沙門 般若奉詔 譯

당나라 시대 태원부 대숭복사 사문
징관은 칙명으로 소를 씀
唐勅太原府大崇福寺沙門澄觀述疏

당나라 시대 카슈미르 출신
明秀水東禪寺嗣祖沙門明得挍正
명나라 시대 동선사 사조 사문 명득 교정

제1편 현담

현담(懸談)

현담이란, 본문 앞에 달아 붙였다 하여 현담(懸談)으로도 표기. 훈고의 용어이다. 내용이 철학적이므로, 또 위진남북조 3현학(玄學;『주역』,『노자』,『장자』)의 유풍을 흡수하여 '현담(玄談)'으로도 표기. 본 번역의 과단(科段)은 규봉 종밀의 『대방광불화엄경보현행원품소과문』(신찬속장5)을 기준으로 한다. 『과문』에 따르면, 청량의 『보현행원품소』는 1총표대부명의(總標大部名意), 2귀경청가(歸敬請加), 3개장석문(開章釋文), 4경찬회향(慶讚回向)으로 분과. 3은 내용이나 글 양 모두 많고 복잡한데, 전체를 5문(門)으로 나누어서 주석했다. 제1문은 교기인연(敎起因緣), 제2문은 변교종지(辨敎宗旨), 제3문은 번역전수(翻譯傳授), 제4문은 석경명제(釋經名題), 제5문은 수문해석(隨文解釋)이다. ● 본 번역에서는 화엄 경학의 전통에 따라, 1과 2와, 그리고 3 중에서 1~4문까지를 합쳐 [제1편 현담]으로 묶었다. 한편, 3의 제5문과 4를 묶어 [제2편 경전 본문과 주석]으로 묶었다.

Ⅰ. 『보현행원품소』 청량 국사 서문[1]

제1장. 불교의 근본은 법계

1) 진리를 기준으로 법계를 밝힘

크구나! 진여법계(眞如法界)여![2] 만법이 이로 인해 시작된다.[3] (진여법계는) 공(空)과 유(有)를 포괄하면서도

---

1 규봉의 『과문』 원문은 〈Ⅰ. 총표대부명의(總標大部名意)〉인데, 내용을 드러내려고 이름을 달리 붙였다.

◉ 이 「서문」은 정원(貞元) 15년(서기 799) 4월 덕종 황제의 탄신일, 청량(738~839) 국사가 내전의 고좌에 올라 화엄 종지를 천양했는데, 「서문」 중 처음의 "大哉眞界"부터 "等諸佛於一朝"(본 번역서 ☞ 54쪽)까지가 당시에 했던 법문의 내용. 이 법문을 마치고 자리에서 내려오자, 황제는 여러 대신 앞에 "짐의 사부이신 국사께서 성스러운 진리로 짐의 마음을 시원하게 해주셨다" 감탄하며, "淸凉(청량)"이라는 호를 내렸다. 이런 내용은 『佛祖歷代通載』(卷 第十四)〈己卯 德宗 貞元十五年條(서기 799년)〉(대정장49, 609하)에 자세하다.

◉ 『40화엄』을 대본으로 한 청량 『소』의 「서문」과 이곳 『보현행원품소』의 「서문」은 일치.

2 진여법계; 법계의 종류가 많지만 총괄하면 오직 '하나의 참된 법계[一眞法界]'일 뿐이다. 즉 '一心'인데, 이것은 모든 부처님과 중생들이 공통으로 간직한 '청정한 마음'이다.

형상이 없고, 언어나 괘상(卦象)으로 드러낼 수는 있지만 흔적이 없구나. '묘유(妙有)'가 이것을 간직했기 때문에 '완유(頑有)'가 아니고, '진공(眞空)'이 이것을 간직했기 때문에 '완공(頑空)'이 아니며, '생멸(生滅)'이 이것을 간직했기 때문에 '진실로 영원[眞常]'하고, '연기(緣起)'가 이것을 간직했기 때문에 서로 교차하여 비춘다.

> 大哉眞界여 萬法資始로다. 包空有而絶相하고 入言象而無跡하니 妙有得之而不有하고 眞空得之而不空하며 生滅得之而眞常하고 緣起得之而交暎하도다.

2) 사람을 기준으로 법계를 밝힘

우리 부처님이 이것을 얻어 진실한 깨침을 오묘하게 실천하시고, 번뇌의 습기를 말끔하게 깨끗이 하셨으니, (이것은=진여법계) 수많은 환화(幻化)의 영역 속에서 (작용하면서도) 항상 고요하고, '크나크고 참인 고요[一虛]'[4]

---

3 『周易』乾卦. 彖辭. "大哉乾元, 萬物資始, 乃統天. ; 위대하도다, 건원(乾元)이여! 만물이 이것을 밑천 삼아 시작하며 나아가서는 이것이 '하늘'을 통솔한다." 당나라 시대 학승들의 저술 속에는 유·불·도 3교의 고전이 상호 인용된다. 특히 위진남북조시대 이래 3현학(玄學)의 영향으로 『주역』, 『노자』, 『장자』가 당시 지식인들에게 유행했다.

속에서도 항상 작용한다. 의보(依報)와 정보(正報)를⁵ 융합하여 서로 머금고, '음성과 광명[聲光]'을⁶ 흘려내어 멀리까지 비춘다.⁷

우리 덕종 황제께서⁸ 이것을(=진여법계) 얻으시어 허무 태극의 도를 비추시고,⁹ 위대한 조화를 도와 완수하셨다.¹⁰ 성스러운 문화는 모든 왕을 뛰어넘었고, 너그

---

4 크나크고 참인 고요[一虛]; 『초』; "一虛者, 卽一眞虛寂也."
5 정보(正報); 국토 초목 가옥 등을 의보라 함에 대하여, 그 의보에 의지하여 사는 부처님이나 중생을 정보라 하니, 과거에 지은 업인으로 갚아져 생긴 과보.
6 음성과 광명[聲光]; 聲은 聲教이고, 光은 光明이다. 『80화엄』「세주묘엄품 제1」月天子의 게송 중에 이렇게 말하고 있다. "佛放光明遍世間하사 照耀十方諸國土하시고, 演不思議廣大法하사 永破衆生癡惑暗하시도다."(대정장10, 10중).
7 『초』; "流聲光以遐燭者, 卽流布聲教之光也. 故十地論, 有教光智光也. 亦可聲是聲教, 光是光明. 故大經云, <u>佛放光明遍世間, 照耀十方諸國土, 演不思議廣大法, 永破衆生癡惑闇</u>. 遐者, 遠也. 燭者, 照也. 十方刹土, 機感卽聞. 不局三千界內, 故云遐燭也." 『초』에서 말하는 大經은 『80화엄』「세주묘엄품 제1」(대정장10, 10중).
8 덕종(재위; 779~805); 재위 기간에 연호를 建中(780~784), 興元(784~785), 貞元(785~806)으로 세 차례 바꾼다. 징관 스님을 국사로 모셔 '청량(清凉)'이라 시호.
9 『초』; "靈鑒虛極者, 謂英靈鑒達虛無太極之道也. 靈鑒, 智也. 虛極, 理也. 知一切法."
10 『초』; "保合大和者, 周易, 乾卦, 彖辭云, 乾道變化, 各正性

러운 정치는 온 나라에 날렸으며, 현묘한 교화를 펴서 어리석음을 일깨웠고,[11] 천연의 진실[天眞]을 드리워 정욕을 고요하게 하셨다.[12]

我佛得之에 妙踐眞覺하고 廓淨塵習하사 寂寥於萬化之域하고 動用於一虛之中이라 融身刹以相含하고 流聲光以遞燭하시도다. 我皇得之에 靈鑒虛極하고 保合大和하니 聖文掩於百王하고 淳風吹於萬國하며 敷玄化以覺夢하고 垂天眞以性情시도다.

命. 保合大和, 乃利貞. 謂無爲而化, 上順於天, 下合於人, 故聖人無心, 以百姓心爲心. 旣德合天地, 中應人倫, 反朴還淳, 三才一貫爲大和. 和爲大樂. 故禮記云, 大樂與天地同和, 大禮與天地同節. 論語云, 用和爲貴, 以禮節之, 意取禮樂備也."

11 『초』; "敷玄化以覺夢者, 謂敷暢玄妙佛法風化, 教令警覺衆生無明大夢. 故大經云, 譬如闇中寶, 無燈不可見, 佛法無人說, 雖慧莫能了, 卽令悟眞性, 永斷無明也." 『초』에서 말하는 大經은 『80화엄』(대정장10, 82상) 「수미정상게찬품 제14」 勝慧菩薩의 게송.

12 『초』; "垂天眞以性情者, 禮記云, 人生而靜, 天之性也, 感物而動, 性之欲也. 欲卽情欲, 若以情情, 於性性, 則妄動爲情, 若以性性, 於情情, 則眞靜爲性. 今垂無爲之化, 令息妄動之欲情, 合於天眞之靜性也."

3) 주장과 비유를 결합하여 찬탄

그러므로 알겠다. 큰 허공이 없으면 어찌 끝없는 태양의 비춤을 펼칠 수 있겠으며, 진여법계가 없으면 어찌 허공 같은 마음을 깨끗하게 할 수 있겠는가![13]

是知커이다 不有太虛이면 曷展無涯之照하며 不有眞界이면 豈淨等空之心이리오.

---

[13] 『80화엄』「야마궁중게찬품 제20」 勝林菩薩의 게송에 "譬如孟夏月이 空淨無雲曀하고 赫日揚光暉에 十方靡不充하도다." 또 『금강삼매경』(대정장9, 372상)에서는 "등공(等空)"은 "부동지(不動智)"를 비유한 것이라고 했다.

제2장. 『화엄경』의 핵심 종지

1) 드러내 찬탄

『대방광불화엄경』은 즉 이렇게 (융섭하는) 취지를 모두 궁구했고, 그 근원 되는 물줄기를 밝혔다. 그러므로 (그 둘레는) 넓고도 크고, (그 속은) 깊고도 그윽하여, 생각할 수도 따질 수도 없다.

大方廣佛華嚴經者는 卽窮斯旨趣하야 盡其原流일새 故得恢廓宏遠하고 包納沖邃하야 不可得而思議矣로다.

2) 풀어서 찬탄
(1) 본원이 매우 깊다

그 근원을 가리키면, 중생의 미세 번뇌 속에 무수한 경전 뭉치가 있지만[14] 바다 같은 지혜는 끝이 없으며,

---

14 『80화엄』「여래출현품 제37」(제51권)에 "此大經卷, 雖復量等大千世界, 而全住在一微塵中."(대정장10, 272하)이라 하니 즉 "이 큰 경책에 담긴 정보의 분량이 비록 대천세계와 같지만, 전체가 한 작은 티끌 속에 있다."(『운허80화엄』 하책, 207하) 규봉은 『초』에서 '티끌'은 '중생의 망념'이고 '경책'은 '대지원명(大智圓明)'이라 주석.

허망한 마음과 미혹한 마음으로는 그것을 취할 수 없지만[15] 현묘하고도 현묘한 것은[16] 공하지 않으며, 4구(四句)[17]의 불로도 태울 수 없지만 만법의 문(門)[18] 어디로도 들어갈 수 있다. (열반과 생사의) 두 경계[二際]에[19] 감쪽같이 붙어있지만 그렇다고 똑같지도 않으며, 움직였다 하면 천변만화하지만 잡다하지도 않으며, 이(理)와 사(事)에 서로 섞이면서도 (이니 사니 하는) 둘을 모두 잊으며, 법성(法性)으로 법상(法相)을 융합하여 끝이 없

---

15 『肇論』,「般若無知論 第三」, "般若淸淨者, 將無以般若體性眞淨, 本無惑取之知, 本無惑取之知, 不可以知名哉. 豈唯無知名無知, 知自無知矣."(대정장45, 153중).
16 『초』; "重玄不空者, 文勢用老經" ● 『道德經』제1장 "道可道非常道, 名可名非常名. 無名天地之始, 有名萬物之母. 故常無欲以觀其妙, 常有欲以觀其徼. 此兩者同出而異名, 同謂之玄. 玄之又玄, 衆妙之門."
17 4구; 有, 無, 亦有亦無, 非有非無. A, Ā, A^Ā -(A^Ā)
18 문(門); 훈고에 많이 나오는 용어이므로, 이곳 처음에 간단하게 설명을 붙이고, 뒤로는 번역 안 하고 그냥 '문(門)'으로 사용하려 한다. 일정한 '범위'나 '영역' 속으로 들고 남에 문(門)을 통하듯이, 해당하는 사안에 접근하는 방법 내지는 가설된 장치를 뜻함.
19 두 경계[二際]; '제(際)'는 경계, 뚝[畔]을 뜻하고, '둘[二]'은 대립적 두 극단을 뜻하는데, 본 번역에서는 '생사'와 '열반'으로 해석. 유(有)와 무(無), 또는 진제와 속제로 해도 무방.

다. 마치 진나라의 거울이[20] 서로 비추는 듯하며, 제석천궁의 구슬이[21] 서로를 머금고 있는 듯하여, 겹겹이 서로 비추고 비추어 역력하고 가지런히 드러난다.

> 指其源也인대 情塵有經이나 智海無外요 妄惑非取이나 重玄不空이라. 四句之火도 莫焚이나 萬法之門으로 皆入이로다. 冥二際而不一하고 動千變而非多하며 事理交徹而雙亡하고 以性融相而無盡호미 若秦鏡之互照하고 猶帝珠之相含인달하야 重重交光하며 歷歷齊現이로다.

(2) 단박에 이익 얻음

순간에 '지극한 공덕'을 모두 갖출 수 있고, 가는 털 끝 속에서 부처의 경계를 볼 수 있다.[22] 여러 부처님의

---

20 진나라의 거울; 중국 진나라 시황제가 사람의 선악, 사정(邪正)을 거울을 이용해서 비추어 보았다는 고사에서 유래. 진실을 꿰뚫어 보는 사람의 안목과 식견을 비유.
21 제석천궁의 구슬; 제석천이 사는 건물 중앙에 서로를 비추는 무수한 구슬을 엮어 만든 장신구. 제석천은 불법을 지키는 수호신. 원래는 고대 인도 힌두교의 신인 인드라(Indra)를 불경 안으로 수용. 석제환인다라(釋帝桓因陀羅) 또는 석가제바인다라(釋迦提婆因陀羅)로 음역하고 줄여서 석제환인 또는 제석천.
22 『80화엄』「범행품 제16」 법혜보살의 말 중에, "若諸菩薩,

마음속에서 중생들이 새롭게 새롭게 부처가 되고, 중생의 마음속에서 여러 부처님이 순간순간 진실을 체험한다.[23]

故得圓至功於頃刻[24]하고 見佛境於塵毛하며 諸佛心內에 衆生新新作佛하고 衆生心內[25]에 諸佛念念證眞하며

(3) 말과 뜻이 원융

한 글자에 담긴 법문은 바다와 같은 먹으로 써도 다하지 못하고,[26] 털 한 오라기만큼의 선행은 허공계가

能與如是觀行相應, 於諸法中, 不生二解, 一切佛法, 疾得現前, 初發心時, 卽得阿耨多羅三藐三菩提. 知一切法, 卽心自性, 成就慧身, 不由他悟."(대정장10, 88하).

23 『80화엄』「여래출현품 제37」 보현보살의 말 중에, "如來成正覺時, 於其身中, 普見一切衆生成正覺, 乃至普見一切衆生入涅槃."(대정장10, 274하).
24 刻; 신찬속장에는 '剋'.
25 內; 신찬속장에는 '中'.
26 『40화엄』「입부사의해탈경계보현행원품」 해운비구의 말 중에, "我從彼佛, 得聞於此普眼法門, 受持讀誦, 憶念思惟, 假使有人, 以大海量墨, 須彌聚筆, 書此無盡廣大海藏普眼法門, 一品中一門, 一門中一法, 一法中一義, 一義中一句, 乃至少分, 尚不可得, 何況盡能具足書寫."(대정장10, 682상).

다하여도 무궁무진하다.[27]

　一字法門은 海墨書而不盡이요 一毫之善은 空界盡而無窮이로다.

(4) 겉으로 드러난 양상[儀]이 심오함[28]

그 '궁극적 선정[至定]'을[29] 말해보면, 무심한 속에서 감쪽같이 일여(一如)하니 즉 하염없는 움직임 속에서도 항상 고요하며; 바다처럼 맑은 참 지혜[妙智]는 빛나면서도 공한 성품을 머금었으며; 별처럼 온 하늘을 뒤덮는 법신은 마음의 수면 위에 그림자를 드리우며; '일체를 갖춘 음성[圓音]'은[30] 두드리지 않아도 길이 연설되

---

27 보현행원의 10대원을 설하면서, 각 서원의 끝마다 반복하는 화엄의 정형적 수사법. 인용하면, "虛空界盡, 我A乃盡. 而虛空界不可盡故, 我A無有窮盡." 즉, 허공계가 다하면 나의 A도 다하겠지만, 허공계가 다할 수 없기 때문에 나의 A도 다함이 없다.
28 『초』; "四는 說儀深奧者라. 文中有五하니 一明至定이요 二明妙智이요 三明眞身이요 四明說本이요 五明修證이라." 한글로 번역하면서, '~하며'로 연결하여 다섯 단락을 구분하여 [;]로 나눔.
29 궁극적 선정; 해인삼매. 『초』: "至定者, 卽慧之定也."
30 음성[圓音]; 여래의 음성에는 여러 사안이 모두 충족되었으므로 '圓' 자를 붙인다. 원불교의 '원음 방송'은 이름도 참

고, 바다 같이 헤아릴 수 없는 깨침의 결과는 망념을 떠났으면서도 마음에서 마음으로 전하며; 수많은 수행[萬行]은 관조하는 작용이 사라졌으면서도 모두 닦여지고 점(漸)과 돈(頓)은 (서로에게) 걸림이 없으면서도 쌍으로 들어간다.

> 語其定也앤 冥一如於無心하니 卽萬動而恒寂하며 海湛眞智는 光含性空하며 星羅法身은 影落心水하며 圓音은 非扣而長演하고 果海는 離念而心傳하며 萬行은 忘[31]照而齊修하고 漸頓은 無礙而雙入이니라.

(5) 근기가 아니면 알 수 없다

4무량심으로[32] 널리 교화를 입히지만, 8난에[33] 속한

잘 지었다. 『80화엄』「여래출현품 제37」에 다음 인용처럼 열 가지 측면에서 여래의 음성을 소개. "佛子, 菩薩摩訶薩, (1)應知如來音聲, 遍至, 普遍無量諸音聲故. (2)應知如來音聲, 隨其心樂, 皆令歡喜, 說法明了故. (3)應知如來音聲, 隨其信解, 皆令歡喜, 心得淸涼故. (4)應知如來音聲, 化不失時, 所應聞者, 無不聞故. (5)應知如來音聲, 無生滅, 如呼響故. (6)應知如來音聲, 無主, 修習一切業所起故. (7)應知如來音聲, 甚深, 難可度量故. (8)應知如來音聲, 無邪曲, 法界所生故. (9)應知如來音聲, 無斷絶, 普入法界故. (10)應知如來音聲, 無變易, 至於究竟故."(대정장10, 268상).

31 忘; 신찬속장에는 '亡'.

이들은 알아듣지 못하며, 1승의 지극한 가르침[一極][34]을 높이 외치지만, 2승들은 듣지 못한다.[35]

雖四心被廣이나 八難頓超이며 而一極唱高이나 二乘絶聽이로다.

---

32 4무량심; ①자(慈; 남에게 즐거움을 주려는 마음), ②비(悲; 남의 고통을 벗겨 주려는 마음), ③희(喜; 남에게 기쁨을 주려는 마음), ④사(捨; 남들을 차별 없이 대하려는 마음). '4평등심'이라고도 함.
33 8난(難); 부처를 보지 못하고 불법(佛法)을 들을 수 없는 여덟 가지의 곤란한 경우. 여러 설이 있으니 다음을 참조. 『초』; "言八難者, <u>一地獄. 二餓鬼. 三畜生. 四北洲. 五盲聾喑啞. 六佛前佛後.</u> 此是古說, 若唐三藏新譯云, 法前法後, 後解勝也. <u>七世智辯聰. 八長壽天.</u> 故論云, 三塗, 北, 長壽, 前後, 辯聰根, 此八名難者. 以不堪受教, 難入佛法中, 故名之爲難."
34 『초』; "一極者, 卽一乘至極之敎也. 如世歌詞唱高則和寡. 且巴歌一曲和者百千, 陽春白雪和者一二."
35 『초』; "言二乘絶聽者, 卽此品初, 世尊入師子頻申三昧, 會中菩薩大衆, 皆見逝多林及宮殿虛空三處, 有種種莊嚴佛境界等事, 又聞不思議等法. 諸大聲聞, 不見不聞故. '經云, 爾時<u>上首諸大聲聞, 大智舍利弗, 神通目犍連, 摩訶迦葉(具列十大弟子), 在逝多林, 皆悉不見, 如來神力, 如來嚴好, 如來境界, 如來遊戱, 如來神變, 乃至亦復不見不可思議菩薩境等事. 何以故, 善根不同故.</u>'"「입법계품 제39」〈근본법문〉과〈지말법문〉두 문단 중, 〈근본법문〉에 나옴.

(6) 근기에 따른 많은 이익을 보임
① 사람을 기준으로 이익을 드러냄

근기에 맞은 자가[36] 110개의 성을 지나 선지식을 찾음에[37] 한길로 마음을 두니,[38] '밝고 바름[明正]'을 남쪽으로 삼으면 방위마다 모두가 남쪽이요, 나를 성장하게 하는 이를 벗으로 삼으면 사람마다 모두 벗이다.

當其器也엔 百城詢友에 一道棲神하니 明正爲南하면
方盡南矣요 益我爲友하면 人皆友焉이라.

② 법을 기준을 이익을 드러냄

3독(毒)[39]을 만나도 3덕(德)[40]이 원만해지고, 한 티끌

---

36 해당하는 근기[當機]인데, 네 자로 맞추기 위해서 '當其機也'로 표기함. 여기서는 선재동자를 지칭.
37 선재동자가 선지식을 만나 가르침을 받는 과정에 거친 총 110개의 성(城). 화엄교학에서는 성의 숫자는 10지 및 등각을 상징한다고 해석. [부록]의 〈표5〉(☞ 328쪽) 참조.
38 『초』; "一道棲神者, 棲託心神也. 一道有三義, 一唯向南, 二唯一因一果, 三萬聖千賢, 皆修萬行, 更無異路, 三皆一道義也."
39 3독(三毒); 탐욕(貪欲)·진에(瞋恚)·우치(愚癡)의 세 번뇌.
40 3덕(三德); 지덕(智德)·단덕(斷德)·은덕(恩德). 불과(佛果)의 공덕을 셋으로 나눈 것. 지덕은 부처님이 평등한 지혜로 일체를 다 아시는 덕. 단덕은 부처님이 온갖 번뇌를 다

에 들어가도 한마음이 청정해지니, 천 가지 변화에도 그 뜻을 바꾸지 못하며 만 가지 경계가 모두 (깨닫는) 길로 순조롭게 통한다.

遇三毒而三德圓하고 入一塵而一心淨하니 千化도 不變其慮하고 萬境도 順通于道로다.

③ 시작과 끝이 서로 사무침

문수보살의 오묘한 지혜에 계합하고 보니[41] 이는 완연하게 초심(初心)이며,[42] 보현보살의 현묘한 문에 들어

끊어 남김이 없는 덕. 은덕은 부처님이 중생을 구제하려는 서원으로 말미암아 중생을 구하여 해탈케 하는 덕.

41 『초』; "契文殊之妙智者, 卽善財歷諸善友, 再遇文殊, 當智照無二相, 契合本心, 絶能所相, 故不見身, 但遙申右手摩頂." ● '계문수지묘지'라는 것은 곧 선재동자가 여러 선우들을 두루 겪고 다시 문수를 만나, '지혜'와 '관조'가 둘이 아님을 겪고, 본심에 계합하여 '주객'의 알음알이[相]를 끊었다. 그래서 문수보살은 세존이 처음 성도한 보리수 나무 밑에 있으면서 몸은 드러내지 않고 다만 오른쪽 손을 길게 뻗어 선재의 정수리를 쓰다듬었다.

42 『초』; "宛是初心者, 最初在福城東, 得見文殊, 表信智. 今又見文殊, 表證智. 意明信證雖說始終, 智體元來不別, 所以皆是文殊." ● '완시초심'은, 최초에 복성(福城) 동쪽에서 문수를 뵌 것은 '믿음의 지혜'를 나타낸 것이고, 이제 다시 문수를 뵌 것은 '증득의 지혜'를 나타낸다. 이렇게 한 의도는

가고 보니 일찍이 다른 것이 아니더라.⁴³

契文殊之妙智에 宛是初心이요 入普賢之玄門에 曾無別體라.

④ 얻음과 잃음이 상대함을 통해 이익을 드러냄

그 취지를 잃으면 영원토록 헛되게 인지(因地) 수행만 닦을 뿐이고,⁴⁴ 그 문을 얻으면 하루아침에 여러 부

'믿음'과 '증득'을 시작과 끝의 관계로 말은 했지만, 지혜의 본바탕은 다르지 않음을 밝히려는 것이다. 그래서 시작과 끝이 모두 문수이다.

43 『초』; "入普賢之玄門, 曾無別體者. 善財求友, 最後至普賢菩薩處. 微細觀察普賢之身, 見一一毛孔中, 有不可說不可說佛刹海. 云云. 乃至善財所見, 佛刹微塵數諸善友, 往詣親近積集智慧. 比此暫見普賢所得境界, 百分不及一, 乃至優波尼沙陀分亦不及一. 善財從初發心, 乃至普賢, 於其中間, 所入刹海相續不斷, 今於普賢一毛孔中, 一念所入過前不可說不可說倍, 如一毛孔, 一切毛孔一一相好一一支節悉亦如是. 善財於普賢毛孔刹中, 行一步, 至不可說不可說佛刹微塵數世界, 如是盡未來際劫, 猶不能知一毛孔中種種刹海種種佛海種種菩薩衆會海. 如是等海皆悉不知究竟邊際, 故云玄門也. 然不離一心一性一毛一塵, 故云曾無別體."

44 『80화엄』「여래출현품 제37」(대정장10, 277중)에서 뜻을 취한[意取] 것. "佛子, 設有菩薩, 於無量百千億那由他劫, 行

처님과 같아진다.

失其旨也엔 徒修因於曠劫이요 得其門也엔 等諸佛於 一朝하나니라.

3) 맺어서 찬탄

(1)아득하고 묘하며, 넓고 크도다. (2)실로 여러 부처님의 신령한 마음[靈府]⁴⁵을 다 하였고[罄], 현묘한 근원의 깊은 이치를 뽑았다[拔]. 지혜의 태양을 띄워[升] 허망을 없앴고, 자비의 바람을 나부껴[扇] 봄날을 오래가게 했고, 법성과 법상의 큰 물줄기를 껴안고[包] 여러 경전의 광채를 덮어버렸다[掩]. (3)그 어찌 밝기가 조철 (朝徹)⁴⁶만 능가할 뿐이랴. 고요하기가 좌망(坐忘)⁴⁷도 뛰

六波羅蜜, 修習種種菩提分法, 若未聞此如來不思議大威德法門, 或時聞已, 不信, 不解, 不順, 不入, 不得名爲眞實菩薩, 以不能生如來家故."

45 신령한 마음[靈府]; 『장자』「덕충부」, "故不足以滑和, 不可入於靈府." ◉ 成玄英 疏:"靈府者, 精神之宅, 所謂心也."

46 조철(朝徹); 아침에 밝아오는 여명. 『장자』「대종사」의 남백 자규와 여우의 대화에 보인다. "吾猶告而守之, 三日而候能外天下. 已外天下矣, 吾又守之, 七日而後能外物. 已外物矣, 吾又守之, 九日而後能外生, 已外生矣, 而後能朝徹. 朝

어 넘는도다!

> 杳矣이며 妙矣이며 廣矣이며 大矣라. 實乃罄諸佛之靈府하고 拔玄根之幽致하며 升慧日以廓妄하고 扇慈風以長春하며 包性相之洪流하고 掩群經之光彩하니 豈唯明逾朝徹이온 靜越坐亡而已矣로다.[48]

徹而後能見獨, 見獨而後能无古今, 无古今而後能入於不死不生."

47 좌망(坐忘); 일체를 내려놓아 모두를 잊음. 중국철학사 속에 다양한 해석이 등장하지만, 그 시원은 다들의 『장자』「대종사」에 나오는 공자와 안회의 대화이다. "他日, 復見, 曰:「回益矣.」曰:「何謂也?」曰:「回坐忘矣.」仲尼蹴然曰:「何謂坐忘?」顔回曰:「墮肢體, 黜聰明, 離形去知, 同於大通, 此謂坐忘.」"

48 『초』; "三結歎. 文三. 初以四德名歎, 次以六德義歎, 後形外義結." 옛 경학가들의 문단 나누기가 섬세하다. 본문 번역에서 붙인 숫자 (1), (2), (3)은 그것에 따름.

제3장. 『보현행원품』의 유래

그러나 현묘한 경책(=용수 보살이 용궁 속에서 열람하고 일부만 외워 세상 밖으로 가져왔다는 하본(下本)『화엄경』)은 백천(100×1,000) 게송에 이르는데, (진리로 들어가는) 그윽한 현관문은 반쯤 닫혀 있었다.[49]

우리 황제께서 천하를 다스리니 덕은 온 세상에 합하고, 빛은 만방에 자리하니[50] 공물로 바쳐온 (『40화엄』을) 거듭 번역하게 하셨다. 태평성세가 되니[51] 인도 땅

---

49 그윽한 현관문은 반쯤 닫혀 있었다; 진나라 때 번역된 『60화엄』은 3만 6천 게송인데, 당나라 때 번역된 『80화엄』에서는 9천 게송을 더하여, 4만 5천 게송이 되었다. 경이 들어올 때 다 갖추어지지 않았기 때문에 "반쯤"이라 표현.
50 청량 국사의 문장에는 언제나 전고(典故)가 있다. 『초』; "光宅萬方者, 尙書堯典篇曰, 昔在帝堯, 聰明文思, 光宅天下. 孔安國注云, 謂聖德之風, 遠著. 今意云, <u>風光遠及, 以天下爲宅也.</u> 今我德宗皇帝, 德及外國, 故彼以華嚴梵本, 來貢也."
51 태평성세; 원문은 '東風入律(동풍입률)'. 봄바람이 아늑하고 따뜻하며 율려가 고르고 어우러짐. 태평성세를 칭하는 말. 『초』: "漢武帝十洲記說, 西胡月氏國, 遣使, 遠進三種物. 謂小師子續弦膠反魂香, 經半年不問此事. 使者因隨帝入苑射,

(印度)에서는 바다를 넘어오는 정성을 보내왔고, 남인도 임금의 편지가 북쪽 대궐을 통해 바쳐지니 조종 대신이 공경히 모셨네.

밝은 조칙을 특별히 내려 참된 경전을 다시 번역하게 하시어, 드넓은 도를 드날리고 새로운 이치를 더욱 빛내셨도다. (나) 징관은 하늘이 내리신 형운[天幸]으로 많이도 (천자의) 넘치는 은총을 입었음을 돌아보고, 번역 도량으로 들어오랍시는 조칙에 따라 그 유지를 받들어 (『40화엄』)『소』를[52] 찬술한다.[53]

(한편, 『40화엄』을 번역할 때는) 손발을 떨며 전전긍긍

帝弓弦斷, 使者曰, 何不取續弦膠續之, 遂取膠염[米+念]之, 果如其言. 帝曰, 彼君有此何以遠貢. 使者曰, 臣國去此三萬里, 國有常占者, 見東風入律, 十旬不休, 青雲干呂. 彭伉詩云, 祥輝上干呂, 郁郁復紛紛. 遠示無爲化, 將明至道君. 勢凝千里, 靜色迴九霄, 分已見從龍意, 寧知觸石紋, 狀煙殊散漫, 逾月更氛氳, 因使來賓國, 西瞻仰瑞雲, 連月不散, 占者云, 東有好道之君, 遂令遠獻也. 『海內十洲記·聚窟洲』 : "月支使者對曰 : '臣國去此三十萬里, 國有常占, 東風入律, 百旬不休, 青雲干呂, 連月不散者, 當知中國時有好道之君."(『晉書·地理志』上).

52 이곳의 『소』는 『정원신역화엄경소』(전 10권)을 지칭.
53 이상은 『소』 저술할 때의 모습을 기술한 것이고, 이하의 문장에서는 번역할 때의 모습을 기술했다.

하고 두려워하면서[54] 세 번 다시 읽어[55] 어리석지만 (온 힘을) 다하였으나, (그런데 이는 마치) 이슬 한 방울을 바다에 떨구면서[56] 100줄기 강물 맛에 보탠 듯이 좋아하는 격이니, 티끌 한 톨을 화산(華山)[57]에 올려놓은들[58] 저 높은 산에 아무 보탬이 못 되는 것과 같다.

---

54 원문은 '抃躍兢惕(변약긍척)'. 『초』; "抃謂, 手舞. 躍謂, 足蹈. 兢謂, 戰戰兢兢. 惕謂, 悚惕."

55 『논어』 「선진편」의 내용을 빌어왔다고 규봉 스님이 밝히고 있다. 『초』; "三復竭愚者, 謂再三反復, 竭盡其心, 不敢孟浪也. 謙故曰愚. 然三復之言, 卽論語云, 南容三復白圭. 謂毛詩云, 白圭之玷, 尙可磨也, 斯言之玷, 不可爲也. 意謂, 圭玷可以磨治, 若過言一出, 駟馬追之, 不及. 南容讀詩, 至此章句, 再三反復, 以將誡愼其言也. 今用此意."

56 『소』; "露滴天池者, 智度論中, 指海爲天池. 意云, 製疏譯經, 一言一義, 得契佛心, 如露滴海也."

57 화산(華山); 높은 곳을 비유. 중국 5嶽의 하나, 西嶽. 해발 2,437m. 서안(西安)과 정주(鄭州)의 중간 화음시(華陰市)에 위치.

58 『소』; "塵培等者, 卽子貢對魯哀公, 讚夫子之言. 謂哀公問子貢云, 汝師賢乎. 對曰賢. 哀公曰, 賢復如何. 答曰不知. 又問何以不知. 子貢. 曰吾於夫子門下, 如人終日戴天, 不知天之高, 終日履地, 不知地之厚, 飮海知飽, 安知其深. 哀公曰, 譽師太過歟. 子貢曰, 捧土培山寧有益仞(七尺曰仞). 上皆謙詞."; 이슬 한 방울 이하 云云은 청량 국사가 자신이 한 일을 겸손하게 표현하는 것이다.

然이나 玄籍百千에 幽關半掩이라. 我皇御宇에 德合乾坤하고 光宅萬方하니 重譯來貢하도다. 東風入律하니 西天은 輸越海之誠하고 南印御書는 北闕獻朝宗之敬하도다. 特廻明詔하여 再譯眞經하니 光闡大猷하고 增輝新理하도다. 澄觀顧多天幸으로 欽矚盛明하고 奉詔譯場하야 承旨幽讚하도다. 抃躍兢惕하고 三復竭愚하나 露滴天池에 喜合百川之味요 塵培華嶽에 無增萬仞之高이로다.

제4장. 제목 풀이로 본 『화엄경』 강요

'대방광'은 '깨달은 내용'이고, '불화엄'은 (그 내용을) '깨달은 사람'이다.

허공이 끝나는 지경까지도 모두 다 잴 수 있겠지만 바탕은 한계가 없으니 '대'이며; 깊은 바닷물을 다 마르도록 마실 수 있겠지만 법문은 다함이 없으니 '방'이며; 티끌처럼 많은 국토를 먼저처럼 작게 부수어 그 작은 먼지도 다 헤아릴 수 있겠지만 작용은 잴 수 없으니 '광'이다.[59]

'능각이니(能覺; 능히 깨치는 행위)' '소각이니(所覺; 그 행위로 깨닫게 된 내용)' 하는 구별을 떨쳐버려 모든 법의 깊고 그윽한 것을 밝혔으니 '불'이며; 수많은 실천을 향

---

[59] 『초』; "極虛空等, 三句, 卽普賢偈讚佛德, 結歸無盡之文云, '<u>刹塵心念可數知, 大海中水可飮盡, 虛空可量風可繫, 無能盡說佛功德.</u>' 今取, 虛空釋體大. 海水釋相大, 塵刹釋用大. 唯不取心念及風也." ● 밑줄 친 게송은 「入法界品」(제39권)(『운허80화엄』, 하책, 789상) 끝에서 두 번째 나오는 보현보살의 찬불게. 한국 사원의 〈상주권공〉 의례문(儀禮文)에도 활용되는 구절.

기롭게 펼쳐 온갖 덕을 꽃피워 빛냈으니 '화'이며, 덕행을 모두 우거지게 하여 저 10신(身)을 장식하였으니 '엄'이며; 현묘함을 꿰어 모아 참된 광명의 문채를[60] 이루었으니 '경'이다.

이 일곱 글자를 통괄하여 '한 책 전체[一部]'의 핵심 뜻[宏綱]으로 삼았으니, 즉 다함 없는 법문의 뜻이 (제목 속에) 반 이상 넘게 드러났다.[61]

大方廣은 所證法也이요 佛華嚴은 能證人也니라. 極虛空之可度이나 體無邊涯하니 大也이요 竭滄溟之可飮이나 法門無盡하니 方也이요 碎塵刹而可數이나 用無能測하니 廣也니라. 離覺所覺하야 朗萬法之幽邃하니 佛也이요 芬敷萬行하야 榮耀衆德하니 華也이요 圓茲

---

60 광명의 문채; '광명'은 『화엄경』에서 부처님께서 하신 방광이고, '문채'는 그 광명을 받아 각 품에서 수많은 설주(說主)들이 설한 이야기. 그 이야기를 엮어 꿴 실이 '경(經)'이다.

61 뜻이 반 이상 넘게; 『초』; "總斯七字等, 尙書云, 若網在綱, 有條而不紊, 紊者亂也. 孔氏序云, 擧其宏綱, 攝其機要. 思過半矣者, 周易繫辭文勢, 孔子云, 學者, 觀其彖辭, 是以盡過半之思. 今意云, 若解七字之義, 卽一部之功, 已過半矣." 규봉 종밀은 자신의 저술 속에 유교의 오경(五經)은 물론 제자백가서를 비롯하여 고대의 사서와 문학을 종횡무진 활용.

行德하야 飾彼十身하니 嚴也이요 貫攝玄妙하야 以成
眞光之彩하니 經也이요 總斯七字하야 爲一部之宏綱
하니 則無盡法門이 思過半矣로다.

〈이상으로 경전 전체의 이름과 의미를 총체로 드러
냈다.〉

<上은 總標大部名意라.>[62]

---

[62] 『40화엄』 전체를 대본으로 주석한 『정원신역화엄경소(전 10권)』(신찬속장5, 48하)에는 없다. 강남 〈봉은사본〉을 보면, 글자의 크기를 본문보다 작게 세주(細注)로 새겼다. 필자 청량 국사가 쓴 것은 아니고, 아마도 명나라 명득(明得; 1482~1557) 스님이 교정(校正) 과정에서 규봉 종밀 스님의 『과문(科文)』을 참조하여 첨가한 듯.

II. 삼보께 절하며 발원[63]

진여법계와

광명으로 두루 비추시는 여래와

보현과 문수보살의 모임에 계신 분들께

머리 조아려 귀의하옵고,

현묘한 말씀 잘 밝힐 수 있길 발원합니다.

稽首歸依眞法界　　光明遍照諸如來
普賢文殊海會尊　　願得冥資讚玄妙

〈이상은 삼보께 귀의하고 절하여 가피를 청하는 부분.〉

<上은 歸敬請加라.>[64]

---

63 규봉의 『과문』에 따르면 〈II. 귀경청가(歸敬請加)〉 부분이다. ◉ 이 부분도 『정원신역화엄경소』(전 10권)과 『보현행원품소』(전 1권)이 완전 일치.

64 이 부분도 ☛ 62쪽 주62)와 같이, 명득 스님이 첨가한 듯.

III. 문단을 나눠 본문을 해석[65]

장차 이경을 해석함에 다섯 부문[5門]으로 나누어서 하겠다. 첫째는 '제1문. 가르침이 일어난 인연을 밝히는' 부문이고, 둘째는 '제2문. 가르침의 종지를 변별하는' 부문이고, 셋째는 '제3문. 『화엄경』의 번역과 전수를 서술하는' 부문이고, 넷째는 '제4문. 『화엄경』의 이름과 제목을 해석하는 부문'이고, 다섯째는 '제5문. 본문에 따라 주석하는 부문'이다.

將釋此經에 五門分別호리라 一敎起因緣이요 二辨敎宗旨요 三翻譯傳授요 四釋經名題요 五隨文解釋이라.

---

[65] 규봉의 『과문』에 따르면 〈III. 개장석문(開章釋文)〉 부문이다. 한편, 『정원신역화엄경소』(전 10권)에서는 10문(門)으로 나누었고, 이곳 『화엄경보현행원품소』(전 1권)에서는 5문(門)으로 나누었다. 자세한 사항은 본 번역서 ☞ 344쪽 「해제」의 〈표7〉 참조.

제1문. 가르침[敎]이 일어난 인연

1) 핵심 의미를 통으로 드러냄

지금은 처음, 즉 교기인연(敎起因緣; 가르침이 일어난 인연)이다. 대저, 법 (자체)에는 '말[言]'이나 '표상[象]'이 없지만, 말이나 표상과 떨어져 있지도 않다. 말이나 표상을 떠나면 전도되고 미혹하며, 말이나 표상에 매이면 진실에 어둡다. 그래서 (말이나 표상으로 드러난) 부처를 만나면 이로우니[利見],[66] '표상[象]'을 보여 '가르침[敎]'을 시설함에 반드시 연유가 있게 마련이다.

今初라. 夫法無言象이나 非離言象이니 離言象이면 而倒惑하며 執言象이면 而迷眞故로 聖人利見이니 垂象設敎에 必有由矣라.

2) 10부분으로 따로 해석

(가르침이 생긴) 인(因)과 연(緣)이 같지 않으니 간략하

---

66 이 말은 『주역』 乾卦의 九五의 爻辭 "飛龍在天, 利見大人."에서 차용한 말. "나는 용이 하늘에 있으니, 대인을 만나면 이롭다"로 해석되는데, 청량 국사는 부처를 하늘에 오른 용의 상징에 비유.

게 10인(因)의 의미[義]만 밝히겠다. (1)첫째는 '법이 원래 그런 것[法爾常規]'이기 때문이다. (2)둘째는 과거세에 세운 수행과 원력을 실현하기 위함이다. (3)셋째는 중생이 들이는 정성[感]이 있으면 그에 따라 응해주기[通] 위함이다. (4)넷째는 참된 수행 방법을 보여주기 위함이다. (5)다섯째는 중생들 본성의 근원을 열어주기 위함이다. (6)여섯째는 뛰어난 수행을 잘 설명해주기 위함이다. (7)일곱째는 수행의 지위와 순서를 알려주기 위함이다. (8)여덟째는 수행의 결과는 불가사의함을 드러내기 위함이다. (9)아홉째는 끝내 돌아가야 할 지점이 어디인지를 보여주기 위함이다. (10)열째는 현재와 미래 중생들에게 널리 이익을 주기 위함이다.

(1)첫째, '법이 원래 그렇기 때문'이라 함은, 일체의 모든 부처님은 법이 원래 모두 무량한 구름 같은 몸을 나타내시어 우리 원교[斯圓敎]를[67] 설하신다는 뜻이다.[68]

---

67 우리 원교[斯圓敎]; '사(斯)' 자는 명사(또는 지시대명사) 앞에 붙여 강조를 표시하는 조사. 공자는 자신이 계승하는 중화 문화에 대해 강한 자부심을 담아 '사문(斯文)'이라 한 말이 훗날에도 유행. "天之將喪斯文也. 後死者, 不得與於斯文也." (『논어』「자한편」) 하늘이 장차 '이 문화[文]'를 없애려 하셨다면, 뒤에 죽는 이 사람이(=공자 자신을 지칭) '이 문화[文]'에 참여하지 못하였을 것이다.

(2)둘째, '과거세에 세운 수행과 서원을 실현하기 위함'이라 함은, 옛적 (세존께서) 원인 되는 수행[因忍]을 닦으시던 과정에 계실 때에, 온 법계를 두루하기를 발원하여 그 발원에 따라 수행을 했는데, 그 이유는 중생 구제를 위해 그러셨다. 그러므로 이제 그것을 실현하시려고 항상 설하고 모두에게 이익을 주는 것이다.[69]

---

68 『초』; "法爾常規下, 夫王道坦坦, 千古同現, 一乘玄門, 諸佛齊證, 所證法性, 法爾隨緣, 緣性融通, 法爾無盡, 生雖一切齊應. 今就說教爲門, 卽擧一全收, 卽無盡矣. 故佛法爾, 皆於無盡世界, 常轉無盡法輪, 窮未來際, 無有休息. 斯則, 處以毛端, 橫該法界, 時以刹那, 竪窮劫海. 處則頓起, 時則常起, 不待別因, 如萬籟之聲, 非關撫擊. 日月之照, 不因川原, 但隨見聞, 說有初成九會等別, 諸慈悲者, 於無盡中. 略此留傳, 令尋於此, 見無邊法, 如觀牖隙, 見無際空, 而此時處, 卽同無盡也."

69 『초』; "二酬昔行願至遍益者, 因卽願周乎法界, 果必遍說酬之, 如源遠則流長, 根深則果茂, 然因雖無量無邊, 統唯此二, 故下疏有車輪鳥翼之況. 願周遍者, 現相品云, 毗盧遮那佛, 願力周法界, 一切國土中, 恒轉無上輪. 行周遍者, 主山神偈云, 往修勝行無有邊, 今獲神通亦無量, 法門廣闢如塵數, 悉使衆生深悟喜. 今說普賢行願, 正是此因也." 인용한 『초』 가운데 들어있는 「여래현상품 제2」의 '정진력무애혜보살'의 찬탄 게송을 번역하면, "비로자나불 크신 서원이/끝없는 법계 가득하시어/모든 세계의 나라마다/위 없는 법륜 항상 굴리시네.", 또 「세주묘엄품 제1」의 '꽃 피어 당에 두루 한

(3)셋째, '중생이 들이는 정성[感]이 있으면 그에 따라 응해주기[70] 위함'이라 함은, 이를테면 부처님께서 열반을 증득하심에 고요하여 어떤 요동함도 없었지만, 저마

산 맡은 신[開花匝地主山神]'의 게송을 번역하면, "옛날에 그지없는 좋은 행 닦고/지금에 얻은 신통 한량이 없어/중생들에게 깨닫게 하다."

[70] 『주역』의 다음 문장을 활용한 것이다. "易无思也, 无爲也. 寂然不動, 感而遂通天下之故."(『주역』「계사전」 상) ◉ "역은 생각함이 없고, 인위적 조작도 없어, 고요하여 움직이지 않지만, 감응하여 마침내 천하의 모든 연고에 통한다."
'근기에 감응[機感]'에 대해 규봉은 『초』에서 다음과 같이 5부류로 나누어 설명하고 있다. 번역자가 임의로 번호를 붙였다. "疏乃巧隨義勢, 揀而用之. 然其機感, 亦有二種. 一通, 二別. 通謂, 凡厥生靈, 皆含佛智, 無不被矣. 別謂, 雖皆普被, 機有優劣, 故益有淺深. 其猶一水, 方圓任器. 略分五種, (1)一正爲, 謂一乘圓機, 宿世曾聞, 今能悟解, 造觀修行, 或便證入. (2)二兼爲, 謂聞雖未悟, 而能信向, 以成堅種, 如食金剛, 終竟不消, 地獄天子, 是此類也. (3)三引爲, 謂權教六度菩薩, 執定行布之位, 不信圓融之法, 故十地中, 借其次第行布之名, 而誘引之, 終令入實. 如置藥乳中, 乳能愈病, 以性投相, 而相自亡. (4)四權爲, 謂二乘卽守自位, 不能聞見, 故諸菩薩, 權現聲聞, 或示在座, 如聾如盲, 彰其絶分, 警餘忻樂, 或示在道, 開悟知可回心. (5)五遠爲, 謂外道闡提, 聞雖生謗, 墮於地獄, 一熏耳識, 功不唐捐, 罪畢終令獲益, 乃至成佛, 如狂罵藥, 服之病除, 如塗毒鼓, 聞者皆死. 以斯五類, 收無不盡, 其通別機感, 具依此品廣疏也."

다 근기에 맞게 성인께 가르쳐달라는 문을 두드리니 그에 상응하여 말씀해주셨다. 만약 감하고 응하는 인연이 없었으면 부처님께서 말씀하신들 무슨 소용이 있겠는가?

(4)넷째, '참된 수행 방법을 보여주기 위함'이라 함은, 중생들이 (번뇌에) 떠내려가는 것은 (모두 자신 속에 간직된) 진여자성을 미혹했기 때문이다. 그래서 그 '참된 통로[眞門]'를 보여주시어 중생들을 근본으로 돌아가게 하고자 함이다. '참된 통로'의 요점은 다음에 나오는 〈제2문. 가르침의 종지를 변별함〉(본 번역서 ☞ 73쪽 참조)의 내용이다.

(5)다섯째, '중생들 본성의 근원을 열어주기 위함'이라 함은, 참으로 중생들이 자신의 '성품[性]'에는 '바다 같은 지혜[智海]'를 간직하고 있으며 '알음알이[識]'[71]는 철저하게 '진공(眞空)'이지만, 다만 옷이 밝은 구슬을 가리고[72] 건물 속에 '비밀리 감춰둔 보물(=불경)'이 묻혀있어[73],

---

71 '알음알이[識]'; 『초』의 해석에 따르면, 이때의 식(識)은 환화망식(幻化妄識)으로, 이 식은 본래 허(虛)하고 그 실체가 무(無)하다고 한다. 법성종에서는 법상종의 제8 아뢰야식이 그렇다고 비평.
72 『법화경』「오백제자수기품 제8」(대정장9, 29상)에 고사가 있음.

반드시 열어 보여 그것을 깨쳐 체험하게끔 하려는 것이다.

(6)여섯째, '뛰어난 수행을 잘 설명해주기 위함'이란, 참된 본성에 계합하려면 수행이 아니고는 체험의 지위에 오를 수 없다. 그래서 보현보살의 '반듯하고 뛰어난 수행[無方修行]'74을 보여주려는 것이다.

(7)일곱째, '수행의 지위와 순서를 알려주기 위함'이란, '수행은 단박에 하지만[頓修]' 지위의 나뉨에는 원인과 결과가 있게 마련이다. 원인에는 오르내림이 있으나 결과에는 차별이 없다. 원인과 결과가 원융하니 이것이 수행의 지위이다.

(8)여덟째, '수행의 결과는 불가사의함을 드러내기 위함'이라 함은, 이미 빼어난 수행을 닦으면 반드시 도착지점이 있게 마련이니, 그것은 법계(法界)를 단박에 체험하여[頓證] 완전한 깨침을 완성하여 열반을 획득하게 하려는 까닭이다.

---

73 『방등여래장경』(대정장16, 458중)에 고사가 있음.
74 '반듯하고 뛰어난 수행[無方修行]'; 수행에는 두 종류가 있는데, 첫째는 여러 수행을 두루 다 각각 실천하는 항포(行布)의 수행이고, 둘째는 하나를 실천하여 일체를 단박에 완성하는 원융(圓融)의 수행이다. 두 종의 수행에 걸림이 없으므로 뛰어난 수행이라 했음.

(9)아홉째, '끝내 돌아가야 할 지점이 무엇인지를 보여주기 위함'이라 함은, 궁극에는 법계(法界)로 돌아가니, 원인이나 결과, 인식대상이나 인식주체가 모두 하나로 관통되니, 법계가 그 궁극이다.

(10)열째, '현재와 미래 중생들에게 널리 이익을 주기 위함'이라 함은, 성인께서 가르침을 시설함은 대저 중생의 이익에 있으니, 당장은 '해당하는 대중[當機]'들에게 이익을 주고 뒷날 만대에 오래도록 좋게 하려는 것이다.

因緣不同하니 略明十義호리라 一法爾常規이요 二酬昔行願이요 三遂通物感이요 四明示眞門이요 五開物性原이요 六宣說勝行이요 七令知位次이요 八顯果難思이요 九示其終歸이요 十廣利今後이니라. 此에 初法爾常規者는 一切諸佛이 法爾하야 皆現無盡身雲하야 說斯圓敎故일새라. 二酬昔行願者는 昔在因中에 願周法界하야 依願起行함이 但爲衆生故일새 今酬之하야 徧說徧益하시니라. 三遂通物感者는 謂佛證涅槃에 寂然不動하사 機宜叩聖에 感而遂通하니 若無感緣이면 佛說何益이리요. 四明示眞門者는 衆生流轉은 總爲迷眞일새 故示眞門하야 令其返本케하시니 眞原之要는 卽下所宗이라. 五開物性原者는 良以衆生性含智海하고 識洞眞空이나 但衣蔽明珠하고 室埋祕藏일새 要假開

示하야 令其悟入케하니라. 六宣說勝行者는 欲契眞性
인댄 非行不階일새 故說普賢無方勝行하니라. 七令知
位次者는 行則頓修이나 位分因果하니 因有階降이나
果無差別일새 因果圓融하니 是此行位니라. 八顯果難
思者는 旣修勝行하면 必有所趣하니 頓證法界하야 成
大菩提하야 得涅槃故일새라. 九示其終歸者는 終歸法
界인지라 若因若果나 若境若心에 一以貫之하니 法界
究竟이라. 十廣利今後者는 聖人設敎에 秖在益生이니
現益當機하고 流芳萬古矣니라.

3) 큰 『소』를 지목하여 전체를 맺음

간략히 이런 10가지 '이유[因]' 때문에 이 가르침이 일어나니, 가르침[敎]이 일어난 인연을 자세하게 설한 것은 '큰 『소』'[75]에 갖추어져 있다.

略此十義일새 故斯敎興하니 廣說因緣은 備於大疏하니라.

---

75 큰 『소』; 이 경우는 청량의 『대방광불화엄경수소연의초』(전 78책)과 『정원신역화엄경소』(전 10권)을 모두 지칭. 위 책의 방대한 『소』의 〈교기인연〉에는 '인'과 '연'이 각각 10가지씩 모두 기술되어 있으나, 이곳에서는 '인'만 추려왔다.

제2문. 가르침의 종(宗)과 지(旨)를 변별함[76]

1) 불교의 핵심을 총체로 규명

제2의 '가르침의 종과 지를 변별함'이란, 부처의 가르침을 통론하면 '인(因)과 연(緣)'의 두 진리[二諦][77]이지

---

76 한문은 '辨敎宗旨'인데, 이하의 내용은 『정원신역화엄경소』(전 10권)의 「현담」〈第四 辯定所宗〉을 간추린 것이다. '宗' 자에는 '으뜸 삼다' 또는 '최고로 받들다'의 뜻이 있고, '旨' 자에는 '의미' 또는 '의도'라는 뜻이 있다.

77 『초』; "二諦者, 中論云, 諸佛常依二諦, 而爲衆生說法. 因緣者; 卽簡外道執其自然也. 佛法雖有無師智自然智, 約其敎門, 要假緣顯, 則亦因緣. 故法華云, 諸佛兩足尊, 知法常無性, 佛種從緣起, 是故說一乘. 又論云, 因緣有二, 一內, 二外. 外謂穀子爲因, 水土人工時節等爲緣, 而芽得生. 泥團爲因, 輪繩陶師等爲緣, 而器得成. 內謂十二因緣等. 然外由內變, 本末相收, 卽總爲一大緣起. 是故佛敎敎, 從淺至深, 不出因緣二字也. 佛說生老病死, 無常變易等, 皆由因緣故. 涅槃云, 我觀諸行, 生滅無常, 云何知耶. 以因緣故, 說一切法皆空等. 義亦由因緣故卽空, 不自不他不共生等, 故無生也. 非色滅空, 色相自空, 說一切法假名假相, 亦由因緣, 故卽假如鏡像水月, 體雖全空, 因緣會故, 不得不現, 說一切法皆是中道, 亦由因緣, 故離二邊. 若言諸法不從因緣, 卽是定有. 定有故著常. 若推求定有之體, 不得. 又不知因緣有, 便言定無, 定無卽著斷. 若解因緣, 卽契中道. 故中論云, 因緣所生法, 我說卽是空, 亦爲是假名, 亦是中道義. 又云未曾有一法

만, 경전마다 달라 으뜸 삼는 것이[78] 각기 다르다.

第二辨敎宗旨者는 統論佛敎인댄 二諦因緣이나 隨經不同하야 所宗各異니라.

2) 상대의 비난을 막고 이익을 말함[79]

비록 '생·주·이·멸이 없는[無生]'의 이치는 실로 '주장[宗]'할 게 없지만, '주장함이 없는 주장'은 '주장[宗]'과 '설명[說]'을 겸하여 진술한다.

不從因緣生, 是故一切法, 無不是空者. 乃至此宗圓融別敎之意, 事事重重無盡, 亦法界中, 不思議大緣起也. 涅槃經說十二因緣, 下中上上智觀之, 如次得聲聞緣覺菩薩佛菩提等, 故佛一代之敎, 不出因緣也."

78 『초』; "言隨經不同, 所宗各異者, 如<u>法華經宗一乘</u>, <u>涅槃宗佛性</u>, <u>淨名宗不思議</u>等."

79 예상되는 상대의 비난: 『초』; "第二, 通難擧益. 謂有難曰, 楞伽云, 一切法不生, 不應立, 是宗無生之理, 何所宗耶. 故今通云, 無宗之宗, 宗說兼暢. 意云, 上所擧楞伽文, 蓋遣滯耳. 若一向不立, 何以彼經, 自立宗通說通. 經云, 宗自修行, 說通示未悟. 所以昔人云, 說通宗不通, 如日被雲曚, 宗通說亦通, 如日處虛空, 即有二通, 非無宗矣. 今云, 兼暢者, 日處空也." '통난(通難)'이란, 입론자(立論者)가 자기의 주장에 대한 대론자(對論者)의 힐난을 가설하여 그것을 선제적으로 풀어 소통시키는 논증 방법의 일종.

雖無生之理는 實無所宗이나 無宗之宗은 則宗說兼暢이라.

3) 이 경의 종지를 따로 밝힘

(1) 경의 종지 지목

이제 (『40화엄』 중에서) 이 품(品)은 즉 '법계연기에 들어가는 보현행원'으로 '종지[宗]'를 삼는다.

今此는 卽以入法界緣起하는[80] 普賢行願으로 爲宗[81]하니

---

80 현토(懸吐) 붙이는 전통의 규칙에는 어긋나지만 무리하게 '하는' 토를 넣었다. 송나라 때 진수 정원(晉水淨源) 법사는 『보현행원수증의』에서 『화엄경』의 종지를 "悟毘盧法界, 修普賢行"이라 평가하면서, 양자의 유기적 관계를 설명한 바 있다. '와' 토를 붙여 "법계연기에 들어감과 보현행원으로 종(宗)을 삼으니"로 해석할 수도 있겠으나, 독자님도 생각해 보세요.
81 『초』; "如大疏中. 賢首大師, 總以因果・緣起・理實・法界爲宗. 若疏主自判大部, 卽以法界・緣起・理實・因果・不思議爲宗. 卽該羅本末究竟之大宗也. <u>今但取一品之意, 一向修證趣入, 返本還源, 故以入字爲首.</u> 文覶果者, 能入所入契合之處, 卽是果也."

(2) 의미와 이치를 해석

① 능-소를 간략하게 짝짓기[略配能所]

'법계연기'는 들어가야 할 경계로서의 대상이고, '보현행원'은 능히 들어가는 행위이고, '들어감[入]'은 들어갈 대상과 들어가는 행위 모두에 통한다.[82]

法界緣起는 卽所入也이요 普賢行願은 爲能入也이며 入은 通能所니라.

② 내용을 자세하게 해석하기[廣釋義門]

㈎ 단락 나누기[開章標門]

이제 그 의미 해석에 세 부분으로 나누겠다. 첫째는 들어갈 대상을 밝히는 부분이고, 둘째는 능히 들어가는 행위를 변별하는 부분이고, 셋째는 (들어가는) 대상과 행위를 계합하는 부분이다.

今釋此義에 卽爲三門호리니 一明所入이요 二辨能入이요 三能所契合이니라.

---

82 통한다; '능-소'의 계합 즉, 연결 내지는 합치는 것을 뜻함.

(나) 단락을 첩하여 해석[牒章解釋]

(ㄱ) 명소입문(明所入門)
(a) 일진법계를 총으로 밝힘

이제, 첫째로 '들어갈 대상을 밝히는 부분'이라 함은, 오직 '하나의 참된 법계[一眞法界]'를 총체적으로 가리킨 것인데,[83] 이를테면 고요하고 텅 비어 훤히 밝고, 속은 비었으면서도 두루 포함하여, 모든 존재를 다 갖추고 있으니, 즉 '일심(一心)'이다.[84] (일심의) '바탕[體]'[85]은 '유'

---

83 『초』; "言統唯一眞法界者, 標指也. 謂寂寥等, 辨其相也. 無聲曰寂, 無色曰寥, 虛謂虛無, 曠謂寬曠. 沖卽玄奧, 深卽幽微, 包謂普含, 博謂廣遍."
84 『초』; "<u>一心者, 直指眞界之體也.</u> 然此心非佛非生, 非眞非妄, 雖非一切, 而爲一切根本. 故序云, 萬法資始. 卽世出世間之法, 不出此心, 故云, 總該萬有. 然體非萬有, 故云一心. 所以次云, 體絶有無等. 然諸經論, 俱說萬法一心, 三界唯識, 後人不知宗旨各別, 權實有殊, 違於己解, 則拒而不受. 此是一切經論所宗, 若不深淺具彰, 寧究一心旨趣. <u>今約五敎, 對顯令辨.</u> ……". ● 5교는 인천교, 소승교, 대승법상교, 대승파상교, 일승현성교인데, 각 교마다 '일심(一心)'의 해석에 상이함이 있다. 이 점에 대한 설명은 규봉 종밀의 여러 저술 속에 나오는데, 이런 교판에 관해서는 「화엄원인론」(『화엄원인론·중화전심지선문사자승습도』, 규봉 종밀 저, 신규탁 역주, 운당문고, 2024년 초판)이라는 별도의 저술이 유명함.
85 바탕[體]; 『초』; "<u>體者, 本覺眞知也.</u> 故問明品, 有佛境界智, 及佛境界知. 疏釋云, 智卽能證, 知卽心體. 遙於能所, 便引

라 할 수도 '무'라 할 수도 없고, (일심의) '모양(相)'은 생·주·이·멸이 없어 그 시작을 찾을 수 없으니 어찌 중간이나 가장자리를 알 수 있겠는가. 이를 (=일심을) 미혹하면 생·노·병·다함이 없고, 이를 이해하면 확연하게 완전히 깨치리라.

> 今第一明所入者는 統唯一眞法界이니 謂寂寥虛曠하고 沖深包博하야 總該萬有하니 卽是一心라. 體絶有無하고 相非生滅하야 莫尋其始이니 寧見中邊이리오. 迷之則生死無窮하고 解之則廓爾大悟하나라.

(b) 세 겹의 법계를 따로 밝힘

여러 부처님이 이것을(=일심) 체험해, 오묘한 깨달음을 완전하게 밝히고 보리를 현성(現成)[86]하여, 중생마다 간직한 일심을 열어 보이셨다. 그런데 그 이름이나 제목을 어찌 붙일지 알 수 없어, 억지로 '이(理; 원리)'와 '사(事; 현상)'의 두 부문으로 나누기는 했지만, '이'와

七祖云, 知之一字衆妙之門. 言絶有者, 離一切相, 故言絶. 無者, 靈知不昧, 故肇公云, 知有有壞, 知無無敗, 其知之知, 有無不計." 이곳의 '7조'는 하택 신회를 지칭.

86 현성(現成); 본래의 원형을 외적으로 그대로 드러냄을 뜻함. 없었던 걸 인위적으로 만들어 드러내는 게 아님.

'사'는 서로가 서로를 장애하지 않는다. 간략하게 세 부문으로 나누어 설명하니, 첫째는 '사법계'이고, 둘째는 '이법계'이고 셋째는 '(사와 이가 서로를 장애하지 않는) 무장애법계'이다.

諸佛證此하사 妙覺圓明하시고 現成菩提하사 爲物開示하시나 不知何以名目일새 强分理事二門이나 而理事渾融하야 無有障礙라. 略爲三門하니 第一事法界요 第二理法界요 第三無障礙法界라.

첫째. 사법계

첫째 '사법계'란,[87] '색법'과 '심법'을 벗어나지 않는다.

---

87 『초』; "事法界者, 謂三世差別邊際, 意識所知, 並名法界. 故十八界攝百法, 事法界獨攝八十二也. 雖眼等緣境不同, 別開五根五塵, 然亦是同時意識所知也. 縱八識名界, 取其因義, 亦事法界攝. 故知, 事法界攝差別法, 無不盡也." ◉ "사법계란, 이를테면 3세의 차별이 있는 변제(邊際; 막다른 곳, 가장자리)로서 의식에 의해 인지된 것, 이들을 다 법계라 한다. 그러므로 18계가 100법을 모두 포섭하는데, 사법계는 그 중 82법을 포함한다. 비록 안(眼) 등이 반연하는 대상은 다르지만 5근과 5진으로 각각 나뉘니, 역시 동시에 의식에 의해 알려지는 대상이다. 비록 8종의 식도 '계(界)'라고 하지만 그 원인적 기능만 취한 것으로, 역시 사법계에 포섭된다. 그러므로 사법계에는 어떤 차별 법이든 포섭되지 않

삼라만상, 의보와 정보, 대상과 주관, (一心의 體가) '현상[相]'이나 '작용[用]'으로 드러난 모두를 '사'라고 한다.

第一事法界者는 不出色心하니 萬象森羅과 依正境智와 相用顯然을 皆曰事也라.

둘째. 이법계

둘째 '이법계'라 함은, (一心의) '바탕으로서의 본성[體性]'은 공하고 고요하여, '무수한 부정의 논법으로 설명하는 방법[百非]'으로도 어찌 설명해 볼 수가 없다. 간략하게 두 문으로 나누어 이법계를 설명해보겠다.

첫째는 '성정문(性淨門; 본성의 청정한 측면)'인데, 번뇌 속에 처해있으면서도 오염되지 않아 본성은 항상 청정하니 비록 일체의 사법(事法) 속에 두루 하면서도 일체의 (사법과) 같지는 않다. 이것은 비유하면 (바닷물의 고유한) '무언가를 적시는 성질[濕性]'이, (바닷물이) 움직일 때나 고요할 때나 두루 하고 얼어있거나 녹아있거나 변함이 없어, 청정하기가 항상 하는 것과 같다.

둘째는 '리구문(離垢門; 일체의 번뇌를 떨쳐버린 측면)'인

는 게 없음을 알겠다."

데, 이를테면 번뇌를 대치(對治)함으로 말미암아, 번뇌의 장애가 다 사라지고 청정함이 드러남에 (완성된 수행의) 지위에 따른 깊고 옅음이 10가지 진여로[88] 나뉜다. (일심의) '바탕[體]'은 비록 담연하지만 인연에 따라 달라지는 것이 마치 불순물을 녹이고 담금질해서 순금을 뽑아내는 것과 같다.

第二理法界者는 體性空寂하야 頓絶百非라. 略有二門

---

88 10가지 진여; 번뇌를 떨쳐낸 자리에 드러나는 진여를 지칭. 규봉의 『초』에 따라 간단히 도표화하면 다음과 같다.

位	끊어야 할 번뇌	체험하는 진여	10지	참 고
1	異生性障	徧行眞如	歡喜地	凡夫我相障
2	邪行障	最勝眞如	離垢地	所知障中俱生一分
3	闇鈍障	勝流眞如	發光地	所知障中俱生一分
4	微細煩惱現行障	無攝受眞如	燄慧地	第六識相應俱生身見等
5	同下乘般涅槃障	類無差別眞如	難勝地	令心厭苦而欣涅槃
6	麤相現行障	無染淨眞	現前地	見有染淨名爲麤相
7	細相現行障	法無差別眞如	遠行地	見有微細生滅現行
8	無相中作加行障	不增減眞如	不動地	無功用道, 相土自在
9	於利他門中不欲行障	智自在所依眞如	善慧地	四無礙解
10	於諸法中不得能在障	業自在所依眞如	法雲地	業自在

하니 一은 性淨門이니 在纏不染하야 性恒淸淨하니 雖
徧一切이나 不同一切홈이 如濕之性이 徧於動靜하고
凝流不易하야 淸淨恒常인달하니라. 二는 離垢門이니
謂由對治하야 障盡淨顯에 隨位淺深이 分十眞如하니
라. 體雖湛然이나 隨緣有異홈이 如陶冶塵滓하야 鍊磨
眞金인달하니라.

셋째. 무장애법계

셋째 '무장애법계'에는 간략하게 세 부문이 있으니,
첫째는 '상즉무애문(相卽無礙門)'이고, 둘째는 '형탈무기
문(形奪無寄門)'이고, 셋째는 '쌍융구리(雙融俱離)하는 성
상혼연문(性相渾然門)'이다.

第三無障礙法界에 略有三門하니 一相卽無礙門이요
二形奪無寄門이요 三雙融俱離인 性相渾然門이라.

(1) 서로 붙어서 장애 하지 않음

지금은 첫째 '상즉무애문(相卽無礙門)'이다. 일심 법계
가 '진여문'과 '생멸문' 둘 모두를 머금고[含攝] 있으니,
이 두 문이 서로가 서로에게 사무쳐서 성(性)과 상(相)
을 파괴하지 않으니, 그것은 마치 '(짐 꾸리듯이)' '물[水]'

을 꾸린[攝]' 파도는 고요하지 않고 파도를 '꾸린[攝]' '물[水]'은 요동함이 없는 것과 비슷하다.

今初라. 一心法界가 含眞如生滅하니 二門互相交徹하야 不壞性相하니 其猶攝水之波非靜이며 攝波之水非動故일새라.

(2) 모양이 없어 어리댈 수도 없음

둘째 '형탈무기문(形奪無寄門)'이다. 이를테면 모든 사(事)는 이(理)가 아닐 수 없으니, 그러므로 사(事)는 (독립적인) 사(事)가 아니고,[89] 모든 이(理)는 사(事)가 없을 수 없으므로 이(理)는 (독립적인) 이(理)가 아니다.[90]

二形奪無寄門者는 謂無事非理일새 故事非事也이오 無理非事일새 故理非理也니라.

---

89 『초』; "無事非理, 故事非事者, 謂事卽攬理, 遂令事相皆盡, 唯一眞理平等顯現, 以離眞理, 無事可得故. 如以水奪波, 波無不盡."
90 『초』; "無理非事等者, 謂眞理隨緣, 成諸事法, 然此事法, 卽帀於理, 遂令事顯, 而理不顯, 如水成波, 動顯靜隱也."

(3) 서로 융섭도 하고 모두 여의기도 하여
법성과 법상이 혼연일체

셋째. '쌍융구리(雙融俱離) 하는 성상혼연문(性相渾然門)'이란, 자세하게 하면 10문(門)이[91] 있다.

1. 사리무애

제1문은 상(相)을 '여의었기[離]' 때문이니, 사(事; 緣起如幻之事)가 괴멸하나 (그 事는) 이(理)와 '즉(卽)' 해 있다.

제2문은 성(性)을 '여의었기' 때문이니, 이(理; 無我理)는 민절하지만(泯絶; 흔적 없이 사라짐), (그 理는) 사(事)와 '붙어[卽]' 있다.[92]

제3문은 상(相)을 '여의었으나' 상(相)을 괴멸하지 않기 때문이니, 사(事)는 이(理)와 '붙어[卽]' 있어 사(事)가

---

[91] 10문(門) 중에서 제1문에서 제7문까지는 〈사리무애〉이고, 나머지 세 문은 〈사사무애〉이다.

[92] 『초』; "初二門, 出理事相. 於中初門, 事壞卽理. 疏云, 離相故者, 此標所以也. 相卽是事, 此擧緣起如幻之事, 非妄計定相之事也. 事壞而卽理者, 正顯理相也. 二明理泯卽事. 疏言, 由離性故者, 擧其所以, 此明無我理, 非事外定空之理也. 理泯而卽事者, 正顯事相也."

존재한다. 왜냐하면 '사(事; 妄情所計定相의 事)'가 '사(事; 眞理隨緣所成의 事)'가 되는 게 아니기 때문이다.[93]

제4문은 성(性)을 '여의었으나' 성(性)을 민절(泯絶)하지 않았기 때문이니, 이(理)는 사(事)와 '붙어[卽]' 있어 이(理)가 존재한다. 왜냐하면 이(理; =事外定空의 理)가 이(理; 緣起無性의 理)가 되는 것이 아니기 때문이다.[94]

제5문은 상(相)을 '여의였으나' 성(性)을 '여인 것'과 다르지 않기 때문이니, (왜냐하면) 사(事)와 이(理)를 둘 다 제거하여 언어나 사유의 영역을 뛰어넘기 때문이다.[95]

---

93 『초』; "第三門, 擧第一門, 收第二門, 明理時不失事. 疏言, '由離相'卽第一門, 由離相故. '不壞相故', 卽第二門, '理泯而卽事', 卽是反顯 不壞相, 此擧所以也. 言事卽理等者, 正顯理時不失事. 言'事卽理'者, 意顯非取理外定相之事, 如摩尼珠空淨, 所現之丹青, 非朱砂藍色之丹青, 故於珠全空時, 不礙色存也. 言'非事爲事'者, 意顯非是妄情所計定相之事, 只以眞理隨緣所成之事爲事, 故約理時, 不失事也, 如摩尼珠體空淨, 能現衆色, 摩尼珠體, 空淨喩理所現, 衆色喩事也."

94 『초』; "第四, 以第二門, 收前第一門, 明事時不泯理. 疏言, 由離性不泯性故者, 此標其所以也. '離性', 卽第二門, 離性故, '不泯性者', 卽第一門, 性卽是理. 言'以非理爲理'者, 意取緣起無性之理, 非取事外定空之理, 如珠幻色, 無體之空, 非太虛之空, 故於珠全色之時, 不礙空存也."

95 『초』; "第五, 收一二二門同時, 故理事俱絕. 疏言, '離相'卽

제6문은 (사와 이가 모두) 괴멸하지도 않았고, 다르지도 않았고, 민절(泯絶)하지도 않았기 때문이니, (왜냐하면) 애초부터 '이법계'와 '사법계'가 둘이 모두 함께 존재하는 상태로 현전하여 찬연히 있기 때문이다.[96]

제7문은 (사와 이가 모두) 괴멸하지도 않고, 민절하지도 않고, 다르지도 않지만, '상(相)'도 여의고 '성(性)'도 여의기 때문이니, (왜냐하면) 〈1. 사리무애〉 법계로 보거나 들을 수 있는 묘법을 초월하게 하지만, 보고 듣고 느끼고 아는 지각 작용 속에 호응하지 않음이 없으며, 사유나 논증의 깊은 의미를 끊게 하지만, 일찍이 언어나 사유를 장애 하지도 않기 때문이다.[97]

三雙融俱離性相渾然門者는 曲有十門하니 一由離相故니 事壞而卽理요, 二由離性故니 理泯而卽事요, 三由離相不壞相故니 事卽理而事存이니 以非事爲事也요,

---

第一門, 明離相故. '不異離性'者卽第二門, 明由離性故. 是卽擧第一門, 收第二門同時, 是以雙泯. 又亦由前三四二門, 卽不相失, 隨一泯時, 卽一切泯, 如前珠色, 珠泯卽色亦泯也."
96 『초』; "第六, 以第三門, 收第四門, 明理事雙存. 疏言, '不壞', 卽第三門中, 不壞相, '不異不泯'者, 卽第四門中, 明不泯性. 此是擧所以, 卽不壞相, 不異不泯性, 卽隨一存時, 二皆存也. 如珠現, 色亦在也."
97 『초』; "第七, 擧第六門, 收第五門, 明事理無礙."

四由離性不泯性故니 理卽事而理存이니 以非理爲理也요, 五由離相不異離性故니 事理雙奪하야 迥超言念이요, 六由不壞不異不泯故니 有初事理二界가 俱存現前하야 爛然可見이요, 七由不壞不泯不異離相離性故니 爲一事理無礙法界로 使超視聽之妙法케하나 無不恒通於見聞하며 絶思議之深義케하나 未曾礙於言念이라.

2. 사사무애

제8문은 이(理)로서 사(事)를 융섭[融]하여 일정한 범위를 없애는 것이, 마치 이(理)가 (모든 사에) 두루하는 것이 '하나(一)'가 '일체(一切)'에 드는[入] 것과 같으며, 또 마치 이(理)가 (모든 사를) 포섭하는 것이 '일체'가 '하나'에 드는[入] 것과 같기 때문이다. 그러므로 연기하는 법 하나하나가 법계를 다함 없이 '각섭(各攝)'한다.[98]

제9문은 인과(因果)의 법계가 각각 '전섭(全攝)' 하므로 보현보살의 몸속에서 부처와 부처들이 하염없이 나타나게 하고, 부처의 털구멍 속에 보살들이 겹겹이 드러

---

98 각섭(各攝); 화엄교학에서 말하는 '융섭[攝]'의 양상은 다양하다. 지금 이곳의 '각섭(各攝)', '전섭(全攝)', '항섭(恒攝)', 그리고 저곳 『기신론』에서의 '공섭(共攝)'과 함께 한자의 뜻과 모양을 감상하시기 바람. 개념을 분명하게 인지해야 화엄의 원융사상을 이해할 수 있다.

나게 한다.

제10문은 인과(因果)의 법계에는 차별한 법들이 없지 않아서, 법계를 남김없이 '항섭(恒攝)'하니, 그러므로 낱낱의 수행문마다 낱낱의 수행 지위가 '각섭(各攝)'하기를 거듭하고 거듭한다. 그러므로 넓은 국토와 큰 몸, 미세한 티끌과 작은 털구멍에도 모두 끝이 없다.

마지막의 제10문이 이전의 아홉 문(門)을 모두 융섭[融]하여 셋째의 '(3)쌍융구리(雙融俱離) 하는 성상혼연문'이 된다. 역시 이전의 두 문(=(1)相卽無礙門, (2)形奪無寄門)과 융섭하여 지금이 이 문(=(3)雙融俱離性相渾然門)과 분리되지 않는다.

> 八由以理融事하야 令無分齊케홈이 如理之徧이 一入一切인달하며 如理之包가 一切入一인달하니 故로 緣起之法이 一一各攝法界無盡이요, 九由因果法界가 各全攝故일새 令普賢身中에 佛佛無盡케하고 佛毛孔內에 菩薩重重케함이요, 十由因果法界엔 差別之法이 無不하여 恒攝法界無遺하니 故로 隨一一門하야 一一行位가 各攝重重하니라 故廣剎大身과 輕塵毛孔도 皆無有盡하니라. 以其後一이 總融前九하야 爲第三渾融門也하며 亦融前二하야 不離此門이니라.

(ㄴ) 명능입문(明能入門)

둘째 '능히 들어가는[시 행위를 밝히는 부분'이라 함은, 총체적으로 말하면 보현행원이고, 만약 각론적으로 말하면 간략하게 두 종류가 있다. 첫째는 몸이 들어가는 것이고, 둘째는 마음이 들어가는 것이다. 몸은 마음으로 말미암아 체험하기 때문에 마음이 들어가는 것을 자세하게 설명하겠다.

마음으로 들어감에는 셋이 있으니, 첫째는 바른 '믿음[信]'으로 들어가는 것이고, 둘째는 바른 '이해[解]'로 들어가는 것이고, 셋째는 바른 '수행[行]'으로 들어가는 것인데, 이 셋은 서로 걸림이 없다.[99]

이를테면 이 수행문(=보현행원 10가지)을 깊이 참고 기꺼운 마음으로 깨끗이 믿으며, 이 수행문을 〈그 어느 하나도〉 놓치지 않고 '성(性)'과 '상(相)'을 분명하게 완전하

---

99 『초』; "言此三無礙者, 有信無解, 增長無明. 有解無信, 增長邪見. 有解無行, 其解必虛. 有行無解, 其行必孤. 若稱法界, 三必無礙也." ◉ "'이 셋은 서로 걸림이 없다'라고 한 것은, 믿음은 있되 이해가 없으면 무명을 키우고, 이해는 있되 믿음이 없으면 삿된 견해를 키우고, 이해는 있되 수행이 없으면 그 이해는 반드시 허망하고, 수행은 있되 이해가 없으면 그런 수행은 반드시 외롭다. 그렇지만 법계에 칭합하기만 하면 이 셋 중 서로 들어가도 걸림이 없다."

게 알아서, 이것에 의지해 수행을 일으켜 하나하나 참되게 닦으면, '이해'와 '수행'이 서로서로 도와 자연히 계합한다.

> 第二明能入者는 總卽普賢行願이요 若別說者인댄 略有二種하니 一者는 身入이요 二者는 心入이라. 身由心證일새 故廣辨心入호리라. 心入有三하니 一者正信이요 二者正解이요 三者正行이니 此三無礙니라. 謂於此行門에 深忍樂欲하야 淨信하고 不逾於斯行門하야 曉了性相하고 依之起行하야 一一眞修하면 解行相扶하야 自然契合하리라.

(ㄷ) 능소계합(能所契合)

(a) 들어간다는 뜻을 해석

셋째 '(들어갈) 대상과 (들어가는) 행위를 계합하는 부분'이라 함은, '들어감[入]'의 의미를 바로 밝히는 것인데, '들어감'이란 이해하고 통달하여 체험해 깨치는 것을 이름한다.

> 第三能所契合者는 正顯入義이니 入者는 了達證悟之名이라.

(b) 인(因)과 과(果)의 두 문을 요점만 들어 보임

간략하게 두 문이 있으니 첫째는 '바다처럼 측량할 수 없는 결과[果海]'인데 (그 자리는) '말[說]'이나 '이미지[相]'가 떨어져 있다. 둘째는 '수행의 원인[因門]'인데 (그에 대해서는) 말이나 설명을 붙여 볼 수 있다.

略有二門하니 一者果海이니 離於說相이요 二者因門이니 可寄言說이라.

(c) 인문(因門)에 국한해서 설명을 부쳐봄

첫째. 이법계로 들어감을 밝힘

이제 무분별지를[100] 간략하게 밝혀 '이법계(理法界)'를

---

[100] 무분별지; 올바르게 진여를 체득하는 지혜. 진여의 기능[相]은 우리들의 언어나 문자로서는 어떻게 형용을 할 수도 분별을 할 수도 없으므로, 사유나 언어의 분별을 여읜 모양 없는 참 지혜로만 알 수 있다. 이런 지혜를 무분별지라고 한다. 개념적 인식을 넘어선 지식. 그런데, 인식하는 주체와 인식의 대상으로 나누어지지 않으면 어떻게 지식이 만들어질 수 있을까? 지식의 속성은 즈-객의 쪼갬인데. 참으로 어려운 문제이다.

체험[證]하는 통로를 다섯 문(門)으로 나누어보겠다. (1) 첫째는 '능-소'가 따로 분명함이고, (2)둘째는 '능-소'가 둘이 아님이고, (3)셋째는 '능-소'의 구별 자체를 싹 없앰이고, (4)넷째는 '능-소'의 있고 없음에 걸림이 없음이고, (5)다섯째는 하나[一]를 들어 올림에 나머지 전체[全]를 거두어들이는 것이다.

今에 且略明無分別智하야 證理法界홈에 以爲五門하리라. 一能所歷然이요 二能所無二이요 三能所俱泯이요 四存亡無礙요 五擧一全收니라.

(1) '능-소'가 따로 분명한 부분

'능-소가 따로 분명함'이란, 이를테면 무분별지를 사용해서 무차별의 이(理)를 체험하는 것이니, 인식주체와 인식대상이 '감쪽같이 하나 되고[冥]', '지혜[智]'와 '신명[神]'이 하나 되어 '능히 체험하는 행위인 지혜'를 완성하는 것과 '체험되는 대상으로서의 이(理)'를 체험하는 것, 이 둘이 마치 태양이 허공과 합하는 것과 같다. 비록 서로 불가분의 관계이나 태양 빛은 허공이 아니고 허공은 태양 빛이 아니다.[101]

---

101 『초』; "第一則法相宗證道, 謂大乘始敎也." ● "제1은 법

第一能所歷然者는 謂以無分別智로 證無差別理하니 心與境冥하고 智與神會하야 成能證智와 證所證理가 如日合空인달하야 雖不可分이나 而日光非空이며 空非日光이니라.

(2) '능-소'가 둘이 아닌 부분

'능과 소가 둘이 아님'이라 함은, 일체법이 마음에 서로 붙어있는[卽] 자성인 줄을 알고, (자성의) 바탕에 서로 붙어있는[卽] 지혜를 사용하여 도리어 마음의 바탕을 관조한다. 하나[一]를 들추니 전체[全]가 거두어지며 이치를 들추니 지혜가 거두어지니, (그) 지혜는 이치 밖에 있는 것이 아니요, 지혜를 들추어 이치를 거두어들이니, (그) 지혜의 바탕 그대로가 고요하다.

비유하면 마치 구슬 자체에 광명이 있어, (그 광명이) 도리어 구슬을 비추는 것과 같다.[102]

第二能所無二者는 以知一切法이 卽心自性하야 以卽體之智로 還照心體하야 擧一全收하며 擧理收智하니 智非理外이요 擧智收理하니 智體卽寂라. 如一明珠가

상종의 중도이니, 이를테면 대승시교(大乘始敎)이다."
102 『초』; "第二法性宗證道, 謂大乘終敎也." ◉ "제2는 법성종의 중도이니, 이를테면 대승종교(大乘終敎)이다."

珠自有光하야 還照珠矣인달하니라.

(3) '능-소'의 구별 자체를 싹 없앰

'능과 소의 구별 자체를 싹 없앰'이란, 지혜는 이치와 서로 붙어있어[卽] 지혜는 지혜가 아니니, 왜냐하면 (지혜는) 이치와 완전하게 같아 '자체의 본성[自體=自性]'이 없기 때문이며; 이치는 지혜와 서로 붙어있어[卽] 이치는 이치가 아니니, 왜냐하면 (이치는) 지혜와 완전하게 같아 '자체의 본성'이 없기 때문이다.

비유하면 마치 파도가 물과 서로 붙어있는[卽] 거와 같아서 (파도의) 움직이는 기능[相] 그대로 허망하고 물은 파도와 서로 붙어 있어[卽], 고요한 기능도[相] 또한 숨어드니, 움직임과 고요함 둘 모두가 사라져 '성'과 '상'이 모두 사라지기 때문이다.[103]

> 第三能所俱泯者는 由智卽理일새 故智非智니 以全同理하야 無自體故이며 由理卽智일새 故理非理하니 以全同智하야 無自立故라. 如波卽水인달하야 動相便虛하고 水卽波故로 靜相亦隱하니 動靜兩亡하야 性相齊

---

[103] 『초』; "第三卽大乘頓教中證道." ◉ "제3은 즉 대승돈교(大乘頓教)의 증도이다." 선불교도 이런 입장이다.

離하니라.

(4) '능-소' 있고 없고에 걸림 없음

'능-소의 있고[存] 없음에[泯] 걸림이 없음'이라 함은, 앞의 세 가지 문(門) 설명에는 전후 관계가 있으나, 바탕은 다름이 없다. 그러므로 '상'을 여의고 '성'을 여의면 '능'과 '소'가 둘 다 모두 사라지며, '성'과 '상'을 괴멸하지 않으면 즉 '능'과 '소'가 뚜렷하며, '성'과 '상'을 제대로 여의면 즉 '성'과 '상'이 사라지지 않기 때문이다. '있고[存] 없음[亡]'에 걸림 없음이 마치 파도와 물[水]이 비록 '움직임과 고요함'(이라는 기능[相]이) 둘 다 사라졌더라도 파도에 간직된 '적시는 성질[濕性]'은 괴멸되지 않는 것과 같다.

> 第四存泯無礙者는 以前三門에 說有前後이나 體無二故라 離相離性하면 則能所雙泯하고 不壞性相하면 則能所歷然하며 正離性相하면 卽不壞故로 存亡無礙홈이 如波與水가 雖動靜兩亡이나 不壞波濕인달하니라.

(5) 하나를 들어 모두를 거두어들임

'하나[一]를 들어 올림에 나머지 전체[全]를 거두어들임'이라는 것은, 위에서 네 가지 문을 나열한 이유는 (理의) 속성[義;artha]이 다름을 밝히려고 그런 것이다. 그런데 이(理)는 이미 융섭하니 무슨 두 근원을 합칠 게 있겠는가?

비유하면 마치 바닷물 한 방울이 100개의 하천 물맛을 다 갖추고 있는 것과 같았다.

이상은 다만 무분별지를 기준 잡아 참된 이(理)를 체험하려니 (부득이) 이 다섯 문(門)을 둔 것이다.

> 第五擧一全收者는 上列四門은 欲彰義異이니 理旣融攝이니 會何二源이리요. 如海一滴에 具百川味인달하니라 上은 但約無分別智하야 證於眞理에 有此五門이라.

둘째. 무장애법계로 들어감을 밝힘

만약 '무장애의 지혜[智]'로 '무장애의 경계[境]'를 체험하면, 들어갈 대상인 경계와 인식하는 행위인 지혜가 원융하여 가히 말로 다 하기 어려우니, 이 모두는 다 '능-소' 계합이 된다.

> 若以無障礙智로 證無障礙境하면 境智圓融하야 難可言盡이니 總爲能所契合이니라.

(3) 종지로 귀결됨을 총결

이상의 세 문은[104] 뒤의 문을 사용해서 이전의 문에 계합하는 것이지만 다만 앞의 두 문을 계합한다. 그러므로 세 가지 문(門)은 동일한 준칙[一揆]'이니 (세 문) 어디나 모두 '법계연기에 들어가는[入]' 보현행원'의 종지가 된다. '보현행원'의 개별적 행상은 본문 속에 갖추어져 있다.

> 上之三門은 以後契合이나 但合前二일새 故三門은 一揆이니 爲入法界緣起하는 普賢行願之宗矣라. 其行願別相은 文中具之니라.

---

[104] 세 문; (1)相卽無礙門, (2)形奪無寄門, (3)雙融俱離性相渾然門.

제3문. 『화엄경』의 번역과 전수

'제삼. 번역하여 전해줌'이란, 간략하게 두 문이 있으니, 1) 첫째는 '근원을 따져 물음'이고, 2) 둘째는 '번역'이다.

第三翻譯傳授者는 略有二門하니 第一徵源이요 第二翻譯이라.

1) 근원을 따져 물음[徵源]

지금은 첫째(즉, 근원을 따져 물음)이다. 이 경은 정원년간에[105] 새로 번역된 『화엄경』 중 제40권이 별도로 유행한 것이다. 그러므로 (중국에서는 물론) 서역에서도 서로 전해오며 말하기를, "「보현행원(게)찬」은 『화엄경』을 간략히 한 것이고, 『대방광불화엄경』은 「보현행원(게)찬」을 넓힌 것이다"라고 한다. 이제 살펴보건대 이치가 실로 그렇다.

---

105 정원 년간; 덕종(재위; 779~805)은 재위 기간에 연호를 建中(780~784), 興元(784~785), 貞元(785~805)으로 세 차례 바꿈.

전체 경의 설주(說主)는 보현인데, 초회도 보현보살이 설한 것이고 끝마침도 역시 보현보살이 설한 것이다. 5주(周)의 인(因)이 모두 보현의 수행이고, 5주(周)의 과(果)가[106] 즉 보현의 수행으로 인해서 완성된 것이다. 그런데 또한 이렇게 해서 '얻은 결과[得果]'도, '원인이 되는 방법[因門]'을 저버리지 않는 '과의 작용[果用]'이다.[107] 그래서 다시 제40권의 끝 마지막에 ('보현행원'으로) 현묘함을 두루 다 거두어들인 것이다.

今初라. 此經은 卽貞元新譯 大方廣佛華嚴經第四十卷의 別流行也라. 故西域相傳云호대 普賢行願讚은 爲略華嚴經이요 大方廣佛華嚴經은 爲廣普賢行願讚이라 하니, 以今觀之컨대 理實然矣이로다. 一經之主는 則是普賢이니 初會도 卽是普賢所說이며 窮終도 亦是普賢所說이라. 五周之因이 皆普賢行이요 五周之果가 卽普賢行之所成이라 亦是得果도 不捨因門之果用爾이니

---

106 5주인과; 『80화엄』 전체를 다섯 '겹[周]'의 '인(因)-과(果)'의 관계로 구조적으로 해석하는 화엄교학 특유의 훈고 행상. 所信因果(1~6품), 差別因果(7~35품), 平等因果(36~37품), 成行因果(38품), 證入因果(39품). 본 번역서 ☞ 326쪽 [부록]의 〈표4〉「80화엄 구조표」참조.
107 因圓果滿을 뜻한다. 번역자는 처음에는 문장에 홀렸다. '因門之果用'을 不捨한다고 말이다. 因門을 不捨하는 果用이다.

復是四十卷之窮終에 偏收玄妙하니라.

2) 번역(翻譯)

(1) 세 번의 번역을 총체적으로 거론

둘째로 '번역이라'함은, 예부터 지금에 이르기까지 모두 세 번의 번역이 있었다. 처음은 즉 동진(東晉, 317~418) 시기이니, 인도 삼장 법사 불탁발타라(佛度跋陀羅, Budhha-bhadra, 359~429) 중국말로 '각현(覺賢, 깨달은 현인)'이 '한 세트[一卷]'를 번역해내니 5자 게송으로 되었다. 다음은 당나라 대종(代宗) 임금 시절 대변정(大辯正, 705~774, 불공금강, Amoghavajra) 삼장 법사께서[108] '한 세트[一本]'를 번역하셨으니 7자 게송으로 이루어졌다. 제삼은 즉 지금의 정원 연간(785~804)에 번역된 것이니[109] 이것도 역시 7언 게송으로 되었다.

---

108 『80화엄』을 번역한 실차난타와 착오를 피하기 위해 종밀의 주석을 인용한다. ●『초』; "言大辯正等者, 此三藏號阿目伽, 此云不空, 卽玄宗肅宗代宗三帝灌頂師也.……. 謚大辯正廣智三藏. 經歷三朝, 所譯敎法, 一百二十餘卷, 更有諸佛示權摧魔護國. 非臣不堪聞者, 緘在於天宮. 其餘可聞者, 頒宣於天下. 於中, 譯此後偈經文, 亦是七言, 故云第二代宗等也. 此則唯譯後偈經文也. 以前長行文, 秪此一譯故爾."

第二翻譯者는 自古及今히 總有三譯하니 初卽晉朝이니 三藏佛度跋陀羅唐言覺賢이 譯出一卷하니 五字成偈이요 第二大唐代宗之朝이니 大辯正三藏이 翻譯一本하니 七字成偈이요 第三卽今貞元所譯이니 亦是七言이니라.

(2) 예와 지금의 번역을 회통

그런데 위의 두 번역은 모두 '현길상보살(賢吉祥菩薩)이 지은 것임'이라고 했으니 부처님의 말씀[佛經]은 아니다. 그런데 이제 이 경(=『40화엄』)은 '보현보살'이 설하신 것이다. 참으로 '보현(普賢)'과 '현수(賢首)'가 이름과 의미가 '서로 혼동되고[相濫]',[110] 또 '별행'하는 것이 많다. 그래서 옛날 삼장 법사들이 불경이 아니라 했다. 또 앞의 두 대본은 모두 장항(長行)이 없기 때문에 10행

---

109 정원 12년(서기 796) 6월 5일 번역을 시작해서 14년(서기 798) 2월 4일에 총 40권으로 완료.

110 『초』; "言名義相濫者, 以梵云跋捼囉, 此名爲賢. 若言三曼多跋捼囉, 此云普賢. 跋捼囉(二字合呼)室哩(二字合呼), 此云賢首. 皆有賢字, 故相濫也. 問前言'賢吉祥', 此云'賢首'何故不同. 答以梵云室哩, 此有三名. 一名德, 二名首, 三名吉祥. 如曼殊室利, 此云妙德, 或云妙首, 或云妙吉祥, 此中亦爾, 故亦無妨."

상이 분명하지 못했다. 지금의 이 경(=『40화엄』)에는 장항이 있어 조목마다 흐름이 각각 구별되어 졸졸 흐르면서도 뒤섞임이 없으니 부처님의 경전임을 의심할 것이 없다.

而上二本은 並云호대 是賢吉祥菩薩所造라하니 而非佛經이나 今乃是經은 普賢菩薩所說이라. 良以普賢與賢首가 名義相濫하고 又多別行일새 故로 昔三藏謂非佛經이라 하니라. 又前二本은 並無長行일새 故十行相이 不得顯著이나 今有長行하고 條流各別하야 潺然不差이니 佛經無惑이라.

(3) 지금 주석하는 경전을 따로 밝힘

① 1품으로 된 『40화엄』을 번역하니 네 가지 인연이 갖추어짐

㈎ 번역을 바로 밝힘

즉 정원 12년 병자년(796년)에 계빈국 출신 삼장 법사 반야 스님에게 (덕종 황제께서) 칙서를 내려, 서울(長安, 지금의 西安)에 있는 대숭복사에서 번역하여 40권으로 (정원 14년, 서기 798년에) 완성하니,

卽貞元十二年에 歲次丙子에 詔罽賓三藏沙門般若하야

於京師大崇福寺에서 譯成四十卷하니,

(나) 구역과 신역을 회통

이것은 바로 이전에 번역한 (『60화엄』의 제34품, 또는 『80화엄』의 제39품) 한 품인 「입법계품」에 해당한다.

卽舊經入法界一品이라.

(다) 범본(梵本)을 얻게 된 내력

이 경전의 범본은 남인도 오다국(烏茶國) 임금이신 길상자재왕(吉祥自在王)께서 (정원 11년에) 바친 것이다.

其經梵本은 卽南天竺烏茶國王인 吉祥自在之所進也라.

(라) 거룩한 사연①; 범본을 얻다

그런데 예부터 역경에는, 혹 삼장 법사께서 직접 가지고 오신 경우도 있고[111], 혹 사신을 보내 맞이한 경우

---

111 『초』; "三藏持來者, 卽騰蘭世高等也." ● 후한 명제 때에 중인도에서 가섭마등과 축법란이 낙양에 왔고, 안식국에서는 안세고가 와서 소승 불전을, 월지국에서는 지루가참이 와서 각각 대승 불전을 번역한 사례.

도 있지만,¹¹² 지금 같은 경우는 없었다. 저 나라의 황제께서 친히 마련한 범본을 10만의 먼 바닷길을 지나 1,000일의 험난함을 넘어, 임금님의 편지까지 동봉하여 우리 성군께 바친 것이다.

만약 (우리 황제의) 덕이 건곤(乾坤)에 합하고, 도가 3고(古)에 빛나고 위엄이 8극(極; 온 사방)에 임하고, 교화가 온 지방을 윤택하게 하지 않았었던들, 뉘 있어 능히 빛나고 위대한 '휴열(休烈; 성대하고 아름다운 사업=번역 사업)'과, 생각하기 어려운 '원극(圓極; 완전하고 궁극적인 가르침=『화엄경』의 가르침)'을 다시 이 당나라 땅에 드날릴 수 있었겠는가!¹¹³

然이나 自古로 譯經에 或三藏持來하고 或遣使迎請이나 未有如今이라. 彼國帝王이 親貢梵文을 越十萬之煙波하고 踰千日之險阻하야 紆彼御札하야 獻我聖君하

---

112 『초』; "遣使迎請者, 如羅什和尙等." ◉ 구마라습의 경우.
113 『초』; "<u>三古者</u>, 上古謂三皇(一伏羲, 二神農, 三黃帝). 中古謂五帝(一少昊, 二顓頊, 三高辛, 四唐堯, 五虞舜). 下古謂三王(一夏后, 二殷湯, 三周姬). <u>言八極者</u>, 亦曰八宏, 或云八荒, 卽總指方隅也. <u>言化洽者</u>, 愜洽也. 謂皇帝聖化, 愜洽萬邦也. 言孰者, 誰也. <u>休烈者</u>, 休者王也, 喜慶之事, 烈卽是位, 又王卽是盛也. 卽廣大盛事也. 神州者, 卽唐國也. 神者, 靈也. 總指唐國以爲神州也."

니라. 若非德合乾坤하고 道光三古하며 威臨八極하고 化洽萬方이언 孰能有此하야 光大休烈과 難思圓極을 再闡神州하리오.

㈜ 거룩한 사연②; 번역의 인연

그러나 대저 가르침의 유포에는 하나의 '연(緣)'만 있어서 되는 게 아니다.[114] 반드시 (①좋은 시절 인연이니) 시절이 깨끗하고 도가 태평해야 바른 교화가 행해질 수 있고, (②좋은 장소의 인연이니) 위대한 나라 빛나는 문명과 황성과 봉황과 같은 대궐이 있었고, (③성스런 군주의 인연이니) 밝은 임금과 성스러운 천자들께서 대를 이어 불법을 숭상하고 중히 여겼고, (④현명한 신하들의 인연이니) 임금을 모시는 어진 신하들이 현묘한 교화를 도왔고, (⑤감응하는 근기의 인연이니) 사람들이 다들 총명하고 민첩해서 도를 담을 만한 그릇을 지닐만했고, (⑥ 당시 임금의 감응하는 인연이니) 마침내 천자의 영명함이

---

114 『초』; "二列有十緣也. 一時淸, 二處勝. 疏'大國中華, 皇城鳳闕, 言'中華'者, 草盛曰華, 謂此中國, 觸事榮盛, 故曰中華. 三君聖. 四臣賢. 五器感. 疏'人多聰敏, 道器可拚'者, 卽譯場諸德, 及通此方傳持之人. 六聖應, 若無聖力, 譯必不成. 七內護, 卽譯主三藏. 八外護, 卽竇霍二中尉. 九結內外. 十結隱顯也. 配文可知."

운세에 들어맞아 은근 도왔고, (⑦불교 내부의 인연이니) (삼장 법사들께서) 노력과 수고로움을 마다하지 않고 중화에 전해와 번역했고 이쪽저쪽 두 지역의 언어를 잘하여 권교와 실교의 의미를 겸비했고, (⑧불교 외부의 인연이니) 밝은 현자들이 지식이 높아 경전의 내용을 계발하고 찬양했고, (⑨안팎이 서로 돕는 인연이니) 안팎 모두 온 마음을 다했고, (⑩음으로 양으로 돕는 인연이니) 보일 듯 말 듯 이리저리 보호해야만 비로소 원교(=화엄의 가르침)를 들어보지 못한 이들에게 유통시킬 수 있다.

然이니 夫敎流에 非一緣矣로다. 要在時淸道泰하야사 正化可行이오, 大國中華에 皇城鳳闕이오, 明王聖帝에 崇重法門이오, 輔佐賢良가 翊贊玄化이오, 人多聰敏하여 道器可持요, 方有聖靈潛運冥衛요, 不憚勞苦하여 傳譯中華하고 音善兩方하야 義兼權實이오, 明賢高識하야 啓發讚揚이요, 內外悉心이요, 潛顯兼衛하야사 方令圓敎로 流通未聞하니라.

㈐ 거룩한 사연③; 맺음말

지난 옛날 전해온 일을 멀리 생각하니 사안마다 많이 빠지고 소략한 게 많았다. 이 훌륭한 사안들만 갖추어 설명하느라 지금 조정의 이야기는 담지 못했다.

緬想昔傳엔 事多闕略하고 具斯勝事엔 莫盛當朝로다.

② 40권 중 한 권이 따로 유행하니, 보배로운 지도리이며 핵심임

지금 이 한 경(=『보현행원품』115)은 즉 저 총 40권 가운데 제40권째 경이다. 화엄의 관문을 여는 열쇠이고 수행의 지도리이니, 문장은 간략하나 의미가 풍부하여 공덕은 높고 이익은 드넓으며, (문장은) 능히 간결하기도 하고 능히 쉽기도 하여 (이치는) 더욱 멀고 더욱 심오하니, 가히 칭찬하여 가히 전할 만하고 가히 실천하여 가히 보배로 삼을 만하다.

(역경하랍시는 황제의) 어명을 (받아) 삼장 법사가 모셨고, 나라의 대덕 스님들은 (그 번역 어휘 선별에) 심사숙고했고, (나 징관은 윤문을 도와) 어리석지만 정성을 힘써 다했다. (이렇게 번역된 『40화엄』에 주석하랍시는 황제의) 조칙에[116] 부응하여 (『정원신역화엄경소』(全 10권)을 찬술하

---

115 『보현행원품』; 원래는 한 품이었지만, 이곳에서는 별도로 유행하는 한 권의 책을 지칭하기 때문에 서명을 표시하는 겹 꺾쇠(『 』)로 구별하여 표기했다. 품명은 홑 꺾쇠(「 」)로 표기.
116 『법계종오조략기』〈4조 청량국사 條〉(신찬속장77, 622하)

고) (다시) 그 큰 책을 줄여 이렇게 별행본(別行本) 1권을 만든다.

> 今此一經은 卽彼四十卷中의 第四十也라. 而爲華嚴關鍵이고 修行樞機이니 文約義豐하야 功高益廣하며 能簡能易하야 唯遠唯深하니 可讚可傳이요 可行可寶니라. 三藏持命하고 國德專精에 勉竭愚誠하야 以副詔旨하고 略其廣疏하야 爲此別行하노라.

에 따르면, 정원 14년(서기 798) 2월에 『40화엄』의 번역이 완료되자, 그해 4월에 징관 국사는 칙명으로 내전에서 강의했고, 다음 달 5월에는 소(疏)를 지으라는 칙명을 받고 (몇 월인지는 불명확하지만) 『정원신역화엄경소』(전 10권)과 『보현행원품소』(전 1권)을 완성했다고 함. 한편 『불조역대통재』(정원 15년조; 서기 799년)(신찬속장49, 609하)에 따르면, 칙명으로 4월 황제 생신날 내전에서 "『40화엄』의 종지를 드날렸다[闡揚大經]"라고 함. 이때의 법문 내용과 정황은 본 번역서 ☛ 39쪽 본문과 각주1) 참조.

제4문. 『화엄경』 제목 해석[117]

대방광불화엄경 입부사의해탈경계 보현행원품

大方廣佛華嚴經 入不思議解脫境界 普賢行願品

1) 전체의 제목을 해석함

제4는 경의 이름과 제목을 해석하는 부분이다. 그중에 문단이 둘로 갈라지니, 앞은 전체의 제목을 해석하는 부분이고, 뒤는 품목을 밝히는 부분이다.

앞의 〈1) 전체의 제목을 해석하는〉 부분은 즉 수많은 수다라(經, 여러 품)를 포괄하는 전체 이름이고, 뒤의 〈2) 품목을 밝히는〉 부분은 (『화엄경』에서) 으뜸으로 삼는 현묘한 내용이다. 전체 이름으로 개별 품을 포함하므로 품명 앞에 (일곱 자로 된 경) 전체 이름을 놓았다.

---

[117] 이하에 등장하는 해석은 모두 의미론적 훈고이지, 글자 자체에 담긴 문자적 훈고는 아님. 이런 방식의 훈고를 '의해(義解)'라 한다. 화엄교학에서 성행하던 이런 '의해'의 풍조가 한대(漢代)의 경학(經學)을 변모시켜 송대(宋代)의 신유학(新儒學)의 철학적 사변과 저술에 영향을 주었다.

전체 이름 일곱 글자에 담긴 뜻은 간략하게 네 부문[門]이 되는데, (1)첫째는 이런 이름을 얻게 된 이유를 총체로 드러냄이고, (2)둘째는 (일곱 글자를) 떼었다 붙였다 하면서 그에 대해 해석함이고, (3)셋째는 의미를 부류 별로 묶어 드러냄이고, (4)넷째는 펼치거나 거두어들이기는 생각으로 헤아리기 어려운 부분이다.

第四釋經名題는 於中分二하니 先解總題이요 後明品目이라. 總題는 卽無盡修多羅之總名이요 品目은 卽所宗之玄妙이니 以總該別일새 故存總名이라. 總名七字는 略爲四門하니 第一總顯得名이요 第二對辨開合이요 第三具彰義類이요 第四展卷難思이라.

(1) 총현득명(總顯得名)

첫째 '총현득명(總顯得名; 이름을 얻게 된 이유를 총체로 드러냄)'이다. 경의 제목에 들어있는 일곱 글자는 즉 일곱 의미를 담고 있다. '대' 자는 (진여법계의) 체(體)의 뜻이고, '방' 자는 상(相)의 뜻이고, '광' 자는 용(用)의 뜻이고, '불' 자는 과(果)의 뜻이고, '화' 자는 인(因)의 뜻이고, '엄' 자는 총상(總相)의 뜻이고, '경' 자는 능전(能詮)의 뜻이다. 그러므로 '인(人)'과 '법(法)'을 나란히 제목에 드러냈고 '법(法)'과 '유(喩)'를 가지런히 거론했으며, '체(體)'와 '용(用)'에 걸림이 없고, '인(因)'과 '과(果)'가 두루 원만했다. 그러므로 다함 없는 법문이 이 (일곱 글자에) 모두 들어 있다.

> 今初라. 經題七字는 卽爲七義니 大體也이요 方相也이요 廣用也이요 佛果也이요 華因也이요 嚴總相也이요 經能詮也니라 故로 人法雙題하고 法喩齊擧하며 體用無礙하고 因果周圓할새 故로 無盡法門이 不離此攝하니라.

(2) 대변개합(對辨開合)

둘째 '대변개합(對辨開合; 일곱 글자를 떼었다 붙였다 하면서 그에 대해 해석함)'이라 함은, 모두 '10사안의 5짝[十事五對]'으로 이루어진다. (1)첫째로, '경'은 능전(能詮)이 되고 앞의 여섯 글자는 소전(所詮)이 되니 즉 '교(敎)-의(義)'의 짝이다. (2)둘째로, '엄' 자는 총상이 되고 저 앞의 다섯 글자는 별상이 되니 즉 '총-별'의 짝이다. (3)셋째로, '화' 자는 능엄(能嚴)이 되고 저 앞의 네 글자는 소엄(所嚴)이 되니 즉 '능-소'의 짝이다. (4)넷째로, '불' 자는 능히 체험하는[能證] 사람이 되고 '대'·'방'·'광'

세 글자는 체험되어 지는[所證] 법이 되니 즉 '인(人)-법(法)'의 짝이다. (5)다섯째로, '방'과 '광'은 용이 되고 '대'와 '방'은 체가 되니 '체(體)-용(用)'의 짝이다. '방' 자는 양쪽 모두에 쓰인다.

> 第二對辨開合者는 總爲十事五對니 一經爲能詮이고 上六所詮이니 卽敎義一對이요, 二嚴爲總相이고 上五別相이니 卽總別一對이요, 三華爲能嚴이고 上四所嚴이니 卽能所一對이요, 四佛爲能證之人이고 大方廣所證之法이니 卽人法一對이요, 五方廣者用也이고 大方體也이니 卽體用一對이라 方字는 兩用이니라.

(3) 구창의류(具彰義類)

셋째 '구창의류'(具彰義類; 의미를 부류 별로 묶어 드러냄)라 함은, 일곱 글자마다 각각 10가지 의미가 있다.

> 第三具彰義類者는 七字에 各有十義니라.

① '대' 자 해석

'대' 자에 들어있는 10가지 의(義; artha, 속성; 본질에 소속된 성질)를 해석하면 다음과 같다. (1)첫째는 (진여 자성의) 바탕[體]이 크니, '본성[性]'이건 '작용[相]'이건 모두 같은 '진성(眞性; 진여 자성)'이어서 (시간상으로) 항상하고 (공간상으로) 두루 하기 때문이다. (2)둘째는 (진여 자성의) 기능[相]이 크니, 본성(性) 속에 간직된 갠지스강의 모래알 수처럼 많은 공덕이 모든 바탕[體] 속에 두루 하기 때문이다. (3)셋째는 (진여 자성의) 작용[用]이 크니, 업의 작용이 두루 모든 곳에 존재하는 것이 마치 바탕[體]이 일체를 포함하고 두루 한 것과 같기 때문이다. (4)넷째는 (진여 자성의) 결과[果]가 크니, 지혜[智]가 의보와 정보를 뛰어넘어[斷] 법계에 두루 하기 때문이다. (5)다섯째는 (진여 자성의) 원인(因)이 크니, 본성[性]에 걸맞게 공덕을 닦음에 모든 수행을 안 하는 게 없기 때문이다. (6)여섯째는 (진여 자성의) 지혜[智]가 크니, 이를테면 완전한 지혜를 중심 삼아 수많은 수행 속에서 법신을 장엄하기 때문이다. (7)일곱째는 (진여 자성의) 가르침[敎, śāsana]이 크니, 한 문장 한 구절이 시방세계를 '연결 관통[結通]'하여 법성(法性)과 딱 들어맞기[稱合] 때문이다.

이상의 ((1)에서 (7)까지의) 일곱은 순서대로[次] 위의 (대·방·광·불·화·엄·경) 7자를 해석한 것이다.

(8)여덟째는 (진여 자성의) 속성[義]이 크니, 어떤 법이든 다 설명하지 못하는 게 없어서 법의 근원까지 다했기

때문이다.

이상의 (대·방·광·불·화·엄·경) 7자를 총체적으로 [總] 해석한 것이다.

⑼아홉째는 (진여 자성이) '반연하는 대상 경계[境]'가 크니, 하염없는 중생들의 '인식 대상[所緣]'이 되기 때문이다. ⑽열째는 (진여 자성의) 작용력[業]이 크니, 과거·현재·미래 시간이 다하도록 항상 이 법을 가지고 의식 있는 생명체들을 이롭게 하기 때문이다. 그러므로 제목의 일곱 글자를 모두 '대'라고 이름한다.

一釋大字十義者는 一體大이니 若性若相에 皆同眞性하야 而常徧故요, 二相大이니 恒沙性德이 遍於體故요, 三用大이니 業用周普홈이 如體包徧故요, 四果大이니 智斷依正하야 周法界故요, 五因大이니 稱性德修하야 無不行故요, 六智大이니 謂大智爲主하야 運於萬行하야 嚴法身故요, 七敎大이니 一文一句가 結通十方하야 稱法性故니 上七은 如次로 是上七字라. 八義大니 無法不詮하야 窮法源故니 總으로 上七字라. 九境大이니 無盡衆生의 爲所緣故요, 十業大이니 窮三際時히 常將此法으로 利含識故라. 故로 上七字는 皆名爲大니라.

② '방' 자 해석

'방' 자에 들어있는 열 가지 의(義; artha, 속성)를 해석하면 다음과 같다. '방'이란 '본받다[法]'는 뜻이다. 즉, 위에서 말한 10대를 체[體; 본질, 바탕]로 받아들여 '일정하게 간직한다[軌持]'. 즉, 10(大)를 본받기 때문이다.

二釋方字十義者는 方者는 法也니 卽上十大를 當體軌持하니 卽十法故라.

③ '광' 자 해석

'광' 자에 들어 있는 10가지 의(義; artha, 속성)를 해석하면 다음과 같다. (1)첫째는 '넓은 끊음'의 의(義)가 담겨있으니, 심식(心識)의 사량으로 알 수 있는 대상이 아니기 때문이다. (2)둘째는 '넓은 초월'의 의(義)가 담겨있으니, 어떤 법도 이것에 유비(類比)될 수 없기 때문이다. (3)셋째는 '넓은 포섭'의 의(義)가 담겨있으니, 이류(異類; 장르가 다른 형태)의[118] 법을 통섭(通攝)하고 있기

---

118 이류(異類; 장르가 다른 형태); 화엄교학에서는 역사적으로 축적된 불교 경전의 외형적 형태를 마치 문학 작품을 장르를 나누듯이, '12부경(部經)'으로 그 부류를 나누고 있다. 즉, 계경, 응송, 수기, 풍송, 인연, 자설, 본사, 본생, 방광,

때문이다. (4)넷째는 '넓은 판단[知; parijānāti]'의 의(義)가 담겨있으니, 일체 종지(種智)를 구족하여 삿된 주장들을 논파하기 때문이다. (5)다섯째는 '넓은 부숨'의 의(義)가 담겨있으니, 일체의 장애를 남김없이 깨부수기 때문이다. (6)여섯째는 '넓은 다스림'의 의(義)가 담겨있으니, (번뇌에 대한) 끝없는 대치 방법을 모두 섭렵했기[攝] 때문이다. (7)일곱째는 '넓은 출생'의 의(義)가 담겨있으니, 광대한 결과를 한없이 낳기 때문이다. (8)여덟째는 '넓은 공덕'의 의(義)가 담겨있으니, 두 가지 장엄으로[二嚴]¹¹⁹ 여러 공덕을 구족하고 있기 때문이다. (9)아홉째는 '넓은 의지함'의 의(義)가 담겨있으니, 다양하고 많은 언교(言敎; 언어를 통한 가르침)로 중생들의 의지처가 되기 때문이다. (10)열째는 '넓은 설명'의 의(義)가 담겨있으니, 광대하게 깊고 깊은 법을 잘 설명하기 때문이다. 즉 제목의 일곱 글자가 모두 '광'이다.

> 三釋廣字十義者는 一廣絶義이니 非是心識思量으로 所能知故요 二廣超義이니 無有諸法이 能比類故요 三廣攝義이니 通攝無邊하야 異類法故요 四廣知義이니

미증유, 비유, 논의. 때로는 '12분경(分經)'으로도 표기.
119 두 가지 장엄으로[二嚴]; 지혜(智慧) 및 복덕(福德) 장엄.

具足種智하야 破邪見故요 五廣破義이니 破一切障하야 無有餘故요 六廣治義이니 具攝無邊하야 對治法故요 七廣生義이니 能生無量하야 廣大果故요 八廣德義이니 具足二嚴하야 諸功德故요 九廣依義이니 言敎繁廣하야 爲生依故요 十廣說義이니 宣說廣大하야 甚深法故니, 則七字가 皆廣也라.

④ '불' 자 해석

'불' 자에 담긴 10가지 의(義)를 해석하면 다음과 같다. 이는 즉 10불(佛)이다. (1)첫째는 법계불(法界佛)이고, (2)둘째는 본성불(本性佛)이고, 셋째는 (3)열반불(涅槃佛)이고, (4)넷째는 수락불(隨樂佛)이고, (5)다섯째는 성정각불(成正覺佛)이고, 여섯째는 (6)원불(願佛)이고, (7)일곱째는 삼매불(三昧佛)이고, (8)여덟째는 업보불(業報佛)이고, (9)아홉째는 주지불(住持佛)이고, ⑽열째는 심불(心佛)이니, 제목의 일곱 글자가 모두 '불(佛)'이다.

四釋佛字十義者는 卽是十佛이니 一法界佛이요 二本性佛이요 三涅槃佛이요 四隨樂佛이요 五戒正覺佛이요 六願佛이요 七三昧佛이요 八業報佛이도 九住持佛이요 十心佛이니, 則七字가 皆佛이니라.

⑤ '화' 자 해석

'화' 자에 들어있는 10가지 의(義)를 해석하면 다음과 같다. (1)첫째는 함실(含實)의 의(義)가 담겨있으니, 모든 법계가 번뇌 없는 본성의 공덕을 머금고 있음을 드러내기 때문이다. (2)둘째는 광정(光淨)의 의(義)가 담겨있으니, 본래의 지혜를 밝게 드러내어 비추지 않는 곳이 없기 때문이다. (3)셋째는 미묘(微妙)의 의(義)가 담겨있으니, 하나하나의 모든 수행이 법계와 같기 때문이다. (4)넷째는 적열(適悅)의 의(義)가 담겨있으니, 중생에 따르고 근기에 알맞게 기쁘게 해주기 때문이다. (5)다섯째는 인과(引果)의 의(義)가 담겨있으니, 하는 수행마다 생인(生因)이 되어 바른 깨침을 일으키기 때문이다. (6)여섯째는 단정(端正)의 의(義)가 담겨있으니, 수행과 서원이 갖추어져 빠짐이 없기 때문이다. (7)일곱째는 무염(無染)의 의(義)가 들어있으니, 낱낱의 수행 방법마다 삼매가 갖추어져 있기 때문이다. (8)여덟째는 교성(巧成)의 의(義)가 담겨있으니, 닦는 공덕의 업마다 매우 정교함을 이루기 때문이다. (9)아홉째는 분복(芬馥)의 의(義)가 담겨있으니, 중생들이 간직하고 다님에 더욱 멀리까지 향기를 내기 때문이다. (10)열째는 개부(開敷)의 의(義)가 담겨있으니, 모든 실천수행을 꽃 피워 속을 열어주기 때문이다.

이상의 열 가지의 '화'의 의(義)가 차례대로 위와 같아서 10불의 원인이 되기 때문이다. 역시 제목에 나오는 일곱 글자와 분리되지 않는다.

> 五釋華字十義者는 一者含實義이니 表於法界하야 含性德故요, 二光淨義이니 本智明顯하야 無不照故요, 三微妙義이니 一一諸行이 同法界故요, 四適悅義이니 順物機宜하야 令歡喜故요 五引果義이니 行爲生因하야 起正覺故요 六端正義이니 行與願俱하야 無所缺故요 七無染義이니 一一行門에 三昧俱故요 八巧成義이니 所修德業이 善巧成故요 九芬馥義이니 衆德住持하야 流馨彌遠故요, 十開敷義이니 衆行敷榮하야 令心開故라. 此之十華가 如次對前하야 爲十佛因故이며 亦不離題中七字하니라.

⑥ '엄' 자 해석

'엄' 자에 들어있는 10가지 의(義)를 해석하면 다음과 같다. 즉, 위의 10가지의 '화'가 한 부처님을 똑같이 장엄하지만 장엄하는 방식은 다르니, 곧 10가지 의(義)가 있다. 또 이 '10화(華)'가 앞에서 말한 '10불(佛)'을 순서대로 장엄하니 이것이 곧 10가지 의(義)이다. 그러므로 '화'로 능히 장엄하니, 앞서 말한 '10법계'를 장엄하여 '10불'을 완성하기 때문에, '엄'이 총상(總相)이 된다.

> 六釋嚴字十義者는 卽上十華가 同嚴一佛이나 爲嚴不同하니 卽是十義라. 又此十華가 如次嚴前十佛하니 卽是十義라. 故以華爲能嚴하니 嚴前法界하야 成於十佛故로 嚴爲總相하니라.

⑦ '경' 자 해석

'경' 자에 들어있는 10가지 의(義)를 해석하면 다음과 같다. (1)첫째는 용출(湧泉), (2)둘째는 출생(出生), (3)셋째는 현시(顯示), (4)넷째는 승묵(繩墨), (5)다섯째는 관천(貫穿), (6)여섯째는 섭지(攝持), (7)일곱째는 상(常), (8)여덟째는 법(法), (9)아홉째는 전(典), (10)열째는 경(徑)이다.

> 七釋經字十義者는 一曰湧泉이요 二曰出生이요 三曰顯示요 四曰繩墨이요 五曰貫穿이요 六曰攝持요, 七曰常也요, 八曰法也요, 九曰典也요, 十曰徑也니라.

(4) 전권난사(展卷難思)

① 펼치면 끝이 없음

제4 '전권난사(展卷難思; 펼치고 거두어들임을 생각으로 헤아리기 어렵다)'라 함은, (1)이를테면 '청정법계'를 근본으로 하여 우선 '이(理)'와 '지(智)'의 두 문을 연다. (2)그다음으로 '이(理)'를 '체(體)'와 '용(用)'으로 나누면 '대방광'이 되며, '지(智)'를 '인(因)'과 '과(果)'로 나누면 '불화엄'이 되니, 이상의 (이(理)-지(智), 체(體)-용(用), 인(因)-과(果)) 여섯 글자의 설명은 즉 제목 속의 (대·방·광·불·화·엄·경) '일곱 글자'이다. (3)그다음으로 이 '일곱 글자'를 펼치면 '전체의 경[보현행원의 品을 經으로 표현]'이 되니, 체험할 대상으로서의 법계는 즉 '대방광'이요, 능히 체험하는 행위인 보현행원은 즉 '불화엄'이다. (4)만약 다시 이것을 더 펼쳐 경전 전체[一部]을 삼으면 즉 '5주인과(五周因果)'가[120] 모두 '불화엄'이고 인과에 의해 체험되는 내용은 모두가 '대방광'이다. (5)나아가 무궁무진에 이르도록 모두가 다 이것(=청정법계)으로부터 생긴다.[121]

---

[120] 5주인과(五周因果); 본 번역서 ☞ 327쪽 [부록]의 〈표4〉「80화엄 구조표」참조.

第四展卷難思者는 謂本於淸淨法界하야 初開理智二門하고, 次理開體用하면 爲大方廣하며 智分因果하면 爲佛華嚴經하니 詮上六은 卽題中七字라 次展此七字하면 爲此一經하니 所證法界는 卽大方廣이며 能證普賢行願은 卽佛華嚴이라. 若更展此하야 以爲一部하면 則五周因果가 皆佛華嚴이요 因果所證이 皆大方廣이니 乃至無盡히 皆自此生이니라.

② 거두면 진여 법계로 귀결

무궁무진한 법계를 거두면 9회(會)가 되고, 다시 9회를 갈무리하면 전체의 경(經)이 되고, 다시 이 경을 갈무리하면 전체 제목[總題]이 되고, 다시 전체 제목을 갈무리하면 '이(理)'와 '지(智)'가 되고, 이 '이(理)'와 '지(智)'를 융섭하면 진여법계[眞法界]가 되니, '능-소' 둘이 모두 사라지고, '사-이' 둘 모두가 고요하기 때문이다.

收無盡法界하면 以爲九會이고 復攝九會하면 爲此一經이고 復攝此經하면 以爲總題이고 更攝總題하면 以爲理智이고 融此理智하면 爲眞法界이니 能所兩亡하

---

121 『초』; " 一展眞界至理智, 二次理開下展理智至總題, 三次展此下展總題至此卷, 四若更下展此卷至一部, 五乃至下展一部至無盡也." ◉ 번역된 본문에 (1)-(5)까지의 번호 나눔을 참조.

고 事理雙寂故일새라.

③ 펼치고 거둠에 걸림 없음

펼치면 법계에 가득하고 거두어들이면 흔적도 찾기 힘들다. 펼치면서도 항상 거두어들이고 거두어들이면서도 항상 펼치니, 펼치고 거둠에 어떤 장애도 없다.

舒則彌綸法界하고 卷則足跡難尋이라 卽舒恒卷하고 卽卷恒舒하야 卽展卷에 無礙니라.

④ 경전 제목으로 귀결하여 맺음

펼쳐도 거두어들여도, 넓혀도 줄여도, 모두 '대방광불화엄경'이 된다.

若展若卷에 若廣若略에 皆爲大方廣佛華嚴經矣로다.

2) 품의 이름을 풀이함

품의 이름을 풀이함이란, 간략하게 세 마디로 나누어진다. (1)첫째는 '불가사의한 해탈의 경계'이니 즉 들어갈 대상으로서의 경계이고, (2)둘째는 '보현의 행원'이니 능히 들어가는 행위이고, (3)셋째는 '들어간 시'이라는 이 한 글자는 행위와 대상 모두에 통한다.

第二釋品名者는 略爲三節하니 一은 不思議解脫境界이니 卽所入也요 二는 普賢行願이니 爲能入也요 三은 入之一字는 通能所也라.

(1) 들어갈 대상 경계

첫째, '들어갈 대상으로서의 경계'라 함은 (이하에서 설명하겠다.)

第一釋所入者는

① 불가사의한 이유 드러냄

왜 '불가사의'하다고 이름하는가? 마음이나 언어로 미칠 수 없기 때문이다.

何名不思議이닛고 心言罔及故일새라.

② 불가사의한 본체를 적시함

어떤 법이 불가사의하다는 말인가? 이를테면 '해탈한 경계'가 그렇다. '해탈'에는 두 가지가 있다. 첫째는 '작용 해탈'이니, 작용이 자유자재하여 얽힌 장애를 떨쳐

냈기 때문이며, 둘째는 '장애를 여읜 해탈'이니, 두 가지 지혜를 구족하여 두 가지 장애(=번뇌장과 소지장)를 벗어났기 때문이다. 안으로는 장애를 벗어나고 밖으로는 재갈[羈; 굴레]이 없어서 두 가지 의미가 서토가 서로를 보완하니 모두 '해탈'이라고 이름한다.

'경계'에도 두 종류가 있다. 첫째는 '분제경(分齊境; 범위의 경계)'이니, 예를 들면 국토에 각기 경계가 있는 것과 같이, 부처님과 보현보살께서 갖추신 '공덕 작용[德用]'의 범위와 경계는 (그 누구도) 능히 미치지 못하기 때문이다. 둘째는 '소지경(所知境; 누구나 다 알아야 할 대상이지만 번뇌에 가려 알지 못하는 경계)'이니, 사(事)와 이(理)가 끝이 없어서 오직 부처님과 보현보살만이 마침내 끝까지 다할 수 있기 때문이다. '반드시 알아야 할 대상인' '다함 없는 경계'를 체험하므로[122], '덕의 작용'을 완성함도 끝이 없다. 이 둘도 역시 서로가 서로를 이루기 때문에 모두가 경계가 된다. 즉, 두 가지 경계에서 두 가지 해탈을 얻지만, 이 둘이 서로 다른 게 아니기 때문에 '불가사의'라고 이름한다.

---

122 『초』; "言分齊境, 橫論從狹至寬等. 所知境, 豎論從劣至勝等. 言由證所知等者, 先以智緣無邊, 境境無邊, 故智亦稱境無邊, 故德用同佛及普賢之分齊也."

何法不思議이닛고 謂卽解脫境界니 解脫有二라. 一은 作用解脫이니 作用自在하야 脫拘礙故요 二는 離障解脫이니 具足二智하야 脫二障故라. 由內離障하고 外用無羈하야 二義相成하니 總名解脫이라 하니라. 境界有 二하니 一은 分齊境이니 如國疆域에 各有分齊이나 佛 及普賢의 德用分齊는 無能及故라. 二는 所知境이니 事理無邊하야 唯佛普賢이라사 方究盡故라. 由證所知 가 無邊之境일새 故成德用도 無有邊涯라. 二亦相成하 야 總爲境界하니 卽於二境에 得二解脫이니 此二不二 이 故로 不思議라 하니라.

③ 불가사의한 까닭을 해석

무슨 이유로 '불가사의'하다고 하는가? 간략하게 4가지 측면이 있다. (1)첫째는 사(事)가 무변하기 때문이고, (2)둘째는 이(理)가 심원하기 때문이고, (3)셋째는 '사·이'가 서로 걸림이 없기 때문이고, (4)넷째는 성(性)으로 상(相)을 융섭하여 겹겹으로 다함이 없기 때문이다.

何故로 不思議이닛고 略有四義하니 一은 事無邊故요 二는 理深遠故요 三은 此二無礙故요 四는 以性融相하 야 重重無盡故라.

④ '불가사의' 의미 변론

무슨 작용이 있기에 불가사의한가? 법이란 알음알이를 초월한다는 사실을 드러내어 말을 잊게 하기 때문이다.

이상으로 들어가야 할 대상 경계는 알겠다.

何用이 不思議아 顯法超情하야 令亡言故일새니라. 已知所入이니라.

(2) 능히 들어가는 행위를 밝힘

둘째, '능히 들어가는[入] 행위'란, (이하에서 설명하겠다.)

第二釋能入者는,

① 행원을 총체로 지시

'능히 들어가는 행위'는 총체적으로 말해보면 보현보살이 일러준 '수행'과 '서원'이니, 줄이면 오직 이 둘 뿐이다.

總卽普賢行願也니 略唯此二니라.

② 비유로 행원을 밝힘

 '수행'과 '서원'은 비유하면 새의 두 날개와도 같고 수레의 두 바퀴와도 같다. 이 둘을 갖추어 마침내 능숙해져야만 허공으로 날아올라 멀리 갈 수 있다. 그러니 '수행하는 사람[人]'과 '그 사람이 체험하는 진리[法]' 모두를 일컬어 '보현'이라 부른다.

行之與願이 如鳥二翼인달하고 如車二輪인달하야 具足方能하야사 翔空致遠하리라. 然이니 人與法을 俱稱普賢이라 하니라.

③ 인과 법으로 행원을 밝힘

 만약 '(수행하는) 사람[人]'을 기준으로 말해보면, 보현보살이 주체가 된 '수행'과 '서원'이기 때문이다. 만약 '(사람에 의해 체험되는) 진리[法]'를 기준으로 말해보면, '보법(普法; 모든 곳에 두루 한 진리)'이기[123] 때문이다. '현(賢)'은 '궁극의 순수함'이니 선행을 낳기 때문이며, 또 '현(賢)'은 '참된 선행[眞善]'이니 이치[理]에 잘 계합하기

---

123 보법(普法); 화엄의 법성교학에서 중요한 개념으로, 여러 화엄종사들에 의해 재론되고 있다. 현대의 연구자도 '보법'에 관한 논문을 발표하고 있다. 이 문장에서는 '보현보살에 의해 체험된 진리[法]'라는 번역도 가능하겠다.

때문이니, '법계의 선'이 '보현의 법'이 되기 때문이다.

만약 개별적으로 말해보면, 간략하게 '10가지 보(普; 드넓음)'가 있다. (1)첫째는 '구하는 대상의 보(普)'인데, 이를테면 일체 모든 부처님께서 체험한 대상을 반드시 구해야 하기 때문이다. (2)둘째는 '교화하는 대상의 보(普)'인데, 다함 없는 중생계를 반드시 교화해야 하기 때문이다. (3)셋째는 '끊어야 할 대상의 보(普)'인데, 끝없는 번뇌를 하나 끊음에 곧 능히 일체가 끊어지기 때문이다. (4)넷째는 '현상적 실천[事行]의 보(普)'인데, 8만의 바라밀 방편문과 끝없는 바다 같은 실천수행을 하지 않음이 없기 때문이다. (5)다섯째는 '본질적 실천[理行]의 보(普)'인데, 어느 수행을 하던 모두 끊임없는 데까지 깊이 들어가 이치(理)의 근원에 닿기 때문이다. (6)여섯째는 '걸림 없는 실천수행의 보(普)'인데, 사(事)와 이(理)의 실천수행이 서로 엇갈려 사무치기 때문이다. (7)일곱째는 '원융하게 소통하는 수행의 보(普)'인데, 하나하나의 수행마다 일체의 수행을 꾸리기 때문이다. (8)여덟째는 '일으키는 대상으로서의 위대한 작용의 보(普)'인데, 어느 한 작용이라도 두루 하고 고루하지 않음이 없기 때문이다. (9)아홉째는 '실천 수행하는 장소의 보(普)'인데, 이상의 8종의 보(普)를 '제석천의 그물에 달린 구슬이 서로 비추듯 하염없는 국토[帝網刹海]'에 골고루 어디에서나 닦아 실천하기 때문이다. ⑽열째는 '수행하는 시간의 보(普)'인데, 과거·현재·미래의 3세가 다하도록 순간순간 원융하여 마칠 기약이 없기 때문이다.

이상의 '10보(普)'들이 서로가 서로에게로 끼어들면서도 고유한 자체의 영역이 있어 '보현행'이 된다. 본문 속에 이 내용이 모두 들어있다.

若約人者인댄 普賢菩薩之行願故며 若約法者인댄 是普法故라 賢은 謂至順이니 調善故요 又賢은 謂眞善이니 善契理故니 法界之善이 爲普賢法故일새라. 若別說者인댄 略有十普이니 一所求普이니 謂要求一切諸佛所證故요, 二所化普이니 要化無盡衆生界故요, 三所斷普이니 無邊煩惱를 一斷便能一切斷故요, 四事行普이니 八萬度門과 無邊行海를 無不行故요, 五理行普이니 隨所修行이 深入無際하야 徹理原故요, 六無礙行普이니 事理二行이 相交徹故요, 七融通行普이니 隨一一行하야 攝一切故요, 八所起大用普이니 無有一用도 不周遍故요, 九所行處普이니 上之八門이 遍帝網刹하야 而修行故요, 十修行時普이니 窮三際時히 念念圓融하야 無竟期故라. 上之十普가 參而不雜하야 爲普賢行하니

文皆具之하니라.

(3) 들어가는 주체와 들어가는 행위를 계합

셋째로 '들어감[入]'이라는 이 한 글자를 허석한다는 것은, (들어가는) 행위와 (들어갈) 대상 모두에 통한다. 즉, '능'-'소'가 계합해서 (상대적인 것이나, 일체의 개념이나, 생각이) 싹 사라져 의지할 데가 없어야 비로소 '제대로 들어감[眞入]'이 된다. 자세한 것은 [정종분] 속에 갖추어져 있다.

그런데 이 (「입부사의해탈경계 보현행원품」) 한 품(品)이 곧 전체의 『(40화엄)경』이니, 역시, 마치 『능가경』에 「불어심품」이 그런 것과도 같다. 또 (「입부사의해탈경계 보현행원품」) 한 품 가운데 (이 「보현행원품」) 일부분만을 따로 단일 품(品)으로 유통했기 때문에, 순서가 다를 게 없다.[124]

---

[124] 순서가 다를 게 없다; 40권본 『화엄경』 전치를 「입부사의해탈경계 보현행원품」이 대신하고, 「입부사의해탈경계 보현행원품」(전 40권) 전체를 「보현행원품」(전 1권)으로 대신하듯이, 그 차례에는 다를 게 없다는 말. ◉ 다음을 참조. 『초』; "然此下", 後明品攝經圓. 文中二. 初, 引例, 明備成一經. 後, 釋不題次第之所以. 今初. 楞伽四卷, 屬大部, 略出一品,

第三釋入者는 卽能所契合하야 泯絶無寄하야사 方爲 眞入이니 廣如宗中이라. 然이나 此一品이 卽是一經이 니 亦猶楞伽佛語心品인달하니라. 又於一品之內에 分 之別行일새 故無次第之異니라.

得名爲經. 此四十卷, 屬大部, 別行一品, 全是一經. '又於下', 釋不題次第之所以. 峽中對上三十九, 題云, 四十成次第, 今此別行無對待, 但云一卷, 無次第也."

제5문. 경전 본문과 주석

제5는 글을 따라가면서 해석하는 대목이다. 이 경(=『보현행원품』)이 대경(大經;『40화엄』) 속에 이미 들었으니, (이 경의 측면에서) 정원 연간에 번역된 (『40화엄』)경을 바라보면, 5상(相) 중[125] 〈제5. 현인광대상(第五顯因廣大相)[126]〉일부에 해당하고, 그중에서도 다시 〈제5. 중시보

---

[125] 5상(相); 청량 국사는 「입법계품」 본문을 '다섯 행상(相)'으로 나누었다. ①寄位修行相, ②會緣入實相, ③攝德成因相, ④智照無二相, ⑤顯因廣大相. 그리고 ①에는 10信, 10住, 10行, 10지로 선재가 만난 인물을 배치함. ②에는 마야부인을 〈總〉으로, 천주광녀 이하 10인을 〈別〉로 짝 지움. ③에는 미륵보살을 짝 지움. ④에는 문수보살을 짝 지움. 이상의 ②③④는 等覺位. 끝으로 ⑤顯因廣大相에는 보현보살 만남을 妙覺位로 짝 지움. 본 번역서 ☛ 328쪽의 「〈표5〉 선재동자가 만난 선지식과 지위 대조표」 참조.

[126] 제5 현인광대상(第五顯因廣大相); 선재동자가 보현보살을 만나는 대목인데,『80화엄』으로 하면 제80권 중간 이후에서 그 권의 끝까지에 해당하고,『40화엄』으로 하면 제38권 중간 부분부터 제40권 끝까지에 해당한다. 청량 국사는 선재동자가 보현보살 만나는 장면을 해석함에,『80화엄』에서는 과목을 모두 셋으로 나누니, ①依敎趣求, ②聞覩前相, ③見聞證入이다. 물론『40화엄』을 따로 주석한『貞元新譯

인(第五重示普因)〉에 해당한다. 즉, ([서분], [정종분], [유통분]) 3분 중에는 다만 뒤의 두 분 즉 [정종분]과 [유통분]만 있다. [서분]은 총 40권 중에서 맨 앞의 제1권에 들어있기 때문이다.

그런데 지금 『보현행원품』이 별도로 유행되니 역시 (일반적인 예에 따라 [서분], [정종분], [유통분]) 셋으로 나누어 주석하겠다. 첫째는 [서분]을 밝히신 것이니 즉 앞에서 한 말씀을 맺는 부분이고, 둘째는 "만일 이러한 공덕을 성취하려면" 이하부터는 [정종분]이 되고, 셋째는 "그때 부처님이 거룩하온 여러 보살 마하살과 함께 이 헤아릴 수 없는 해탈 경계의 훌륭한 법문을 연설하실

華嚴經疏』(전 10권)에서도 이 대목의 과목을 위와 같이 셋으로만 나누었다. 그런데 국사는 〈③見聞證入〉科目을 다시 〈1.正見聞證入〉과 〈2.聞佛勝德難思〉로 둘로 나눈다. 그리고 『貞元新譯華嚴經疏』(신찬속장5, 192하)에서 〈重示普因〉으로 科文을 붙인다. 이런 점에 착안한 국사의 제자 규봉 종밀 정혜 선사는 이상을 정리하여 선재동자가 보현보살 만나는 대목을 모두 다섯 과목으로 정리하니, ①依教趣求, ②聞覩前相, ③見聞證入, ④聞佛勝德, ⑤重示普因이 그것이다. 「해제」의 「〈표8〉 10권본의 수문해석(隨文解釋) 과목표」(본 번역서 ☞ 349쪽 참조.) 『80화엄』의 과목에 대해서는 『화엄경초역해설』(김월운 초역, 신규탁 해설, 운당문고, 2024) 참조.

제5문. 수문해석   135

때" 이하는 [유통분]을 말씀하신 것이다. (이렇게 경전을) 세 부분으로 나누는 의미는 일반적인 이야기와[127] 다를 게 없다.

五는 隨文解釋라. 此經旣屬大經하니 望貞元所譯하면 乃是五相之中에 第五顯因廣大相之中의 第五重示普因故라. 則三分之中에 但有後二하니 序分은 在於四十卷中에 第一卷故라. 今經別行하니 亦爲三分하리라. 初는 明序分이니 卽結前所說이요 第二는 若欲成就此功德下는 以爲正宗이요 第三은 爾時世尊與諸聖者菩薩摩訶薩演說如是不可思議解脫境界勝法門時下는 辯其流通이니라. 三分之義는 不異常談이니라.

> 이상 제1문에서 제4문까지를 【현담】으로 묶어 단락 짓고, <제5문. 경전 본문과 주석>은 따로 분리하여 【보현행원품 본문과 주석】으로 새 이름을 붙인다. 소주(疏主) 청량 국사의 뜻에 따르면 제1문에서 제5문까지 과목을 연속해야겠지만, 본 번역은 과목의 분류지가 많아짐을 피해, 편의를 도모했다.

---

127 일반적인 이야기; 도안(彌天道安; 314~385) 스님이 중국 최초로 경전을 3분(分; 서분, 정종분, 유통분) 하여 해석하기 시작했는데, 이런 해석 방법이 그 후 일반적인 설로 되었다.

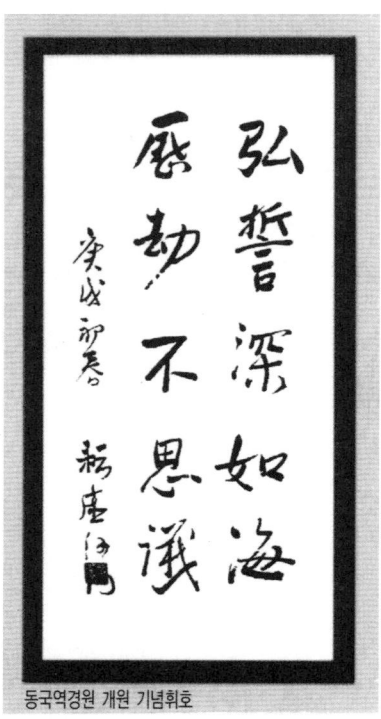

동국역경원 개원 기념휘호

휘호 설명 : 1970년 초봄(3월 25일) 동국역경원 개원 6주년을 기념하여, 당시 원장이셨던 운허 스님께서 『법화경』「관세음보살 보문품」에서 관세음보살의 서원을 찬탄하는 무진의보살의 게송을 모필로 쓰심. "관세음보살님의 큰 서원은 바다처럼 깊어 긴 세월 지나도 헤아리기 어렵구려." 〈한글대장경〉 번역을 완수하시려는 운허 스님의 실천과 서원이 담긴 휘호이다.

제2편 경전 본문과 주석

Ⅰ. 서 분

1) 이전의 긴 게송을 매듭지음

그때에[128] **보현보살 마하살이**[129] **부처님의 거룩한 공덕을 찬탄하고 나서,**

爾時에 普賢菩薩摩詞薩이 稱歎如來勝功德已하시고

[소] 지금은 [서분(序分)]이다. 문단에 둘이 있으니, 첫째는 '이전의 긴 게송을 매듭짓는' 부분이고, (둘째는 '다

---

128 그 때에; 보현보살이 부처님의 공덕에 대해 극히 일부분만 말해 마친 때를 지칭. 그 내용은 『40화엄』제39권 보현보살 게송에 나온다. 『80화엄』으로는 제80권에 해당하는데, 『40화엄』의 제39권과 대부분은 동일하지만, 다른 부분도 상당히 있다.
129 보현보살; 문수사리 보살과 함께 석가여래의 협사(脇士)로 유명한 보살인데, 여래의 왼편에 모셔진 문수보살이 여러 부처님의 지덕(智德)·체덕(體德)을 맡음에 대하여, 이 보살은 오른쪽에 모셔져 이덕(理德)·정덕(定德)·행덕(行德)을 맡았다. 또 문수보살과 같이 일체 보살의 으뜸이 되어 언제나 여래의 중생 제도 일을 돕고 드날린다.

함 없다고 설하여 맺는' 부분이다.)

[疏; ▲今初. 文二. 一結前廣偈.]

2) 다함 없다고 설하여 맺음

여러 보살과 선재동자에게 말하였다.[130]
"선남자여, 부처님의 공덕은 시방세계의 부처님들이 말할 수 없이 말할 수 없는 세계의 티끌 수 같은 겁(劫) 동안에 계속하여 말하더라도 끝까지 다할 수가 없느니라."

告諸菩薩과 及善財言하사대 善男子여 如來功德은 假使十方一切諸佛이 經不可說 不可說 佛刹極微塵 數劫하야 相續演說하야도 不可窮盡이니라

소 둘째는 '다함 없다고 설하여 맺는' 부분이다. 앞의 게송에서 이르기를 "부처님의 큰 공덕은 말할 수 없어"[131]라고 한 것은, 그래도 '인위(因位)의 과정에 있는

---

130 말하였다; 1964년에 개원한 〈동국역경원〉의 「역경원 역경예규」에 따르면, 부처님께는 경칭으로 보살에게는 평어로 정했다. 「보현행원품」 본문은 1966년 초판본을 그대로 옮겨 당시의 번역 상황을 알 수 있게 했다.

사람(=문수보살)'으로서는 말하기 어렵다는 의미에도 통한다고 할 수 있다. 그런데 지금 이 대목에서는 '과위(果位)에 오른 사람'으로서 뛰어나고도 많이 오래도록 긴 세월 동안 계속하여 끊임없이 (여래의 공덕을) 설하더라도 오히려 다 말하지 못함을 밝혔다. 그러니 하물며 범부나 소승이 설할 수 있겠는가. 왜냐하면 이것(=여래의 공덕)은 끝내 다함이 없기 때문이다.

[疏; ▲二結說不盡. 以前文云, 無能盡說佛功德者, 猶謂通於因人難說. 今明果人, 勝而且多, 歷劫長久, 相續無間, 說尚不盡. 況於凡小, 而能說耶. 以是究竟無盡法故.]

---

131 『운허40화엄』(590상)으로 표시하면 〈3. 부처님의 공덕을 찬탄하는 게송〉 중 끝에서 둘째 게송에 해당.

II. 정종분

청량소의 본래 과목	본 번역서의 변형 과목
正宗分	正宗分
1. 正陳所說	
1) 長行	
(1) 正示普因	제1장. 正示普因
(2) 顯經勝德	제2장. 顯經勝德
(3) 結勸受持	제3장. 結勸受持
2) 偈頌	제4장. 偈頌
2. 結說讚善	제5장. 結說讚善

〈표1〉 [정종분]의 한글 번역에서 변형한 과목 대조표

소 둘째는 [정종분]이다. 이를테면 '두루한 원인을 바로 보임[正示普因]'이니, 즉 능히 행위 하는 주체인 보현의 행원을 자세하게 말씀하시어, (체험해야 할 대상인) 법계에 들어가게끔 하는 것이다. 그렇게 하면 여래의 뛰어난 공덕을 성취하기 때문이다. 만약 이 보현행원에 의지하지 않으면, 수행해서 설사 여러 겁을 지난다 해도 (여래의 뛰어난 공덕을) 성취하지 못하기 때문이다.

([정종분]의) 문단은 둘로 나누어지니, 첫째는 '설해야 할 내용을 바로 늘어놓는[1. 正陳所說]' 부분이고, (둘째는

'잘했다고 칭찬하여 설법을 맺는 [2. 結說讚善]' 부분이다.)

◉ 첫째의 '설해야 할 내용을 바로 늘어놓는 부분'은 다시 두 문단으로 나누어지니, 첫째는 〈(1) '장항(長行)'〉이고, (둘째는 〈(2) '게송(偈頌)'〉이다.) 〈(1) '장항'〉은 다시 세 문단으로 나누어지니, 첫째는 '두루 한 원인을 바로 보임[제1장. 正示普因]'이고, (둘째는 '경전의 뛰어난 공덕을 보임[제2장. 顯經勝德]'이고, 셋째는 '수지독송할 것을 권하여 맺음[제3장. 結勸受持]'이다.)

◉ '두루 한 원인을 바로 보임[제1장. 正示普因]'이 네 문단으로 나누어지니, 첫째는 '1) 표시소응(標示所應; 수행할 내용 제시)'이고, (둘째는 2) '徵列名數'이고, 셋째는 3) '牒名別釋'이고, 넷째는 4) '結益令知'이다.)

[疏; ▲二正宗分. 謂正示普因, 卽廣說能證, 普賢行願, 令入法界, 則成如來勝功德故. 若不依此普賢行, 修設經多劫, 亦不成故. ▲文二. 一正陳所說二. 一長行三. 一正示普因四, 一標示所應.]

제1장. 두루 한 원인을 바로 보임

> 〈표2〉 본문의 과목표 : 밑줄 친 부분이 현재 설명하는 부분
>
> 제1장. 두루한 원인을 바로 보임[正示普因]
>   1) 수행할 내용 제시
>   2) 따져 물어 명칭과 수 나열함
>   3) 행원의 명칭을 첨하여 따로 설명
>   4) 이익을 맺어 알게 함
> 제2장. 경전의 뛰어난 공덕을 드러냄[顯經勝德]
> 제3장. 끝맺으며 수지독송을 권함[結勸受持]
> 제4장. 게송으로 거듭 말씀하심[偈頌]
> 제5장. 잘했다고 칭찬하여 설법을 맺음[結說讚善]

1) 수행할 내용 제시

"만일 이러한 공덕을 성취하려면, 마땅히 열 가지 넓고 큰 행(行)과 원(願)을 닦아야 하느니라."

若欲成就 此功德門인댄 應修十種廣大願行이니

[소] 앞의 두 구절은 부처님의 공덕을 가리킨 것이고, 뒤의 두 구절은 '두루 한 인연[普因]'을 바로 보인 것이

다. 희망하여 하고자 하는 것을 '원(願; 바램)'이라 하고, 지어서 닦는 것을 '행(行; 수행)'이라 하는데, '완전하게 갖추어짐[圓][132]'에 의지해서 10종의 '원'과 '행'만을 설하고 있다.

[疏; 上句指上佛德, 下句正示普因也. 希欲爲願, 造修爲行, 寄圓說十[133].]

2) 따져 물어 명칭과 수를 나열

"그 열 가지란,
하나는 부처님께 예경함이요,
둘은 부처님을 찬탄함이요,
셋은 여러 가지로 공양함이요,
넷은 업장을 참회함이요,
다섯은 남의 공덕을 따라 기뻐함이요,

---

132 완전하게 갖추어짐[圓] ; 화엄교학은 圓敎이다. 즉 모든 것이 총체로 완전히 갖추어졌다는 의미의 형용사 '圓'을 사용해 자신들의 교학을 높이고 있다. 수를 셈할 때 그들은 10을 '圓數'로 생각했다. 무수한 경우를 열[十]로 대표.
133 寄圓 說十; ⦿ 화엄에는 '10'이 완전한 숫자라고 공립(共立)한다. '공립'이란, 공립인정수습(共立印定數習)의 준말. 세친이 『中邊分別論』에서 진·속(眞俗) 2제(諦) 중 속제의 성립을 논증하기 위해 사용한 논법.

**여섯은 법문 설해주기를 청함이요,
일곱은 부처님이 세상에 오래 계시기 청함이요,
여덟은 부처님을 따라서 배움이요,
아홉은 중생의 뜻에 늘 따라 줌이요,
열째는 모두 회향함이니라.**[134]

何等이 爲十고 一者는 禮敬諸佛이요 二者는 稱讚如來요 三者는 廣修供養이요 四者는 懺悔業障이요 五者는 隨喜功德이요 六者는 請轉法輪이요 七者는 請佛住世요 八者는 常隨佛學이요 九者는 恒順衆生이요 十者는 普皆廻向이니라.

[소] 두 번째는 명칭과 수를 따져 물어 나열하는 부분이다. 그런데 이 대목은 곧 (아래의) 장항에 나오는 예참 등등인데, 이것을 여러 경론 속에서 나누기도 하고 붙이기도 하여 경우가 같지 않다.
예컨대 『이구혜보살소문예불법경(離垢慧菩薩所問禮佛法經)』 같은 경우는, 8종을 들고 있으니, ①공양, ②찬불덕, ③예불, ④참회, ⑤권청, ⑥수희, ⑦회향, ⑧발원

---

134 이곳에 나오는 10종의 행원은 『운허80화엄』「십회향품」(515상)에 등장하는 '보살의 공덕을 회향'하는 대목에서도 등장한다.

이다.[135]

혹은 그저 일곱만으로 되기도 하니 '찬불덕'과 '예불'을 합치기 때문이다. 혹은 그저 여섯만으로 되기도 하니, '공양'을 생략하기 때문이다. 혹은 그저 다섯만으로 되기도 하니, '발원'과 '회향'은 다만 총(總)이냐 별(別)이냐의 차이만 있을 뿐(본질은 같기) 때문이다. 예컨대 『십주비바사론(十住毗婆沙論)』에 말하는 '제5 회향'에도 똑같이 다섯만 있다.

혹은 그저 넷만으로도 되니 (위의 다섯에서) '예불'을 빼기 때문이다. 혹은 그저 셋만으로도 되니, 그래서 『대지도론(大智度論)』에서 이르기를 "보살이 밤낮으로 3시에 각각 세 가지 일을 행하니, '참회'와 '권청'과 '수희'이다. 이 세 가지 일을 행하면 공덕이 다함이 없고, 그렇게 행하기를 계속하면 부처의 경지에 가까워질 수 있다"고 한다.

『보살선계경(菩薩善戒經)』에는 다만 2종만 있으니, '참회'와 '회향'이다.

이 모두는 때에 따라 넓히기도 하고 줄이기도 하는 것이다. 이곳 「보현행원품」에서 10종을 갖추어 나열하

---

135 『이구혜보살소문예불법경(離垢慧菩薩所問禮佛法經)』(대정장14, 698하~700상)에는 실제로 ①예불, ②참회, ③권청, ④수희, ⑤회향, ⑥발원, 이렇게 여섯 가지만 나옴.

여 '다함 없음'을 표방했다. (아래에 열거한) 여섯째의 '법문 설해주기를 청함'과 일곱째의 '부처님이 오래 계시기를 청함'은 (『이구혜보살소문예불법경』의) '회향'에 갖추어지고, (아래에 열거한) 여덟째의 '부처님을 따라서 배움과 아홉째의 중생의 뜻에 따라줌'은 (『이구혜보살소문례불법경』의) '회향'을 나누어 쪼개어 나눈 것이다. 나머지 행원은 해당한 본문 속에서 드러내겠다.

[疏; ▲二徵列名數. 然此卽是長行禮懺, 諸經論中, 開合不同. 若離垢慧菩薩所問禮佛法經, 總有八種. 一供養, 二讚佛德, 三禮佛, 四懺悔, 五勸請, 六隨喜, 七回向, 八發願. 或但爲七, 合禮讚故. 或但爲六, 略供養故. 或但爲五, 以發願回向, 但總別異故. 如十住毗婆沙, 第五回向, 亦同有五. 或但有四, 除禮拜故. 或但爲三, 故智度論云, 菩薩晝夜三時, 各行三事, 謂懺悔勸請隨喜. 行此三事, 功德無盡, 轉得近佛. 若善戒經, 但有二事, 謂懺悔回向. 皆隨時廣略. 今文具十, 以表無盡. 六七二事, 俱是勸請. 八九二事, 回向開出. 餘至文顯.]

3) 행원의 명칭을 첩하여[136] 따로 설명

---

136 첩(牒); 훈고의 전문 용어. 이전에 제시한 단어나 문장의 내용을 다시 따와 인용한다는 뜻이다. 굳이 번역하자면 '따와 인용하다' 정도가 될 것이나, 본 번역에서는 그냥 '첩한

(1) 총체로 따져 물음

선재동자가 여쭈었다.
"거룩하신 이여, 어떻게 예경하오며, 내지 어떻게 회향하오리까?"

善財가 白言하사대 大聖하 云何禮敬이며 乃至廻向이닛고.

[소] 셋째는 '명칭을 첩하여 하나하나 해석함'인데, 문단에 둘이 있으니, 첫째는 '총체로 따져 묻기'이고, (둘째는 '개별로 해석하기'이다.)]

[疏; ▲三牒名別釋二. 一總徵.]

(2) 개별로 해석

[소] 둘째는 '개별로 해석하기'인데, 곧 10단이 된다. 각단마다 세 문단으로 나누어지니, (1)첫째는 '이름을 첩하는[牒名]' 문단이고, (2)둘째는 '행상을 해석하는[釋相]' 문단이고, (3)셋째는 '다함 없음을 묶어서 결론 맺는[總

다'고 쓰기로 한다. 이런 훈고 용어를 익혀두는 것이 전문 강사들의 강의 듣기에 편리하기 때문이다

結無盡'문단이다.

[疏; ▲二別釋, 卽爲十段. 段各有三. 一牒名, 二釋相, 三總結無盡.]

① 예경제불
　　(가) 첩명(牒名)

보현보살이 선재동자에게 이렇게 말하였다. "선남자여, 모든 부처님께 예경한다는 것은,"

普賢菩薩이 告善財言하사대 善男子여 言禮敬諸佛者는

소 첫째는 '예경제불'인데, 세 문단으로 나누어진다. 첫째는 (가) '이름을 첩하는[牒名]' 문단이다.

마음으로 공경하므로 몸과 입을 움직여서 두루 절[禮敬]하기 때문이다. 아만의 장애를 제거하여 공경심을 일으키고 선행을 믿는 것이다. 륵나마제 삼장 법사는[137] 일곱 종의 절을 설했는데, 여기에서는 보태어 10

---

137 륵나마제 삼장 법사; 중국 율종의 시조로 흔히 광통 율사라 부른다. 서기 508년(북위 영평 원년) 보리유지와 『십지론』 번역을 함께하다, 경전 해석의 입장을 달리하여 따로 번역한 일은 역경의 역사에 유명하다. 다음과 같은 주석서

가지 예(禮)로 한다.

말하자면, (1)첫째는 아만례(我慢禮)인데 마치 디딜방아가 올라갔다 내려왔다 하듯이 공경심이 없는 것이다. (2)둘째는 창화례(唱和禮)인데 고성으로 떠들썩하게 하고 의문(儀文)의 말씀과 구절을 뒤섞어 어지럽히는 것이다. 이 둘은 절이 아니다.

(3)셋째는 공경례(恭敬禮)인데 5륜(輪)을[138] 땅에 대고 발을 받들어 매우 존중하기 때문이다. (4)넷째는 무상례(無相禮)인데 법성(法性)에 깊이 들어가 '능-소'의 형상을 여의었기 때문이다. (5)다섯째는 기용례(起用禮)인데 비록 '능-소'는 없지만 몸과 마음을 두루 움직여 마치 (몸과 마음의) 그림자가 모든 곳에 두루 하듯 하여 가히 예경 할 수조차 없는 (부처님께) 절하기 때문이다.[139] (6)여섯째는 내관례(內觀禮)인데 다만 제 몸속에 계시는 법신이신 참 부처님께 절할 뿐 (예경의 대상을 마음) 밖으로 향해서 찾지 않기 때문이다. (7)일곱째는 실상례(實相禮)

를 남겼다. 『화엄경소』, 『유마경소』, 『인왕경소』, 『승만경소』, 『열반경소』, 『사분률소』, 『십지론소』 등.

138 5륜(輪); 머리, 두 팔, 두 발.

139 불입종(지금은 관음종) 창종주 태허 홍선(1905~1979) 대법사는 새로운 의례집을 만들어 유포하며 예불문 속에 "아신영현삼보전(我身影現三寶前; 제 몸은 이제 삼보님 앞에 한 몸으로 섰지만, 그림자를 수없이 드리워, 수없는 부처님께 인사 올린다는 뜻)"의 구절을 넣은 바 있다.

인데 (마음) 안이건 밖이건 다 같은 실상이기 때문이다.
(8)여덟째는 대비례(大悲禮)인데 낱낱의 예경마다 모두 두루 중생들을 대신해서 하기 때문이다. (9)아홉째는 총섭례(總攝禮)인데 앞의 여섯 예경을 꾸려서 하나의 '관찰(觀; Vipaśyanā)'로 삼기 때문이다. (10)열째는 무진례(無盡禮)인데 제석천의 그물 같은 경계로 들어가서 부처님이든 또는 예경함이든 그 모두가 겹겹으로 다함이 없기 때문이다.

본문 속에서 바로 특정해서 설명한 것은 다섯째와 아홉째와 열째이지만, 실은 뒤에 나오는 여덟 가지(셋째에서 열째까지)에 통하니, 문장을 보면 알 수 있다.

[疏: ▲第一禮敬諸佛三. 一牒名. 由心恭敬, 運於身口而徧禮故. 除我慢障, 起敬信善. 勒那三藏, 說七種禮. 今加爲十. 謂一我慢禮, 如碓上下, 無恭敬心. 二唱和禮, 高聲喧雜, 辭句渾亂. 此二非儀. 三恭敬禮, 五輪著地, 捧足殷重. 四無相禮, 深入法性, 離能所相. 五起用禮, 雖無能所, 普運身心, 如影普遍, 禮不可禮. 六內觀禮, 但禮身內法身眞佛, 不向外求. 七實相禮, 若內若外, 同一實相. 八大悲禮, 隨一一禮, 普代衆生. 九總攝禮, 攝前六門, 以爲一觀. 十無盡禮, 入帝網境, 若佛若禮, 重重無盡. 文中正辨, 第五九十, 實通後八. 對文可知.]

(나) 석상(釋相)
(ㄱ) 절을 받는 대상

"온 법계[140] 허공계에[141] 있는 시방[142]삼세[143] 모든 세계의 티끌 수 부처님들을"

所有盡法界 虛空界 十方三世一切佛刹極微塵數諸佛世尊을

[소] 둘째는 (나) '행상을 해석함[釋相]'인데 문단이 셋으로 나누어진다. (첫째는 (ㄱ) '절을 받는 대상'이고, 둘째는

---

140 법계(法界)는 3종의 뜻이 있다. (1)'계(界)'는 '인(因)'이라는 뜻, '법(法)'은 '성법(聖法)'이니, '성법'을 내는 원인이 되는 것, 곧 진여(眞如). (2)'계'는 '성(性)'이란 뜻. '법'은 일체 모든 법이니, 만유 제법의 체성이 되는 것, 곧 진여. (3)'계'는 '분제(分齊; 나뉘어진 범위)'란 뜻. 법은 모든 법이니 분제가 서로 같지 않은 모든 법의 모양, 곧 만유 제법은 포함하여 말한다.
141 허공계(虛空界); (1)우리의 눈에 보이는 허공(虛空)을 말한다. (2)진여(眞如)를 말한다. 빛도 없고, 모양도 없으면서 일체만유를 온통 휩싸고 있는 것이 허공과 같으므로 이렇게도 이름한다.
142 시방(十方); 동·서·남·북과 4유(維; 동북·동남·서남·서북)와 상(上), 하(下)의 열 방위.
143 3세(三世); 과거·현재·미래.

(ㄴ) '절하는 이유'이고, 셋째 (ㄷ) '절을 올리는 모습'이다.)

첫째의 '절을 받는 대상'이라 함은 이를테면 종횡으로 널리 두루 하여 온 제석천 그물망과 같은 일체 경계에 계시는 부처님을 말한다.

[疏; ▲二釋相三. 一所禮境. 謂橫竪普周, 盡帝網境.]

(ㄴ) 절하는 이유

"보현의 수행과 서원의 힘으로 눈앞에 대한 듯 깊이 믿고,"

我以普賢行願力故로 深心信解홈이 如對目前인달하야

[소] 둘째 '절하는 이유'인데, 간략하게 두 이유가 있다.

첫째는 보현행원의 힘[普賢行願力] 때문인데, 이것은 즉 '법에서 나오는 힘[法力]'인데 (보현)행원에 의지하지 않으면 능히 두루 할 수 없기 때문이다.

둘째는 깊은 '믿음과 이해에서 나오는 힘[信解力]'으로서, 이것은 즉 '자신의 힘[自力]'인데 이를테면 여러 부처님을 '몸과 마음에 도장 찍어 간직[印持]'하여 때와 장소에 두루 해 눈앞에 대하듯이 하는 것이다.

[疏; ▲二能禮因, 略有二因. 一以普賢行願力, 此卽法力, 不依行願, 不能徧故. 二深信解力, 此卽自力, 謂印持諸佛, 徧於時處, 如對目前.]

(ㄷ) 절을 올리는 모습
(a) 총체로 밝힘

"몸과 말과 뜻의 깨끗한 업으로 항상 예경할 적에,"

悉以淸淨身語意業으로 常修禮敬호대

소 셋째는 '절을 올리는 모습'인데 문단이 둘로 나누어진다. 첫째는 (a) '총체로 밝히는' 부분이고, (둘째는 (b) '개별로 밝히는' 부분이다. 첫째 '총체로 밝히는' 부분이란,) 이를테면 신·구·의 3업을 모두 두루 하여 언제나 끊어짐이 없기 때문이다.

[疏; ▲三能禮相二. 一總明, 謂三業皆徧, 常無間故.]

(b) 개별로 드러냄

"부처님 계신 데마다 말할 수 없이 말할 수 없는 세계의 티끌 수 같은 몸을 나타내고, 낱낱 몸으로 말할 수 없이 말할 수 없는 세계의 티끌 수 부처님께 예경할 것이니라."

一一佛所에 皆現不可說不可說 佛刹極微塵數身하며
一一身으로 遍禮不可說不可說 佛刹極微塵數佛하나니다.

조 둘째는 '개별로 드러내는' 부분이다. 이를테면 한 부처님 앞에 여러 몸을 단박에 나타내어, (그렇게 나타낸) 한 몸마다 올린 절이 티끌 수 국토처럼 많다는 것이니, 이는 두루 하는 모습이다.

[疏; 二別顯. 謂一佛之前, 頓現多身, 一身之禮, 等刹塵數, 是周徧相.]

㈐ 총결무진(總結無盡)
　㈀ 다함 없음을 드러냄
　　(a) 허공계가 다함 없음

"허공계가 끝나면 나의 예경도 끝나려니와, 허공계가 끝날 수 없으므로 나의 예경도 끝날 수 없느니라."

虛空界盡하면 我禮乃盡이어니와 以虛空界가 不可盡故로 我此禮敬도 無有窮盡하며

[소] 셋째 '다함 없다고 전체를 맺는[總結無盡]' 부분에 둘이 있으니, 첫째는 (ㄱ) '다함 없음을 드러내는' 부분이고, (둘째는 (ㄴ) '중단 없음을 드러내는' 부분이다.) 『십지경』에[144] 의하면 10종의 다함 없는 법계[十界]가 있다고 하는데, 이곳에서는 2종의 다함 없는 법계가 있으니, 말하자면 '허공계'와 '중생계'이다. '중생계' 중에서 다시 '중생의 업'과 '중생의 혹'을[145] 나누어내었기 때문에 네 경우가 되었다. '중생계'가 다함이 없으니 한명 한명의 중생마다 많은 '업'과 '혹'이 있어, 다함 없음을 더욱 드러낸다.

('다함 없음을 드러내는') 부분의 문단이 둘로 나누어지

---

144 『80화엄』「십지품 제26」"何等爲十. 所謂. 衆生界盡, 世界盡, 虛空界盡, 法界盡, 涅槃界盡, 佛出現界盡, 如來智界盡, 心所緣界盡, 佛智所入境界盡, 世間轉法轉智轉界盡." (대정장10, 182중). ● 참고로, '『십지경』'이라 표기했다고 해서, '『십지경』' 별행본을 지칭하는 것은 아님. 이 경우는 「십지품」을 지칭. '품'과 '경'을 섞어서 사용하기도 하고, 때로는 '권(卷)'과 '경(經)'을 구별 없이 사용하기도 함.
145 惑-業-苦; '혹'은 진실을 '미혹'했다는 뜻인데, 이런 미혹이 원인이 되어 신·구·의 등의 기관을 통해서 갖가지 '업'을 짓는다. 그 결과 받는 결과의 한쪽이 '고'이다. 많이 나오는 용어이니, 그냥 '혹-업-고'를 짝으로 외워두는 게 불경 독서에 좋으므로 번역하지 않는다.

II. 정종분 : 제1장. 두루 한 원인을 바로 보임 157

는데, 첫째는 (a) '허공계를 특정하여 밝히는' 부분이고, (둘째는 (b) '나머지 셋도 그와 같다고 총결하는' 부분이다.) "허공계가 끝나면" 운운하는 부분 이하는 반대적으로 드러내는 부분이고, "허공계가 끝날 수 없으므로" 운운하는 부분 이하는 순응적으로 드러내는 부분이다.

[疏; ▲三總結無盡二, 一顯無盡. 準十地經. 有十無盡界, 今此有二, 謂虛空衆生. 於衆生中, 開出業惑, 故成其四. 衆生無盡, 一一衆生, 有多業惑, 彌顯無盡. ▲文二. 一別明虛空. 虛空下, 反顯. 以虛下, 順釋.]

(b) 나머지도 다함 없음

"이와 같이 중생의 세계가 끝나고 중생의 업이 끝나고 중생의 번뇌가 끝나면 나의 예경도 끝나려니와, 중생의 세계와 내지 중생의 번뇌가 끝날 수 없으므로 나의 예경도 끝나지 아니하고,"

如是乃至衆生界盡하며 衆生業盡하며 衆生煩惱盡하면 我禮乃盡이어니와 而衆生界로 乃至煩惱가 無有盡故로 我此禮敬도 無有窮盡하야

[소] 둘째는 '나머지 셋도 그와 같다고 총결하는' 부분이다.

[疏; ▲二總例餘三]

(ㄴ) 중단 없음을 드러냄

"차례차례 계속하여 잠깐도 쉬지 아니하지마는 몸과 말과 뜻으로 하는 일은 조금도 고달프거나 만족해하지 않느니라."

念念相續하고 無有間斷하야 身語意業에 無有疲厭이니라.

[소] 둘째는 '중단 없음을 드러내는' 부분이다. '피(疲)'는 '지쳐 게으름 피우다'는 뜻이다. '염(厭)'은 '싫증을 내어 이제 됐다고 만족한다'라는 뜻이다. 아래에 나오는 아홉 종류의 서원에 나오는 '다함 없음'도 이곳의 경우와 같다.

[疏; ▲二彰無間. 疲謂疲倦, 厭謂厭足. 下之九門, 無盡例此.]

② 칭찬여래
　　㈎ 첩명(牒名)

"또 선남자여, 부처님을 찬탄한다는 것은,"

復次善男子여 言稱讚如來者는

△ 둘째는 '부처님을 찬탄함[稱讚如來]'인데, 세 문단으로 나누어지니 첫째는 (가) '이름을 '첩(牒)하는' 문단이고, (둘째는 (나) '행상을 풀이하는' 문단이고, 셋째는 (다) '다함 없음을 총체적으로 결론 맺는' 부분이다.)

[疏; ▲第二稱讚如來三. 一牒名.]

　　㈏ 석상(釋相)

"온 법계 허공계에 있는 시방 삼세 모든 세계에 티끌이 있고, 낱낱 티끌 속에 모든 세계의 티끌 수 부처님이 있으며, 부처님 계신 데마다 보살 대중이 둘러 모신 것을 내가 깊이 훌륭한 알음알이[勝解]로 앞에 계신 듯이 뵈옵고, 각각 변재 천녀보다[146] 더 훌륭한 혀

---

146 변재 천녀(辯才天女); 노래·음악을 맡은 여신(女神). 걸림이 없는 변재가 있어 불법을 유포하여 수명증익(壽命增益)·원적퇴산(怨賊退散)·재보만족(財寶滿足)의 이익을 준다

를 내고, 낱낱 혀에서 그지없는 음성을 내고 낱낱 음성에서 온갖 말을 내어서 부처님들의 한량없는 공덕을 찬탄하며 오는 세월이 끝나도록 계속하여 끊이지 아니하고 법계의 끝단 데까지 두루 할 것이니라."

所有盡法界 虛空界 十方三世一切刹土所有極微의 一一塵中에 皆有一切世界極微塵數佛하며 一一佛所에 皆有菩薩海會圍어든 我當悉以甚深勝解와 現前知見으로 各以出過辯才天女微妙舌根하며 一一舌根에 出無盡音聲海하고 一一音聲에 出一切言詞海하야 稱揚讚歎 一切如來 諸功德海하되 窮未來際히 相續不斷하여 盡於法界히 無不周遍하나니라.

[소] 둘째는 (나) '행상을 풀이하는[釋相]' 문단인데, 문단은 세 부분으로 나누어진다. "온 법계 허공계에" 이하는 '칭찬할 대상'을 언급한 부분이고, "내가 깊이" 이하는 '칭찬하는 까닭'을 언급한 부분이고, "각각 변재천녀" 이하는 '칭찬하는 행상'을 언급한 부분이다.

[疏; ▲二釋相. 文分爲三. 所有下, 一所讚境. 我當下,

고 한다. 세속에서 변재(辯才)라고도 쓰는 것은 이런 이익을 베푼다는 뜻.

二能讚因. 各以下, 三能讚相.]

㈌ 총결무진(總結無盡)

"이와 같이 하여 허공계가 끝나고 중생의 세계가 끝나고 중생의 업이 끝나고 중생의 번뇌가 끝나면 나의 찬탄도 끝나려니와 허공계와 내지 번뇌가 끝날 수 없으므로 나의 찬탄도 끝나지 아니하고, 차례차례 계속하여 잠깐도 쉬지 아니하지마는 몸과 말과 뜻으로 하는 일은 조금도 고달프거나 만족하지 않느니라."

如是虛空界盡하며 衆生界盡하며 衆生業盡하며 衆生煩惱盡하면 我讚이 乃盡이어니와 而虛空界와 乃至煩惱가 無有盡故로 我此讚歎도 無有窮盡하며 念念相續하고 無有間斷하야 身語意業에 無有疲厭이니라.

[소] 셋째는 (다) '다함 없음을 총체로 결론 맺는' 문단이다. (이곳 '칭찬여래'의) 문장은 앞보다 좀 줄었는데, 만약 갖추어 말하면 첫 단락 (즉, '예경제불')과 모두 같다.

[疏: ▲三總結無盡. 文少略前, 若具說者, 皆如初段.]

③ 광수공양
㈎ 첩명(牒名)

"또 선남자여, 여러 가지로 공양한다는 것은,"

復次善男子여 言廣修供養者는

소 셋째는 '부처님께 공양 올림[廣修供養]'인데 문단이 셋으로 나뉜다. 첫째는 (가) '이름을 첩하는' 부분이다.

[疏; ▲第三廣修供養三. 一牒名.]

㈏ 석상(釋相)
㈀ 공양하는 수행을 바로 밝힘

"온 법계 허공계에 있는 시방 삼세의 모든 세계의 티끌 속에 낱낱이 모든 세계의 티끌 수 부처님이 있고, 부처님 계신 데마다 가지가지 대중이 둘러 모신 것을, 저는 보현의 수행과 서원의 힘으로 눈앞에 계신 듯이 깊이 믿으며, 앞에 계신 듯이 뵈옵고 모든 훌륭한 공양거리로 공양하나니, 이른바 꽃구름·화만구름·하늘 음악구름·하늘 일산구름147·하늘 의복구

---

147 하늘 일산구름; 햇빛을 가리는 일종의 우산으로 고귀한

름과 여러 가지 하늘 향과 바르는 향과 사르는 향과 가루 향 따위의 구름이 낱낱이 크기가 수미산 같으며 여러 가지 등을 켜는데, 우유 등·기름 등·향유 등 따위가 심지는 수미산 같고, 등의 기름은 바닷물 같은 이러한 공양거리로 항상 공양하느니라."

所有盡法界虛空界十方三世一切佛刹極微塵中에 一一各有 一切世界極微塵數佛하며 一一佛所에 種種菩薩海會가 圍遶커든 我以普賢行願力故로 起深信解와 現前知見하야 悉以上妙諸供養具로 而爲供養하나니 所謂華雲이며 鬘雲이며 天音樂雲이며 天傘蓋雲이며 天衣服雲이며 天種種香인 塗香과 燒香과 末香이니 如是等雲이 一一量如須彌山王하며 然燃種種燈호대 酥燈과 油燈과 諸香油燈에 一一燈炷가 如須彌山하며 一一酥燈油가 如大海水하야 以如是等諸供養具로 常爲供養하나니라.

소 둘째는 (나) '행상을 해석하는[釋相]' 문단인데, 두

분을 모실 때 받쳐주는 가리개. 특히 인도에서는 낮에 기온이 높으므로 외출 시 이러한 산개의 사용이 일반적이었던 것으로 생각되는데, 이것이 스투파 위에도 올려진 것은 전륜성왕, 즉 부처의 존귀함을 상징.

부분으로 나뉜다. (ㄱ) 첫째는 '공양하는 수행을 바로 밝히는' 부분이고 (둘째는 (ㄴ) '비교해서 우위를 드러내는' 부분이다.)

('공양하는 수행을 바로 밝히는' 부분에) 문단이 넷으로 나누어진다. "온 법계 허공계에" 이하는 첫째 '공양을 받으시는 대상'을 설한 것이고, "저는 보현의 수행과" 이하는 둘째 '능히 공양을 올리는 이유를 설한 것이고, "모든 훌륭한 공양거리로" 이하는 셋째 공양거리의 내용을 나열한 것이고, "이러한 공양거리로" 이하는 '공양 올리는 것을 바로 밝히는' 부분이다.

[疏; ▲二釋相二. 一正明供行. 文四. 所有下, 一所供境, 我以下, 二能供因, 悉以下, 三列所供具. 以如下, 四正明供養.]

(ㄴ) 비교해서 우위를 드러냄
(a) 비교하기
1. 비교할 대상 거론

"선남자여, 모든 공양 가운데는 법 공양이 으뜸이니, 소위 (1)말씀한 대로 수행하는 공양, (2)중생을 이롭게 하는 공양, (3)중생을 거두어 주는 공양, (4)중생들의 고통을 대신 받는 공양, (5)선근을 닦는 공양, (6)

II. 정종분 : 제1장. 두루 한 원인을 바로 보임   165

보살의 할 일을 버리지 않는 공양, (7)보리심을 여의지 않는 공양이니라."

善男子여 諸供養中 法供養이 最니 所謂如說修行供養이며 利益衆生供養이며 攝受衆生供養이며 代衆生苦供養이며 勤修善根供養이며 不捨菩薩業供養이며 不離菩提心供養이니라.

[소] 둘째는 (ㄴ) '비교하고 따져[校量] 우위를 드러내는' 부분인데 문단이 둘로 나누어진다. 첫째는 (a) '비교하기' 부분이고, (둘째는 (b) '따져 묻기' 부분이다.) 〈(a) 비교하기〉 부분에도 문단이 둘로 나누어지는데 첫째는 '비교할 대상을 거론하는' 부분이고 (둘째는 '비교를 바로 밝히는' 부분이다.)

'비교할 대상을 거론하는' 부분이 (둘로 나누어지는데), "모든 공양 가운데는" 이하는 '총체로 지시하는' 부분이고, "소위" 이하는 '개별적으로 밝히는' 부분이다. 개별적으로 밝힌 '일곱 종의 공양'[148] 모두가 법 공양이다.

[疏; ▲二校量顯勝二. 一校量二. 一擧所校量. 諸供下,

---

148 일곱 종의 공양; 본문에 (1)에서 (7)까지 번호 붙여 눈에 들게 했다.

一總指. 所謂下, 二別明. 別明七行, 皆法供養.]

2. 바로 비교하기

"선남자여, 앞에서 말한 여러 가지로 공양한 공덕을 법 공양에 비교하면, 잠깐 동안 법 공양 한 공덕보다 백분의 일도 되지 못하고, 천분의 일도 되지 못하고, 백천 구지(俱胝)[149] 나유타(那由他)[150]분의 일도, 가라분(迦羅分)의[151] 일도, 산분(算分)의 일도, 수분(數分)의 일도, 비유분의 일도, 우바니사타분의[152] 일도 되지 못하느니라."

善男子여 如前供養無量功德을 比法供養一念功德컨

---

149 구지(俱胝); 인도에서 쓰던 수량(數量)의 단위이며, 1천만이라 한다.
150 나유타(那由他); 인도에서 아주 많은 수를 표시하는 수량의 이름. 아유타의 백배. 수천만 혹은 천억·만억이라고도 하여 한결같지 않다.
151 가라분(迦羅分); 가라분(歌羅分)이라고도 쓰며, 견절(堅折)·분측(分則)·계분(計分)이라 번역. 물체나 기간의 아주 적은 부분. 터럭 하나를 백으로 쪼갠 그 1분(分), 혹 16분의 1을 1가라분이라고 한다.
152 우바니사타분; 범어 'upaniśadam'의 음사. 지극히 적은 수의 비유. 제로[zero]에 가장 근접한 수. 다음은 제로.

II. 정종분 : 제1장. 두루 한 원인을 바로 보임 167

댄 百分에 不及一이며 千分에 不及一이며 百千俱
胝那由他分과 迦羅分과 算分과 數分과 喩分과 優
波尼沙陀分에도 亦不及一이니

[소] 둘째는 '비교하여 따짐[校量]을 바로 밝히는' 부분이다. 앞의 경전 본문의 내용에 따르면,[153] (이 대목은) 앞의 본행(本行)을[154] '법 공양'과 비교하는 것이다. 그런데 '법 공양'이 '재물 공양'보다 뛰어남은 여러 경론 속에 설하지 않음이 없다. (선재동자가 두 번째로 문수보살을 만나는 『40화엄』, 제38권) 〈문수장〉 속에서도 이미 '법 공양'이 수승함을 널리 설명했다.[155]

다만 우선 이 단락의 문장 의도가, 앞의 본행(本行)의 '관상 공양(觀想供養)'을[156] '재물 공양'으로 간주해서 '법

---

153 구체적으로 『운허40화엄』(566하~567상).
154 본행; 본행(本行); 성불할 인(因)이 되는 근본 수행, 또는 인위(因位)에서 닦은 경력. 이 문맥에서는 '본행 공양'을 지칭. '본행 공양'이란 '본행'으로서의 공양이라는 뜻으로, 음식이나 의복과 약 등 현실적인 물자를 올리는 공양을 말함. 대승에서는 '본행 공양'보다 '관상 공양'을, '관상 공양' 보다는 '법 공양'을 중시하는 방향으로 변해감.
155 『운허40화엄』(565상) 해당 조항에서 문수보살이 선재동자에게 설법한 내용이다. 『80화엄』에는 이 내용이 없다.
156 관상 공양; '관상'이란 운허의 『불교사전』에 따르면, "사물을 마음에 떠올려 관찰함"이라 했으니, '관상공양'이란

공양과 비교한 것이라면, 이것은 즉 본행(本行)을 억누른 셈이다.

그렇게 한 이유는 무엇인가? 예컨대 『정명경』[157] 등에서처럼 먼저 '법 공양'을 밝히고 나중에 '재물 공양'을 비교해서 ('법 공양'이) 수승함을 드러내는 것은, 이치적으로는 그게 더 분명하다. 그런데 지금은 (이곳 「보현행원품」에서는) 본행(本行)을 먼저 밝히고 뒤에 가서 '법 공양'으로 앞의 공양을 누른 것이라면, 본행(本行)에서 하열한 수행을 설한 게 무슨 이익이 되겠는가? 게다가 아래의 게송 중에는[158] 다시 '비교하여 따짐[校量]'이 없고 그저 본행(本行)만을 거론하여 '가장 수승한 공양'이라 했다. 그러니 '비교하여 따지는 것[校量]'은 본행(本行)의 공양이 수승함을 드러내고자 한 것임을 분명히 알아야 한다.

그러므로 범본(梵本)에서 이르기를 "그리고 선남자여, 저저러러하게 일체의 '가장 뛰어난 공양' 및 '법 공양'과 '수행 공양' 나아가 '보리심을 여의지 않는 공양'이 있

'관상'의 방식으로 공양한다는 뜻이다. 이곳 본문의 내용으로 보더라도 〈(ㄱ) 공양하는 수행을 바로 밝힘〉 단락. 본 번역서 ☛ 162쪽에 나오는 공양도 '관상 공양'임을 알 수 있다.

157 『유마경』「보살품 제4」(대정장14, 543하).
158 뒤에 나오는 게송 ◀05▶ 와 ◀06▶ 을 지칭.

다. 그런데 '한 생각' 중에 저러저러하게 여래께 공양하여 가장 수승한 선근을 획득하여 (그것을) ㄱ 워 늘려 쌓으면, 이전에 공양하여 획득한 선근은 100분의 1에도 미치지 못한다"고 한 것과 같은 등등이다.

이 인용문에서 말하려는 뜻은 "이상에서 말한 '관상 공양'이야말로 이름 하여 '가장 수승한 선근 공양' 내지 '법 공양'이다"는 것이다.

이상 (공양의) 두 가지 종류에서 '한 생각'에 닦은 선근은 '비교하여 따져질 대상[所校量]'이고, 과거에 한 공양은 '능히 비교하여 따지는 행위[能校量]'이다.[159] 왜냐하면 (저기) 보현행원을 아직 닦지 않고 올린 공양은, 여기 보현행원을 닦고 올린 공양에 미치지 못하기 때문이다.

또 '법 공양'은 10법행(法行)[160] 수행에 통하는 것으로 가장 수승한 수행이어서 만행에 통하는데, '관(觀; Vipaśyanā)에 의지한 공양'이 바로 수행이기 때문이다.

---

[159] 과거에 한 공양의 공덕을 기준으로 해서, '한 생각[一念]'으로 닦은 공양의 공덕을 비교한다는 뜻이다. 즉 무엇을 기준으로 무엇을 비교하는지를 청량 국사께서 분명히 하려는 대목이다.

[160] 10법행(法行); ①사경[書寫], ②불공[供養], ③보시[施他], ④청법[諦聽], ⑤독서[披讀], ⑥경전 모시기[受持], ⑦전법[開演], ⑧읽기[諷誦], ⑨관법 수행[思惟], ⑩실천[修習].

『법화경』「약왕보살본사품」에서[161] 희견보살이 소신공양한 것을 '법 공양'이라 이름하고, 『정명경』에서는[162] 선덕에게 베푼 보시에 대해 '앞도 없고 뒤도 없이 언제나 평등하게 보시하니 이를 두고 이름하여 법 공양이라고 한다'고 했다. 이 '재물 보시'도[163] 만약 법에 들어맞기만 하면 모두가 '법 공양'인데, 하물며 깊은 '관(觀)'이 어찌 '법 공양'이 아니겠는가! 지혜 있는 자라면 응당 생각해야 할 것이다.

"가리(迦羅)"는 '머리카락을 쪼개다[豎折]'는 뜻인데, 사람 몸에 난 털 한 가닥을 100분의 1로 쪼갠 것이다. "우파니사타(優波尼沙陀)"는 한어로 번역하면 '근소(近少)', 또는 '근대(近對)'인데, 말하자면 (제로[zero, 無]에 근접하기가) 불과 얼마 안 될 만큼 거의 가까이 있음에 비유되는 쪼가리[分]이다.

[疏: ▲二正明挍量. 準先經文, 以前本行, 挍量法供養. 然法供養, 勝財供養, 諸經論中, 無不此說. 文殊章中, 已廣解釋, 法供養勝. 但先文意, 將前本行, 觀想供養, 爲財供養, 挍量於法, 則抑其本行. 何者, 如淨名等, 先明法供養, 後以財供養, 挍量顯勝, 理則昭然. 今先明本

---

161 『법화경』「약왕보살본사품 제23」(대정장9, 53상).
162 『유마경』「보살품 제4」(대정장14, 543하).
163 이 '재물 보시'도; 원문은 "是財施"인데 이때의 "是"는 주어 앞에 붙여서 그것이 주어임을 강조하는 어조사.

行, 後以法供養, 抑前供養, 本說劣行, 爲何所益. 下偈之中, 更無挍量, 但擧本行, 爲勝供養, 明知挍量, 欲顯本行供養爲勝. 故梵本云, 復次善男子, 彼彼一切最勝供養, 及法供養, 修行供養, 乃至不離菩提心供養, 一念中, 以彼彼供養如來, 以得最勝善根, 增長積集, 過去供養善根, 百分不及一等. 此中意云, 上來觀行, 名最勝善根, 及法供養. 此上二類, 一念善根, 是所挍量, 過去供養, 爲能挍量. 以未修普賢行願供養, 不及今修普賢觀行供養故. 又法供養, 通十法行修行, 最勝修行, 通於萬行, 依觀供養, 正是修行故. 法華中喜見燒身, 名法供養. 淨名敎於善德行施, 無前無後, 一時等施, 名法供養. 是財施, 若能稱法, 皆法供養, 況於深觀, 非法供養. 智者應思. 言迦羅者, 此云豎折, 人身一毛以爲百分. 言優波尼沙陀者, 此云近少, 亦云近對. 謂少分相近, 比對之分.]

(b) 따져 묻기

"왜냐하면, 모든 부처님은 법을 존중하는 연고며, 말씀한 대로 수행함이 부처님을 내는 연고며, 만일 보살들이 법 공양을 행하면 부처님께 공양함을 성취하는 것이니, 이렇게 수행함이 진실한 공양인 연고니라."

何以故오 以諸如來尊重法故며 以如說行이 出生諸佛故며 若諸菩薩이 行法供養하면 則得成就供養如來하리니 如是修行이 是眞供養故니라.

[소] 둘째는 '따져 묻는' 부분이다. 의미를 따져 묻기를, 어찌해서 이전의 '재물 공양'이 지금의 '법 공양'에 미치지 못하느냐는 것이다. 풀이하여 말하기를, 부처님께서 법을 존중하여 '법 공양'을 하셨기 때문에 '비교하여 따져도[挍量]' 미치지 못한다는 것이다. 앞의 〈문수장〉에 이미 이 뜻이 들어 있었다.[164]

[疏; ▲二徵釋. 徵意云, 何以過去財供養, 不及今供. 釋意云, 佛尊重法行, 法供養故, 挍量不及. 前文殊章, 已有此意.]

㈐ 총결무진(總結無盡)

"이 넓고 크고 훌륭한 공양은 허공계가 끝나고 중생의 세계가 끝나고 중생의 업이 끝나고 중생의 번뇌가 끝나면 나의 공양이 끝나려니와, 허공계와 내지

---

164 본 번역서 ☞ 167쪽 본문과 각주155) 참조.

중생의 번뇌가 끝날 수 없으므로 나의 공양도 끝나지 아니하고, 차례차례 계속하여 잠깐도 쉬지 아니하지마는, 몸과 말과 뜻으로 하는 일은 조금도 고달프거나 만족하지 않느니라."

此廣大最勝供養을 虛空界盡하며 衆生界盡하며 衆生業盡하며 衆生煩惱盡하면 我供이 乃盡이어니와 而虛空界와 乃至煩惱가 不可盡故로 我此供養도 亦無有盡하야 念念相續하고 無有間斷하야 身語意業에 無有疲厭이니라.

[소] 셋째는 '다함 없음을 총체로 결론 맺는' 부분이다. "이 넓고 크고 훌륭한 공양"은 즉 앞의 '관상 공양'을 가리킨다.[165] 만약 이 가장 수승한 공양이 '법 공양'에 미치지 못한다면 어찌 '다함 없다'고 하겠는가!

[疏; ▲三總結無盡. 此最勝供養, 卽前觀行. 若此最勝, 不及法者, 何以無盡.]

---

165 앞의 ☛ 162쪽에 나오는 〈(ㄱ) 공양하는 수행을 바로 밝힘〉 대목에서 밝힌 내용.

④ 참제업장
(개) 첩명(牒名)

"또 선남자여, 업장을 참회한다는 것은,"

復次善男子여 言懺除業障者는

[소] 넷째는 '업장 참회'인데 문단이 셋으로 나누어진다. 첫째는 (가) '이름을 첩하는(牒名)' 부분이다.

'뉘우침[懺]'은 범어로 갖추어 말하면 '참마(懺摩; kṣama)'이다. 이곳 말로는 '뉘우치다[悔過]'[166]이다. 만약 나누어 말해보면 '참(懺)'은 과거에 지은 죄를 나열하여 드러낸다는 뜻이고, '회(悔)'는 지난 것을 고쳐 미래를 닦는다는 뜻이다. 악업의 장애를 제거하여 청정한 계의 선을 완성한다. 그래서 본문 속에서는 업(業)을 '참(懺)' 하는 것에 치우쳐 설명했지만, 실은 3장(障)이나 4장(障)이나[167] 모두 '참(懺)'의 (대상) 아닌 게 없다.

[疏; ▲第四懺除業障三. 一牒名. 懺者, 梵音具云, 懺

---

166 뉘우치다[悔過]; 한자 원문의 '過' 자는 동사 뒤에 붙어서 동작의 진행을 나타내는 보어. '지난 일[過]을 뉘우치다'로 해석할 수는 없다.
167 3장(障)은 혹(惑)·업(業)·고(苦), 4장(障)은 혹(惑)·업(業)·보(報)·견(見). '견(見)'은 잘못된 형이상학.

摩. 此云, 悔過. 若別說者, 懺名陳露先罪, 悔名改往修來. 除惡業障, 成淨戒善. 是故 文中, 偏名懺業, 實則三障四障, 無不皆懺.]

(나) 석상(釋相)

△ 두 번째는 (나) '행상을 해석(釋相)'하는 부분이다. 그런데 참회에는 두 종류가 있다. 만약 차죄(遮罪)[168]를 범했으면 먼저 반드시 '(율장의) 가르침에 입각한 작법(依敎作法)'[169]에 따라 참회하고, 만약 성죄(性罪)를[170] 범했으면 다시 반드시 '참회 행법 시행[起行]'을 해야 한다.

'참회 행법 시행[起行]'에는 두 가지가 있다. 첫째는

---

168 차죄(遮罪); 그 일 자체는 죄악이 아니지만, 그 일로 인해 다른 죄악을 저지르게 되어 부처님이 금한 것이므로 이것을 범하면 죄가 되는 것. 8계 중에서, 술 마시는 일, 분 바르는 일, 노래 부르고 춤추는 일, 때아닌 때에 먹는 일 등은 차죄.

169 가르침에 입각한 작법; 소승교에서는 율장(=『사분률』 등)에 따른 참회이고, 대승교의 경우는 이하 본문에서 설명하고 있음.

170 성죄; 부처님께서 계율로서 금제하지 않았더라도, 그 일 자체가 도덕에 위반되어 그 자체로 죄악이 되는 것. 즉 살생, 도적질, 음행, 망어 등. ◉『초』; "遮卽佛之遮制違制. 成罪性則法爾, 犯之有罪十重, 是性餘皆遮也."

'사참 수행'이요, 둘째는 '이참 수행'이다. '사참 수행'은 방등부에 속하는 『불명경』[171] 등에서 말하는 것과 같은데 만행에 다 해당하고, '이참 수행'은 『정명경』[172]에서 죄의 자성이 공하여 안팎에 있지 않음을 관찰한다고 하는 등과 같다. 『보현관경』 및 『화엄경』 「여래수호공덕품 제35」에는 두 가지 참회를 갖추고 있다.

『보현관경』[173] 중에서 밤낮으로 정근하여 시방의 부처님께 예배하도록 밝힌 것은 곧 사참(事懺)이다. (한편) '마음'이 본래 없지만 '전도된 이미지를 만드는 작용[轉倒想]'이 일어난 그것이 '마음'이라고 관찰하는 것이 있는데, 만약 참회하려는 사람이 있으면 단정히 앉아 '실상을 염(念)'해야 한다고 했다. 이것은 곧 이참이다.

---

[171] 『불명경』(대정장14, 188중)에 참회에 관한 자세한 행법이 소개되고 있는데, 크게 7범주이다. 즉, ①慚愧, ②恐怖, ③厭離, ④發菩提心, ⑤怨親平等, ⑥念報佛恩, ⑦觀罪性空.

[172] 『유마힐소설』(대정장14, 541중)에서 부처님께서 우발리 존자에게 유마힐에게 문병 가라 권하자, 적임자가 못됨을 아뢰면서 죄의 본성에 관련하여 꾸지람 들었던 다음의 사건을 고백하고 있다. "彼罪性不在內, 不在外, 不在中間. 如佛所說, 心垢故衆生垢, 心淨故衆生淨. 心亦不在內, 不在外, 不在中間. 如其心然, 罪垢亦然, 諸法亦然, 不出於如."

[173] 『보현관경』; 본래의 경 이름은 『관보현보살행법경』(대정장9, 389중~393하). 이 경 속에는 '사참'과 '이참'이 모두 등장한다.

「여래수호공덕품 제35」에서 "중생계와 같은 선한 신·구·의 3업[身語意]으로 모든 장애를 뉘우쳐 제거한다"[174]라고 한 것은 곧 사참이다. "모든 업이란 그 본성이 시방 어디에 존재해 있다가 마음으로 와서 머무는 게 아니고, 전도 때문에 생기는 것으로, 존재하는 곳이 따로 없다"[175]라고 한 것 등은 이참이다. '사참'은 가지를 제거하고 '이참'은 뿌리를 뽑는다.

만약 (사참과 이참) 모두를 다 참회하려면 반드시 '역순의 열 가지 마음'을 잘 통달해야 한다. 말하자면 먼저 '10가지'〈생사(의 물결에) 떠내려가는 마음〉을 참회하여, (그 10가지를 참회해서) 치료할 대상으로 삼는 것이다.

(1)첫째는 '나'와 '남을' 허망하게 헤아려 '신견(身見)'[176]

---

174 경문의 온전 내용은 다음과 같다. 『80화엄』「여래수호광명공덕품 제35」"諸天子, 汝等應發阿耨多羅三藐三菩提心, 淨治其意, 住善威儀, 悔除一切業障, 煩惱障, 報障, 見障. 以盡法界衆生數等身, 以盡法界衆生數等頭, 以盡法界衆生數等舌, 以盡法界衆生數等善身業, 善語業, 善意業, 悔除所有諸障過惡."(대정장10, 256중).

175 『80화엄』「여래수호광명공덕품 제35」에서 하늘 북이 울려 여러 천자에게 다음과 같이 법문한다. "菩薩知諸業不從東方來, 不從南西北方, 四維上下來, 而共積集, 止住於心. 但從顚倒生, 無有住處."(대정장10, 256하).

176 신견(身見); 유신견(有身見)의 준말. 신[身; 몸뚱이]은 5온이

을 일으키는 것이고, (2)둘째는 안으로는 번뇌를 갖추고 밖으로는 나쁜 인연을 만나서 '나'라는 마음이 점점 치성해지는 것이고, (3)셋째는 안팎이 이미 갖추어져서 선한 '마음 씀씀이[心事]'를 없애고 남의 선을 기뻐하지 않는 것이고, (4)넷째는 3업을 멋대로 방자하게 하여 어떤 악이든 못하는 게 없는 것이고, (5)다섯째는 '마음 씀씀이[心事]'가 비록 넓지는 않으나 악한 마음을 두루 펴는 것이고, (6)여섯째는 악한 마음이 서로 이어져 밤낮으로 끊어지지 않는 것이고, (7)일곱째는 자신의 허물을 덮고 감추어 남이 모르게 하려는 것이며, (8)여덟째는 설치고 약탈하며 거스르고 부딪히면서도 3악도에 떨어질 것을 두려워하지 않는 것이고, (9)아홉째는 뉘우치거나 부끄러워할 줄 모르고 여러 성인을 두려워하지 않는 것이고, (10)열째는 인과란 없다고 부정하여 일천제(一闡提)로 태어날 짓을 하는 것이다. 무시 이래로 자신에게나 또 남에게나 위와 같이 하지 않음이 없다.

다음은 '열 가지'〈생사(의 물결)을 거슬러 올라가는 마음〉을 일으켜, 뒤에서부터 뒤집어 버리는[飜破]¹⁷⁷ 것

일시적으로 화합한 것인데 이를 영원히 존재하는 주체인 '나'로 오인하고 '나'에 따른 모든 것을 '제 것[我所]'이라고 생각하는 그릇된 견해.

177 뒤집어 버리는[飜破]; 번파(飜破)에서의 '破' 자는 동사 뒤에 붙어 해당 동작의 완료를 나타내는 어기사. 당나라 시

이다. (1)첫째는 인과를 분명히 믿고, (2)둘째는 자신을 부끄럽게 여기어 엄하게 꾸짖고, (3)셋째는 3악도를 두려워하고, (4)넷째는 (자신의) 흠결을 덮지 않고, (5)다섯째는 계속 이어지는 마음을 끊고, (6)여섯째는 보리심을 내고, (7)일곱째는 공덕을 닦아 허물을 보수하고, (8)여덟째는 정법을 수호하고, (9)아홉째는 시방의 부처님을 염(念)하고, (10)열째는 죄의 성품이 공(空)한 줄 관찰하는 것이다. 만약 이것을 갖춘다면 소멸시키지 못할 죄가 없을 것이다. 「여래수호공덕품 제34」에 치료하는 방식이 갖추어져 있다.

(나) '행상을 해석하는' 부분에 문단이 둘로 나누어진다. 첫째는 '(ㄱ) 참회할 대상을 거론하는' 부분이고, (둘째는 '(ㄴ) 참회하는 행상을 설명하는' 부분이다.)

[疏; ▲二釋相. 然懺有二種, 若犯遮罪, 先當依教, 作法懺之. 若犯性罪, 復須起行. 起行有二種, 一事二理. 事如方等佛名經等, 通於萬行. 理如淨名, 觀罪性空, 不在內外等. 普賢觀經, 及隨好品, 具二種懺. 觀經中, 明晝夜精勤, 禮十方佛, 卽是事懺. 觀心無心, 從顚倒想起, 若欲懺悔者, 端坐念實相, 斯則理懺. 隨好品中, 等衆生界, 善身語意業, 悔除諸障, 卽是事懺. 觀諸業性,

---

대의 구어(口語). 학자에 따라 앞에 나오는 동사의 동작을 강조하는 부사로 보는 경우도 있다.

非十方來, 止住於心, 從顚倒生, 無有住處等, 卽是理懺. 事懺除末, 理懺拔根. 若具足懺, 應須善達, 逆順十心. 謂先懺十種, 〈順生死心〉[178], 以爲所治. 一妄計人我, 起於身見. 二內具煩惱, 外遇惡緣, 我心增盛. 三內外卽具, 滅善心事, 不喜他善. 四縱恣三業, 無惡不爲. 五事雖不廣, 惡心徧布. 六惡心相續, 晝夜不斷. 七覆諱過失, 不欲人知. 八虜扈抵突, 不畏惡道. 九無慚無愧, 不懼凡聖. 十撥無因果, 作一闡提. 從無始來, 若自及他, 無不皆爾. 次起十種 〈逆生死心〉[179], 從後翻破. 一明信因果, 二自愧克責, 三怖畏惡道, 四不覆瑕疵, 五斷相續心, 六發菩提心, 七修功補過, 八守護正法, 九念十方佛, 十觀罪性空. 若具此者, 無罪不滅. 隨好品中, 具有能治. 今文之中, 含有不具. ▲文二. 一擧所懺.]

---

178 〈順生死心〉; 〈봉은사본〉에는 청량소 본문과 같은 크기의 글씨로 새겨져 있어, 청량 스님께서 쓰신 것으로 오인될 수 있음. 〈順生死心〉은 명나라 명득(明得; 1482~1557) 스님이 교정(校正) 과정에서 첨부한 내용인 듯.

179 〈逆生死心〉; 〈봉은사본〉에는 〈逆生回心〉으로 기록되어 본 번역에서 교정함. 또, 이 네 글자가 청량소 본문과 같은 크기의 글씨로 새겨져 있기 때문에, 청량 스님께서 쓰신 것으로 오인될 수 있음. 그러나 〈逆生死心〉은 아마도 명나라 명득 스님이 교정 과정에서 첨부한 내용인 듯.

(ㄱ) 참회 대상을 거론

"보살이 생각하기를 '내가 지나간 세상 끝없는 겁 동안에 탐내고 성내고 어리석은 마음으로 몸과 말과 뜻을 놀리며 모든 나쁜 짓 한 것이 한량없고 가이없으니, 만일 나쁜 짓이 형체가 있다면 끝없는 허공으로도 용납할 수 없을 것이다.'"

菩薩이 自念호대 我於過去 無始劫中에 由貪瞋癡로 發身口意하야 作諸惡業이 無量無邊하니 若此惡業이 有體相者인댄 盡虛空界라도 不能容受하리니

🔲 "탐내고 성내고 어리석음"은 악업의 원인이고, "몸과 말과 뜻"은 업을 짓는 도구이다. 3업으로 지은 10가지 악행이 모두 3독으로 말미암지 않음이 없다. "모든 나쁜 짓"은 곧 업의 바탕이다. 두 경우 각각에 세 종류가 있다. 첫째 경우는 선, 악, 부동(不動; 無記)으로 세 종류인데 이곳 본문에서는 오직 악만 언급했고, 둘째 경우는 과거, 현재, 미래의 세 시기인데 이곳 본문에서는 세 시기 모두를 아울렀다. 삼 곱하기 삼 하면 합해서 아홉 경우의 수가 되는데 세 가지 번뇌(=탐, 진, 치)에서 일어난다고 한 것은 바로 이 뜻이다.

"만일 나쁜 짓이" 이하는 넓고 많음을 나타낸다. 형

체가 없어서 모습은 볼 수 없지만, 만약 볼 수 있다면 허공도 차고 넘칠 것이라는 말이다. 이는 곧 〈〈생사〉 번뇌의 물결에 떠내려가는 마음〉 열 가지를 통으로 말한 것이다.

[疏; 貪瞋癡, 是惡業因, 身口意, 是造業具. 三業十支, 皆由三毒. 諸惡業, 卽是業體, 有二三種. 一善惡不動, 今唯取惡. 二現生後今, 通此三. 三三合九種, 從三煩惱起卽其義也. 若此下, 顯其廣多也. 以無形故, 不見相貌, 有則溢空, 此卽通說順流十心.]

(ㄴ) 참회 행상을 설명

"'내가 이제 세 가지 깨끗한 업으로[180] 법계에 두루하여 티끌처럼 많은 부처님 앞에서 지성으로 참회하고 다시는 짓지 아니하오며, 항상 깨끗한 계율의 모든 공덕에 머물겠나이다.' 하는 것이니라."

我今에 悉以淸淨三業으로 遍於法界極微塵刹 一切諸佛菩薩衆前하야 誠心懺悔호대 後不復造하고 恒住淨戒一切功德호리라 하여

---

180 원문을 보면 "3업을 깨끗하게 하여"로 번역할 수도 있지만, 운허 스님은 청량 국사의 주석에 따라 본문처럼 번역했을 확인할 수 있다.

[소] 두 번째는 (ㄴ) '참회하는 행상을 설명하는' 부분이다. "세 가지 깨끗한 업" 이하는 업을 참회하는 도구를 밝힌 부분이다. 과거에 3업으로 인해 어떤 악행이든 짓지 않은 게 없으니, 이제 3업으로 일시에 모두를 참회하는 것이다. 말하자면 (마음으로는) 경건하고 공경히 하고, (몸으로는) 무릎을 꿇고, 입으로는 잘못했다고 고백하는 것이다.

"법계에 두루 하여" 이하는 '참회할 대상 경계를 밝히는' 부분인데, "두루 하여"라는 말에는 간략하게 두 가지 뜻이 있다. 첫째는 과거에 지은 죄가 '마음 씀씀이[心事]'에 두루 깔렸으니, 그러므로 이제 참회함에 역시 널리 두루 해야 하는 것이다. 둘째는 법성(法性)에 딱 들어맞기 때문이니, 무슨 죄인들 없애지 못하겠으리오.

이하는 '참회할 대상 경계를 바로 설명하는' 부분이다. "티끌처럼 많은 부처님" 이하는 곧 시방의 부처님을 염(念)하는 것이다. 지난 '악한 자신[惡知]'을 뒤집는 것이다. "지성으로[誠心]"라고 (특정한 이유는) 즉 '지극하지 못한 마음'을 가려내는 것이니, '생각[情慮]'을 느슨히 하여 방종하면 죄가 없어지지 않기 때문이다. "참회"는 곧 '자신이 한 짓을 부끄러워하고 엄히 꾸짖기', '3악도에 떨어질까 두려워하기', '자신의 허물 감추지 않기'를 포함한다. "다시는 짓지 아니하오며"는 상속하는 마음을 끊는 것이며, "항상 깨끗한 계율의 모든 공덕에 머묾"은 곧 공덕을 닦아 허물을 보수하는 것이다. 큰 산을 옮기지 않고 어찌 골짜기를 메울 수 있겠는가!

이상에서 말한 참회를 종합하면, '인-과'와 '선-악'이란 마치 '본체-그림자' 또는 '소리-메아리'의 관계처럼 서로 호응함을 분명히 알기 때문이다. 또한 (참회는) 곧 바른 법을 지키는 일이다.

[疏; ▲二辯懺相. 淸淨三業下, 明懺業具也. 昔因三業, 無惡不爲, 今以三業, 一時齊懺. 謂虔恭胡跪, 口陳辭句. 徧於法界下, 明所對境. 徧者, 略有二意, 一昔所造罪, 心事徧布, 故今懺悔, 亦須周徧. 二稱法性故, 何罪不除, 下正辯所對. 極微塵剎下, 卽念十方佛, 翻昔惡友. 誠心則,[181] 簡不至心, 緩縱情慮, 罪不滅故. 懺悔(者), 卽含自愧剋責, 怖畏惡道, 不覆瑕玼. 後不復造, 卽斷相續心, 恒住淨戒, 卽修功補過, 匪移山岳, 豈塡溝壑. 總此懺者, 以明識因果善惡影響故, 亦卽守護正法.]

(다) 총결무진(總結無盡)

"이와 같이 하여 허공계가 끝나고 중생의 세계가

---

181 誠心則; 신찬속장본(권 제5, 194중)에는 "誠心懺悔者". 본 번역서는 〈봉은사본〉에 따름.

끝나고 중생의 업이 끝나고 중생의 번뇌가 끝나면 나의 참회가 끝나려니와, 허공계와 내지 중생의 번뇌가 끝날 수 없으므로 나의 참회도 끝나지 아니하고, 차례차례 계속하여 잠깐도 쉬지 아니하자마는 몸과 말과 뜻으로 하는 일은 조금도 고달프거나, 만족하지 않느니라."

如是하야 虛空界盡하며 衆生界盡하며 衆生業盡하며 衆生煩惱盡하면 我懺도 乃盡이어니와 而虛空界와 乃至衆生煩惱가 不可盡故로 我此懺悔도 無有窮盡하야 念念相續하고 無有間斷하야 身語意業에 無有疲厭이니라.

図 세 번째는 다함 없음을 총체로 맺는 부분이다.

[疏; ▲三總結無盡]

⑤ 수희공덕
　　(가) 첩명(牒名)

"또 선남자여, 남의 공덕을 따라 기뻐한다는 것은,"

復次善男子여 言隨喜功德者는

[소] 다섯째는 '수희공덕'인데, 문단이 셋으로 나누어진다. 첫째는 (가) '이름을 첩하는' 부분이다. 과거에 남의 선을 기뻐하지 않았기 때문에, 이제 따라서 기뻐하여 그것을 축하하고 기뻐한다. 질투하던 장애물을 제거하고 평등한 선을 일으킨다.

그런데 다른 경전에는[182] '수희'가 '권청'의 뒤에 있으니, 말하자면 '몸뚱이[身器]'를 먼저 씻고, 다음에 '법 비[法雨; 부처님의 가르침]' 만남을 기뻐하고, 끝으로 남을 거두어 자신처럼 하여 3처에 회향하기 때문에, 차례가 그랬다. 지금은 '수희'가 '참회' 중에 별의(別義; 별도의 의미)임을[183] 밝혔다. 일의 형세가 서로 이어지기 때문에 먼저 ('수희'를) 설명하는 것이다. (마음이) 평등하고 넓어져야 비로소 ('권청'하여) 법문을 들을 수 있다.

[疏; ▲第五隨喜功德三, 一牒名. 由昔不喜他善, 故今

---

[182] 다른 경전; 『十住毘婆沙論』(대정장26, 450상)을 지칭. 거기에는 ①참회, ②권청, ③수희, ④회향의 순이다. 즉, " 問曰, 但憶念阿彌陀等諸佛及念餘菩薩, 得阿惟越致, 更有餘方便耶. 答曰. 求阿惟越致地者, 非但憶念稱名禮敬而已. 復應於諸佛所, 懺悔, 勸請, 隨喜, 迴向."

[183] 별의(別義; 별도의 의미); 개념이나 문장 속에 거기에만 따로 특별하게 존재하는 의미. 반대로, 개념이나 문장 속에 공통으로 존재하는 의미를 지칭할 때는 '통의(通意)', 또는 통의(通義)라 함. 훈고 용어이니 알아두어야 함.

隨喜, 爲慶悅彼. 除嫉妬障, 起平等善. 然餘處, 隨喜在勸請後. 謂先滌身器, 次欣法雨, 後攝他同己, 廻向三處, 故爲此次. 今明隨喜, 是懺中別義, 事勢相連, 故先明之. 平等廣大, 方堪聞法.]

(나) 석상(釋相)
(ㄱ) 여래의 선행을 기뻐함

"온 법계 허공계의 시방 삼세 모든 세계의 티끌 수 부처님들이 처음 마음을 낸 뒤부터 온갖 지혜를 위하여 복덕을 부지런히 닦을 적에, 몸과 목숨을 아끼지 않고 말할 수 없이 말할 수 없는 세계의 티끌 수 겁을 지나면서 낱낱 겁 동안에 말할 수 없이 말할 수 없는 세계의 티끌 수 같은 머리와 눈과 손과 발 따위를 버렸으며, 이렇게 행하기 어려운 고행을 하면서 가지가지 바라밀다문을 원만하였고, 가지가지 보살의 지혜에 들어가 부처님의 위 없는 보리를 성취하였으며, 열반에 든 뒤에는 사리를 나누어 공양하던 모든 선근을 나도 따라 기뻐하며,[184]"

---

[184] 부처님의 일생을 그린 그림으로 〈팔상성도상〉이 있다. 법주사의 捌相殿 참조. ①도솔래의상(兜率來儀相) ②비람강

所有盡法界 虛空界 十方三世一切佛刹極微塵數
諸佛如來가 從初發心으로 爲一切智하야 勤修福
聚하야 不惜身命호대 經不可說不可說 佛刹極微
塵數劫하며 一一劫中에 捨不可說不可說 佛刹極
微塵數의 頭目手足하며 如是一切難行苦行호되
圓滿種種波羅蜜門하며 證入種種菩薩智地하며
成就諸佛無上菩提하며 及般涅槃하야 分布舍利
한 所有善根을 我皆隨喜하며

(ㄴ) 여러 갈래의 선행을 기뻐함

"또 시방 모든 세계의 여섯 갈래에서 네 가지로 생겨나는 종류의 중생들의 지은 모든 공덕과 내지 한 티끌만 한 것도 내가 모두 기뻐하며,"

생상(毘藍降生相; 4월 8일) ③사문유관상(四門遊觀相) ④유성출가상(逾城出家相; 2월 7일) ⑤설산수도상(雪山修道相) ⑥수하항마상(樹下降魔相; 12월 8일, 35세) ⑦녹원전법상(鹿苑傳法相; 5비구에게 4성제 설법) ⑧쌍림열반상(雙林涅槃相; 2월 15일, 80세)[『佛本行經』(一名 『佛本行讚傳』)]
◉참고로, 佛紀는 석가세존이 열반하시자, 남은 제자들이 부처님 없이 첫 하안거를 마치면서 표시를 해 둔 것이 계기가 되었다. 그 기록을 『중성점기(衆聖點記)』라 한다. 2024년 음 7월 15일(8월 18일) 하안거 해제하면서 비로소 불기 2568이 시작된다.

及彼十方一切世界에 六趣四生一切種類의 所有功德
을 乃至一塵이라도 我皆隨喜하며

㈐ 성문과 연각의 선행을 기뻐함

"시방 삼세의 모든 성문과 벽지불의 배우는 이, 배울 것이 없는 이[185]의 온갖 공덕을 따라 기뻐하며,"

十方三世一切聲聞과 及辟支佛의 有學 無學의 所有
功德을 我皆隨喜하며

㈑ 보살의 선행을 기뻐함

"보살들의 한량없이 행하기 어려운 고행을 닦으면서 위 없는 보리를 구하던 엄청난 공덕을 나도 따라 기뻐하노라."

一切菩薩의 所修無量難行苦行으로 志求無上正等菩
提한 廣大功德을 我皆隨喜호대

---

185 무학(無學); 소승 성자의 하나인 성문(聲聞)이 온갖 번뇌를 끊으려고 무루의 계(戒)·정(定)·혜(慧) 3학(學)을 닦는 지위. 수행과 증과(證果)의 단계로는 4향(向) 4과(果) 중에서 아라한과는 더 배울 게 없는 무학(無學). 앞의 4향 3과는 더 배울 게 있는 유학(有學).

소 둘째는 '행상을 해석하는' 부분인데 문단이 (ㄱ)에 (ㄹ)까지 넷으로 나누어진다. "온 법계 허공계…부처님들이" 이하는 (ㄱ) '여래의 선행을 기뻐함'이고, "또 시방 모든…여섯 갈래에서 네 가지로" 이하는 (6도에 윤회하는) (ㄴ) '여러 갈래의 선행을 기뻐함'이며, " 시방 삼세의 모든 성문과" 이하는 (ㄷ) 성문과 연각의 선행을 기뻐함'이고, "보살들의 한량없이" 이하는 (ㄹ) '보살의 선행'을 기뻐함이다. 말하자면 네 부류를 '따라 기뻐하여[隨喜]' 모든 선을 포섭하는 것인데, 부처님의 선행이 가장 뛰어난 까닭에 먼저 밝히고, 나머지 셋은 낮은 데서 뛰어난 데로 향한다.

대품의 경(=『대반야경』)「수희품」속에서, "대천의 바닷물을 털 하나를 백 분의 일로 쪼개 바닷물을 적셔 취한다 해도 그 수를 알 수 있지만, 수희(隨喜)하는 복덕의 크기는 알 수 없다"[186]고 했으니, 결론짓기를 "다함없음이 허공계와 같다"고 (다음 문단에서) 맺었다.

『법화경』에서는 "수희(隨喜)하기를 맨 첫 사람이 그렇게 하고 또 둘째 사람에게 그렇게 하고, 또 그렇게 계속해서 50번째 사람에게 이르게 한 것과도 오히려

---

186 『마하반야바라밀경』의 「수희품」이 아니고 「정원품 제64」를 착간한 듯? 그 내용은 다음과 같다. "復次憍尸迦, 三千大千世界, 滿中海水, 取一髮, 破爲百分, 以一分髮, 渧取海水, 可知渧數, 是隨喜心福德不可數知."(대정장8, 358하).

비교해 따지기 어려운데, 어찌 하물며 처음 그렇게 한 공덕은 말해서 무엇하겠는가"[187]라고 하였다. 여기서는 여래의 권·실의 공덕을 '따라서 기뻐[隨喜]'하므로, '부처님의 선행'이 최고로 수승하다.

[疏; ▲二釋相. 文四. 所有下, 一喜如來善. 及彼十方下, 二喜諸趣善. 十方三世下, 三喜二乘善. 一切菩薩下, 四喜菩薩善. 謂隨喜四類, 以攝諸善. 佛爲最勝, 所以先明, 餘之三類, 從劣向勝. 大品經中, 隨喜品, 明大千海水, 一毛破爲百分, 滴取海水, 可知其數, 隨喜之福, 不可知數, 故結無盡等虛界. 法華隨喜, 展轉至於第五十人, 尙難挍量, 何況最初. 此隨喜如來, 權實功德, 故佛最勝.]

㈐ 총결무진(總結無盡)

"이와 같이 하여 허공계가 끝나고, 중생의 세계가 끝나고 중생의 업이 끝나고 중생의 번뇌가 끝나더라도 나의 함께 기뻐함은 끝나지 아니하고, 차례차례 계속하여 쉬지 아니하지마는 몸과 말과 뜻으로 하는 일은 조금도 고달프거나 만족하지 않느니라."

---

187 『법화경』 「수희공덕품 제18」(대정장9, 46중).

如是하야 虛空界盡하며 衆生界盡하며 衆生業盡하며 衆生煩惱盡하야도 我此隨喜는 無有窮盡하야 念念相續하고 無有間斷하야 身語意業에 無有疲厭이니라.

 소 세 번째는 다함 없음을 총결하는 부분이다.

[疏: ▲三總結無盡.]

⑥ 청전법륜
(가) 첩명(牒名)

"또 선남자여, 법문 설해주기를 청한다는 것은,"

復次善男子여 言請轉法輪者는

 소 여섯째는 '청전법륜'인데 문단이 셋으로 나누어지니, 첫째는 (가) '이름을 첩하는' 부분이다. 즉, '권청'은 법을 비방하는 장애를 없애 자애의 선근을 일으킨다. 성문은 자신을 제도하여 그저 참회할 뿐이지만, 보살은 중생을 연민하므로 반드시 '권청'을 해야 한다. 부처님께서 두루 비 내려 반드시 나와 남이 흠뻑 적셔지도록 청해야 한다.

[疏; ▲第六請轉法輪三, 一牒名. 卽是勸請, 除謗法障, 起慈善根. 聲聞自度, 但懺而已, 菩薩愍衆, 故須勸請. 請佛普雨, 必自他霑洽.]

(나) 석상(釋相)
(ㄱ) 청해야 할 대상을 거론

"온 법계 허공계에 있는 시방 삼세 모든 세계의 티끌 속마다 각각 말할 수 없이 말할 수 없는 세계의 티끌 수 같은 엄청난 세계가 있고, 낱낱 세계 안에서 잠깐잠깐마다 말할 수 없이 말할 수 없는 세계의 티끌 수 부처님들이 정각을 이루었고, 모든 보살 대중이 둘러앉아 있을 때,"

所有盡法界虛空界 十方三世一切佛刹極微塵中에 一一各有不可說不可說 佛刹極微塵數廣大佛刹하며 一一刹中에 念念有不可說不可說 佛刹極微塵數一切諸佛이 成等正覺하고 一切菩薩海會가 圍遶어든

(ㄴ) 청하는 방법을 바로 밝힘

"내가 몸과 말과 뜻으로 하는 가지가지 방편으로써 은근하게 법문 설해주기를 청하는 것이니라."

而我悉以身口意業의　種種方便으로　殷勤勸請轉妙法輪하나니

[소] 둘째는 (나) '행상을 해석하는' 부분인데, 문단이 둘로 나누어진다. "온 법계 허공계에" 이하는 첫째 (ㄱ) '청해야 할 대상을 거론하는' 부분이고, "내가 몸과 말과 뜻으로" 이하는 둘째 (ㄴ) '청하는 방법을 바로 밝히는' 부분이다.

[疏; ▲二釋相二. 所有下, 一擧所請境, 而我下, 二正明請法.]

㈐ 총결무진(總結無盡)

"이와 같이 하여 허공계가 끝나고 중생의 세계가 끝나고 중생의 업이 끝나고 중생의 번뇌가 끝나더라도, 나의 항상 모든 부처님께 법문 설해주시기를 청함은 끝나지 아니하고, 차례차례 계속하여 잠깐도 쉬지 아니하지마는 몸과 말과 뜻으로 하는 일은 조금도 고달프거나 만족하지 않느니라."

如是하야　虛空界盡하며　衆生界盡하며　衆生業盡하며　衆生煩惱盡하야도　我常勸請一切諸佛하야　轉正

法輪은 無有窮盡하야 念念相續하고 無有間斷하야 身語意業에 無有疲厭이니라.

[소] 셋째는 (다) '다함 없음을 총결'하는 부분이다.

[疏; ▲三總結無盡.]

⑦ 청불주세
　　(가) 첩명(牒名)

"또 선남자여, 부처님이 세상에 오래 계시기를 청한다는 것은,"

復次善男子여 言請佛住世者는

[소] 일곱째는 '청불주세'인데 문단이 셋으로 나누어지니 첫째는 (가) '이름을 첩하는' 부분이다. 즉 이는 '권청' 가운데 '별의(別意)'[188]이다.

[疏; ▲第七請佛住世三. 一牒名. 卽是勸請中別義.]

---

188 별의(別義); 개념이나 문장 속에 거기에만 따로 특별하게 존재하는 의미. 반대로, 공통으로 존재하는 의미를 지칭할 때는 '통의(通意)', 또는 '통의(通義)'라 함.

(나) 석상(釋相)

"온 법계 허공계에 있는 시방 삼세의 모든 세계의 티끌 수 부처님이 열반에 드시려 하거나, 모든 보살·성문·연각·벽지불의 배우는 이, 배울 것이 없는 이와 내지 선지식들에게 내가 모두 권하여 열반에 들지 말고 모든 세계의 티끌 수 겁을 지나도록 중생들을 이롭게 하라고 청하는 것이니라."

所有盡法界虛空界 十方三世一切佛刹極微塵數 諸佛如來가 將欲示現般涅槃者와 及諸菩薩과 聲聞緣覺인 有學無學과 乃至一切諸善知識을 我悉勸請하야 莫入涅槃하고 經於一切佛刹極微塵數劫하야 爲欲利樂一切衆生케호되

[소] 둘째는 (나) '행상을 해석하는' 부분이다. 표제에는 승설(勝說)을[189] 따라 다만 '여래에게'라 했지만, 해석에서는 통의(通意)를[190] 따라, 3승에게 모두 청한다.

---

189 승설(勝說); 승설자(勝說者)를 줄인 말로, 주장을 펴는 여러 사람 중에서 가장 뛰어난 사람을 지칭. 또는 그 사람의 주장.

[疏; ▲二釋相. 標從勝說, 但請如來. 釋從通意, 三乘皆請.]

㈐ 총결무진(總結無盡)

"이와 같이 하여 허공계가 끝나고 중생의 세계가 끝나고 중생의 업이 끝나고 중생의 번뇌가 끝나더라도 나의 권하여 청하는 일은 끝나지 아니하고, 차례차례 계속하여 잠깐도 쉬지 아니하지마는 몸과 말과 뜻으로 하는 일은 조금도 고달프거나 만족하지 않느니라."

如是하야 虛空界盡하며 衆生界盡하며 衆生業盡하며 衆生煩惱盡하야도 我此勸請은 無有窮盡하야 念念相續하고 無有間斷하야 身語意業에 無有疲厭이니라.

소 셋째는 (다) 다함 없음을 총결하는 부분이다.

---

190 통의(通意); 개념이나 문장 속에 '공통으로 존재하는 의미'. 반대는 '개별로 존재하는 의미'라는 뜻을 가진 '별의(別意)'. 위의 '승설(勝說)'이나 이곳의 '통의(通意)'는 모두 고증이나 논증에 사용되는 훈고의 전문 용어.

[疏: ▲三總結無盡.]

⑧ 상수불학

소 여덟째는 '상수불학'이다. 이하의 ⑧⑨⑩ 3대원은 모두 회향에 속하니, 앞의 둘은 '회향' 속에 들어있는 '별의(別義)'이다. 그래서 아래 게송 중에서 (=⑦청불주세의) 일곱째 행(行)까지를 마치고, 바로 '보개회향'을 표방한 것은[191] 이 둘(=⑧상수불학과 ⑨항순중생)을 수용하여 '⑩보개회향'으로 귀속시키려 했기 때문이다. 만약 따로 말하면, 즉 이는(=보개회향) 닦아야 할 대상인 자리행(自利行=⑧상수불학)과 이타행(利他行=⑨항순중생)의 본바탕[體]이며, 또한 이는 회향의 대상인 선근을 따로 말한 것이기도 하다.

[疏: 第八常隨佛學. 此下三段, 皆是廻向. 前二卽廻向中別義. 故下偈中, 第七行竟, 便標回向, 欲收此二, 屬回向故. 若別說者, 卽是所修, 二利行體. 亦是別說, 所回向善根.]

---

191 뒤에 나오는 ☛ 253쪽의 〈(아) 나머지 3대 행원을 함께 노래〉 부분을 참조할 것. 제7의 '청불주세행'까지만 게송을 따로 하고, 뒤의 3가지 행을 묶어서 하나의 '회향'으로 한 이유를 설명하는 대목.

II. 정종분 : 제1장. 두루 한 원인을 바로 보임

(가) 첩명(牒名)

"또 선남자여, 부처님을 따라 배우는 것은,"

復次善男子여 言常隨佛學者는

[소] 문단이 셋으로 나누어지는 데 첫째는 (가) '이름을 첩하는' 부분이다. 의미에 있어서는 모든 여러 부처님이 회향하신 것과 같으니, ('이타행'은 물론) 역시 '자리행'이기도 하다.

[疏; ▲文三. 一牒名. 義同等一切佛回向, 亦自利行.]

(나) 석상(釋相)
(ㄱ) 본사 배우기
(a) 배워야 할 대상 밝히기
1. 부처 되기 전의 원인 수행

"이 사바세계의 비로자나 부처님께서 처음 마음 낸 뒤부터 꾸준히 나아가고 물러가지 아니하면서, 말할 수 없이 말할 수 없는 몸과 목숨으로 보시하며, 살가죽을 벗겨 종이를 삼고 뼈를 꺾어 붓을 삼고 피를 뽑아 먹물을 삼아서, 경전을 쓰기를 수미산같이 하면서도 법을 소중하게 여기므로 목숨도 아끼지 아니하거

든, 하물며 임금의 자리나 도시나 시골이나 궁전이나 동산 따위의 가진 물건이랴. 그리고 가지가지 고행하던 일과"

> 如此娑婆世界毘盧遮那如來가 從初發心으로 精進不退하야 以不可說不可說身命으로 而爲布施하대 剝皮爲紙하고 析骨爲筆하며 刺血爲墨하야 書寫經典을 積如須彌하되 爲重法故로 不惜身命이온 何況王位와 城邑聚落과 宮殿園林과 一切所有이리오. 及餘種種難行苦行과

2. 부처 된 뒤의 결과 효용

"(내지는) 보리수 아래서 정각을 이루던 일이나, 가지가지 신통을 보이고, 여러 가지 변화를 일으키고 갖가지 몸을 나타내어 온갖 대중의 모인 곳에 계실 적에 혹은 보살 대중이 모인 도량이나, 혹은 성문·벽지불·대중이 모인 도량이나, 전륜성왕과 작은 왕이나 그 권속들이 모인 도량이나, 찰제리·바라문·장자·거사들이 모인 도량이나, 내지 하늘과 용과 8부 신중과 사람인 듯 아닌 듯한 것들이 모인 도량에

있으며, 이러한 여러 모임에서 원만한 음성으로 천둥소리처럼 그들의 욕망을 따라 중생을 성숙하던 일과 필경에 열반에 드시는"

乃至樹下에 成大菩提하여 示種種神通하며 起種種變化하야 現種種佛身하며 處種種衆會호대 或處一切諸大菩薩衆會道場하며 或處聲聞及辟支佛衆會道場하며 或處轉輪聖王小王眷屬衆會道場하며 或處刹利及婆羅門長者居士衆會道場하며 乃至或處天龍八部人非人等衆會道場하야 處於如是種種衆會호대 以圓滿音이 如大雷震으로 隨其樂欲하야 成熟衆生인 달하며 乃至示現入於涅槃하시난

△ 둘째는 (나) '행상을 해석하는' 부분인데, 첫째는 (ㄱ) '본사께서 하신 대로 배우기'이고, (둘째는 (ㄴ) 그 밖의 모든 부처님께서 하신 대로 배우기이다.) 첫째의 (ㄱ)에도 둘이 있는데 하나는 (a) '배워야 할 대상을 밝히는' 부분이고, (또 하나는 (b) '내가 배우는 것임을 설명하는' 부분이다.) ('배워야 할 대상을 밝히는' 부분에서), "이 사바세계의" 이하는 〈1. 인행(因行; 원인으로서의 수행)〉을 밝히는 것이고, "(내지는) 보리수 아래서" 이하는 〈2. 과용(果用; 수행한 결과로 얻은 작용)〉을 설명하는 부분이다.

[疏; ▲二釋相二. 一學本師二. 一明所學. 如此下, 一明因行. 乃至樹下, 二辨果用.]

      (b) 내가 배우는 것임을 설명

"(이와 같은) **온갖 일을 내가 모두 따라 배우며**,"

如是一切를 我皆隨學호대

     (ㄴ) 그 밖의 모든 부처님 배우기

"지금의 비로자나 부처님께와 같이 하며, 온 법계 허공계에 있는 시방 삼세 모든 세계와 티끌 속에 계시는 부처님들까지도 이렇게 하여, 잠깐 잠깐마다 내가 따라 배우는 것이다."

如今世尊毘盧遮那하며 如是盡法界虛空界十方三世 一切佛刹所有塵中의 一切如來도 皆亦如是하야 於念念中에 我皆隨學하니라.

[소] 둘째는 (ㄴ) '그 밖의 모든 부처님 따라 배우기' 부분이다.

[疏; ▲二例一切.]

㈐ 총결무진(總結無盡)

"이처럼 하여 허공계가 끝나고 중생의 세계가 끝나고 중생의 업이 끝나고 중생의 번뇌가 끝나더라도 나의 따라서 배우는 일은 끝나지 아니하고, 차례차례 계속하여 잠깐 잠깐도 쉬지 아니하지마는 몸과 말과 뜻으로 하는 일은 조금도 고달프거나 만족하지 않느니라."

如是하야 虛空界盡하고 衆生界盡하며 衆生業盡하고 衆生煩惱盡하야도 我此隨學은 無有窮盡하고 念念相續하며 無有間斷하야 身語意業에 無有疲厭이니라.

소 셋째는 (다) '다함 없음을 총결'하는 부분이다.

[疏; ▲三總結無盡.]

대방광불화엄경보현행원품소 1권 상

대방광불화엄경보현행원품소 1권 하

大方廣佛華嚴經普賢行願品疏

당나라 시대 카슈미르 출신
삼장 법사 반야 조칙을 받들어 번역
唐 罽賓國 三藏沙門 般若奉詔 譯

당나라 시대 태원부 대숭복사 사문
징관은 칙명으로 소를 씀
唐勅太原府大崇福寺沙門澄觀述疏

당나라 시대 카슈미르 출신

明秀水東禪寺嗣祖沙門明得挍正
명나라 시대 동선사 사조 사문 명득 교정

⑨ 항순중생

[소] 아홉째는 '항순중생'이다. 첫째는 (가) '이름을 첩하는' 부분이다.

[疏; ▲第九恒順衆生. 一牒名.]

(가) 첩명(牒名)

"또 선남자여, 중생의 뜻에 늘 따라준다는 것은,"
復次善男子여 言恒順衆生者는

[소] 말하자면 중생의 종류와 근성에 알맞게 이익을 주어 깨달음을 완성하게 하는 것이니, 즉, '이타행'이다. 둘째는 (나) '행상을 해석하는' 부분인데, 문단이 둘로 나누어진다. 첫째는 (ㄱ) '바로 밝히는' 부분이고, (둘째는 (ㄴ) '따져 묻는' 부분이다.)

[疏; ▲謂隨順衆生, 種類根性, 饒益成就, 卽利他行. ▲二釋相二. 一正明.]

(나) 석상(釋相)
(ㄱ) 바로 밝힘
(a) 따라줄 중생

"온 법계 허공계의 시방세계에 있는 중생들이 가지가지로 차별이 있느니라. 알로 나고 태로 나고 습기로 나고 화하여 나는 것들이 땅·물·불·바람 따위를 의지하여 살기도 하고, 허공을 의지하여 살기도 하고, 풀과 나무를 의지하여 살기도 하는데, 여러 가지 종류와 여러 가지 몸과 여러 가지 형상과 여러 가지 모양과 여러 가지 수명과 여러 가지 종족과 여러 가지 이름과 여러 가지 성질과 여러 가지 소견과 여러 가지 욕망과 여러 가지 위의와 여러 가지 의복과 여러 가지 음식으로, 여러 시골과 도시와 집에 사는 것들이며, 내지 하늘과 용과 8부 신중과, '사람인 듯 아닌 듯한 것들'이며, 발 없는 것, 두 발 가진 것, 네 개 발을 가진 것, 여러 발 가진 것이며, 육체 있는 것, 육체 없는 것, 생각 있는 것, 생각 없는 것, 생각 있는 것도 아니고 생각 없는 것도 아닌 것 따위를"

謂盡法界虛空界十方刹海 所有衆生이 種種差別하니 所謂卵生이며 胎生이며 濕生이며 化生이며 或有依 於地水火風하야 而生住者하며 或有依空과 及諸卉 木하야 而生住者하며 種種生類와 種種色身과 種種 形狀과 種種相貌와 種種壽量과 種種族類와 種種名

號와 種種心性과 種種知見과 種種欲樂와 種種意行과 種種威儀와 種種衣服과 種種飮食으로 處於種種村營聚落城邑宮殿하며 乃至一切天龍八部人非人等과 無足二足과 四足多足과 有色無色과 有想無想과 非有想非無想인

(b) 따라 주는 내용을 바로 밝힘

"(연 등의 중생들을) 내가 모두 따라주면서, 가지가지로 섬기고 가지가지로 공양하기를 부모같이 공경하고 스승같이 받들며, 아라한이나 부처님이나 다름없이 하며, 병난 이에게는 의원이 되고, 길을 잃은 이에게는 바른길을 보여주고, 캄캄한 밤에는 빛이 되고, 가난한 이에게는 숨은 보배 광을 얻게 하면서,[192] 보살이 이렇게 중생들을 평등하게 이롭게 하느니라."

如是等類를 我皆於彼에 隨順而轉하며 種種承事하며 種種供養호대 如敬父母하며 如奉師長及阿羅漢인달하며 乃至如來로 等無有異하며 於諸病苦에 爲

---

192 국내 사찰의 공양의례의 일종인 〈상주권공(常住勸供)〉, 즉 사시 마지 불공의 〈청사〉에도 활용되는 귀에 익은 대목이다.

作良醫하며 於失道者에 示其正路하며 於暗夜中에 爲作光明하며 於貧窮者에 令得伏藏하야 菩薩이 如是平等饒益一切衆生하나니

소 "온 법계 허공계의" 이하는 첫째로 (a) '수순해야 할 대상으로서의 중생'이고, "(이런 등의 중생들을) 내가 모두 따라주면서" 이하는 둘째로 (b) '수순을 바로 밝히는' 분이다. 4생과 9류와 관련한 의미는 〈브구호일체중생 위덕길상 주야신(普救護一切衆生 威德吉祥 主夜神)〉대목[193]에서 보았다.

[疏; 謂盡下, 一所順衆生. 如是等類下, 二正明隨順. 四生九類, 義見普救夜神.]

(ㄴ) 따져 물음
(a) 부처님을 기쁘게 하려고

"(무슨 이유로 그렇게 해야 하는가?) **보살이 중생을 따라**

---

[193] 선재동자가 35번째로 만난 선지식과의 대화 중 4생과 9류가 등장한다. 자세한 내용은 『운허80화엄』〈三五, 중생을 널리 구호하는 묘한 덕 밤 맡은 신을 찾다〉(하-책, 553상)과, 역시 『운허40화엄』〈四三, 보구호일체중생 위덕길상 밤차지 신을 찾다〉(280상) 참조.

주는 것은 부처님에게 순종하여 공양함이 되고, 중생을 존중하며 섬기는 것은 부처님을 존중하고 섬김이 되며, 중생들을 기쁘게 하는 것은 부처님을 기쁘게 함이 되느니라."

何以故오 菩薩이 若能隨順衆生하면 則爲隨順供養諸佛이며 若於衆生에 尊重承事하면 則爲尊重承事如來이며 若令衆生으로 生歡喜者면 則令一切如來로 歡喜니

[소] 둘째는 (ㄴ) '따져 묻는' 부분인데 문단이 둘로 나누어진다. 첫째는 (a) '부처님을 기쁘게 하는' 부분이고, (둘째는 (b) '대비심을 늘리려는' 부분이다.)

('부처님을 기쁘게 하는' 부분에) 의미를 따져 물은 것이니 '다만 응당 부처님만을 수순하면 됐지, 중생을 수순할 필요가 있겠느냐?'는 뜻이고, 의미적으로 풀어보면 즉, '만약 중생을 수순하면 즉 부처님을 수순하는 것이며 중생을 수순하지 않으면 부처님이 기뻐하시지 않는다'가 된다.

[疏; ▲二徵釋二. 一令佛喜. 徵意云, 但應順佛, 何要順生. 釋意云, 若順衆生, 則爲順佛, 若不順生, 佛不歡喜.]

(b) 대비심을 늘리려고

①따져 묻기[徵]

"왜냐하면"

何以故오.

[소] 둘째는 (b) '대비심을 늘리려는' 부분인데, 문단이 둘로 나누어진다. 첫째는 ① '따져 묻기'이고, (둘째는 ② '답변하기'이다.)

첫째 '따져 묻기[徵]'인데, 의미로 말해보면 '중생과 부처님이 현격한데 어떻게 중생을 수순하는 것으로 여러 부처님을 기쁘게 할 수 있냐?'는 것이다.

[疏; ▲二增大悲二. 一徵. 意云, 生佛懸隔, 何以順生, 諸佛歡喜.]

②답변하기[釋]

[소] 둘째는 '답변하기[釋]'인데, 의미로 말해보면 '부처님은 대비심으로 바탕성품[體性]을 삼으시니, 만약 중생을 수순하지 않으면 부처님의 바탕에 합치하지 못한다'고 할 수 있다. 이 부분의 문단은 셋으로 나누어진다.

[疏; ▲二釋. 意云, 佛以大悲, 而爲體性, 若不順生, 不合佛體. ▲文三.]

◎ 첫째 : 주장을 말하기[法說]

"부처님은 자비한 마음[194]으로 성품을 삼으시므로, 중생으로 인하여 자비심을 일으키고, 자비로 인하여 보리심[195]을 내고, 보리심으로 인하여 정각을 이루기 때문이니라."

諸佛如來는 以大悲心으로 而爲體故로 因於衆生하야 而起大悲하고 因於大悲하야 生菩提心하고 因菩提心하야 成等正覺하나니

[소] 첫째는 '법설(法說; 주장을 말하기)'이다. 즉 동체대

---

194 자비한 마음; 중생들과 함께하는 마음, 즉 동체대비(同體大悲).
195 보리심(菩提心); 위로는 보리를 구하고, 아래로는 중생을 교화하려는 마음. 이 마음의 내용은 "중생은 모두 다 제도하리라, 번뇌는 모두 다 끊으리라, 법문은 모두 다 배우리라, 불도는 모두 다 증득하리라"는 4홍서원이다. 보살은 광대한 자리(自利)·이타(利他)의 서원을 세우고, 3아승기 100대겁 동안 6바라밀 등의 행을 닦으면 불과(佛果)를 얻는다고 한다.

비를 표방해 보이는 것이다. 그러므로「여래출현품 제37」에서 이르기를, "여래께서 정각을 이루실 때, 일체 중생들이 정각 이루는 것을 두루 보시고, 나아가 일체 중생이 열반에 들어감에 이르기까지를 두루 보신다. 모두 다 같은 성품이기 때문이다"[196]고 했다. 중생이란 모두 자성이 없는 것임을 알기 때문에, 대비가 계속 이어져 일체를 구하는 것이다.

[疏; 一法說. 卽標示同體大悲, 故出現品云, 如來成正覺時, 普見一切衆生成正覺, 乃至普見一切衆生入涅槃, 皆同一性. 以了衆生, 皆無性故, 大悲相續, 救護一切.]

◎ 둘째 : 비유로 밝히기[喩明]

"마치 넓은 벌판 모래 사장에 서 있는 나무가 뿌리에 물을 만나면 가지와 잎과 꽃과 열매가 모두 무성하나니,"

譬如曠野沙磧之中에 有大樹王커든 若根得水하면
枝葉華果가 悉皆繁茂인달하니

[소] 둘째는 '유명(喩明; 비유로 밝히기)'이다. 삶과 죽음

---

[196]『80화엄』「여래출현품 제37」(대정장10, 275상).

이 서로 멀리 떨어져서 의지할 데가 없으므로 '광야'라고 이름했고, 선근을 자라게 하지 못하는 것을 '사막'에 비유하였다. 그러나 부처님께서 일러주시는 '깨달음 관련 가르침'은 마치 큰 나무왕 같고, '지혜'와 '선정'은 가지와 잎과 같다. 보살이 (그것들에) 의지하여 배우는 것을 꽃에 견주었다. 여러 부처님께서 이것 증득하시는 것을 열매라고 지목했다. 일체중생을 뿌리로 삼고 대자비를 물로 삼으시니, 물로 나무의 뿌리를 도우면 꽃과 열매가 번성하고, 자비로 온갖 부류 중생을 불쌍히 여기면 '결과적으로 부처 되는 원인'을 이룬다. (셋째. 주장과 비유를) 합하는 문장은 (아래에) 갖추어져 있다.

[疏; ▲二喩明. 生死懸絶, 逈無所依, 名爲曠野. 不生善根, 喩以沙磧, 佛菩提法, 如大樹王. 智慧禪定, 猶如枝葉, 菩薩依學, 況之以華. 諸佛證此, 目之爲果, 一切衆生, 以爲其根, 以大慈悲, 而爲其水. 水滋樹根, 葉果繁茂, 悲念萬類, 成佛果因. 合文備矣.]

◎ 셋째 : 주장과 비유의 결합[法合]

"나고 죽는 광야의 보리수도 그와 같아서 중생들은 뿌리가 되고, 부처님과 보살들은 꽃과 열매가 되어, 자비의 물로 중생들을 이롭게 하면, 부처님과 보살의 지혜 꽃과 지혜 열매를 성취하느니라."

生死曠野의 菩提樹王도 亦復如是하야 一切衆生으로 而爲樹根하고 諸佛菩薩로 而爲華果하니 以大悲水로 饒益衆生하면 則能成就諸佛菩薩智慧華果니라.

"그 까닭은 보살들이 자비의 물로 중생들을 이롭게 하면 아누다라삼먁삼보리를 성취하는 연고니라."

何以故오 若諸菩薩이 以大悲水로 饒益衆生하면 則能成就阿耨多羅三藐三菩提故니라.

"그러므로, 보리는 중생에게 딸리었으니 중생이 없으면 모든 보살이 정각을 이루지 못하느니라."

是故로 菩提는 屬於衆生이니 若無衆生이면 一切菩薩이 終不能成無上正覺하니라.

"선남자여, 그대는 이 이치를 이렇게 알아라. 중생에게 마음이 평등하므로 원만한 자비를 성취하고, 자비심으로 중생들을 따라 줌으로, 부처님께 공양함을 성취하는 것이라고."

善男子여 汝於此義에 應如是解하라 以於衆生에 心平等故로 則能成就圓滿大悲하고 以大悲心으로 隨衆生故로 則能成就供養如來하나니라.

[소] 셋째는 '법합(法合; 주장과 비유 합하기)'[197]이다. "나고 죽는 광야의" 이하는 첫째로 '주장[法]을 (비유와) 동류로 합하기[正合]'이고, "이것은 무슨 까닭인가?" 이하는 둘째로 '거듭 따져 묻고 풀이하기[徵釋]'이고, "그러므로 깨달음은" 이하는 셋째 '반대로 결론 맺기[反結]'이고, "선남자여" 이하는 넷째 '맺어 보여 알게 하기[結]'이다.

[疏: ▲三法合. 生死下, 一正合法. 何以故下, 二重徵

---

197 법합(法合); 불교 인명논리의 5지작법(五支作法)에서, 주장을 ①'종(宗)' 또는 '법(法)'이라 하고, 주장의 정당성을 입증하는 근거를 ②'인(因)'이라 하고, 대전제에 해당하는 자타가 공유할 수 있는 경험적 사례를 ③'유(喩)'라 하고, 대전제에서 사용한 '유'가 지금 주장하는 '종'과 같게[正合] 또는 다르게[反合] 합치함을 밝히는 것을 ④'합(合)'이라 하고, 이런 논증 과정을 거쳐 앞에서 주장한 '종(宗)'이 참인 명제임을 입론자와 대론자가 함께 공유하는 것을 ⑤'결(結)'이라 한다. 경우에 따라 상대의 이해를 돕기 위해 '합(合)'과 '결(結)' 사이에 '질문[徵]-대답[釋]'을 넣기도 하고, 또 '모순 추론[反結; 서양 논리학의 귀류논증]'을 넣기도 한다. 불교 논리는 존재의 규명보다 바른 지식의 도달에 주력한다.

II. 정종분 : 제1장. 두루 한 원인을 바로 보임   217

釋. 是故下, 三反結成. 善男子下, 四結示令知.]

(다) 총결무진(總結無盡)

"보살이 이렇게 중생을 따라 줄 적에 허공계가 끝나고 중생의 세계가 끝나고 중생의 업이 끝나고 중생의 번뇌가 끝나더라도 나의 중생을 따라주는 일은 끝나지 아니하고, 차례차례 계속하고 잠깐도 쉬지 아니하지마는, 몸과 말과 뜻으로 하는 일은 조금도 고달프거나 만족하지 않느니라."

菩薩이 如是隨順衆生호대 虛空界盡하며 衆生界盡하며 衆生業盡하고 衆生煩惱盡하야도 我此隨順은 無有窮盡하야 念念相續하고 無有間斷하야 身語意業에 無有疲厭이니라.

소 셋째 (다) '다함 없음을 총결'하는 부분이다.

[疏; ▲三總結無盡.]

⑩ 보개회향
(가) 첩명(牒名)

"또 선남자여, 모두 회향한다는 것은,"

復次 善男子여 言普皆廻向者는

소 열째는 '보개회향'인데 문단이 셋으로 나누어진다. 첫째는 (가) '이름을 첩하는' 부분이다. '회(廻)'는 돌린다는 뜻이고, '향(向)'은 향하여 나아간다는 뜻이다. 자기가 닦은 선을 되돌려 3처(處)로 회향하는 것이니, '실제(=진여, 또는 법계, 또는 실상)'와 '보리'와 '중생'을 말한다. '협소함'과 '하열함'이라는 장애를[198] 제거하여 넓고 큰 선을 내는 것이다.

[疏; ▲第十普皆回向三. 一牒名. 廻謂廻轉, 向謂趣向. 回己修善, 向於三處, 謂實際菩提及與衆生. 除狹劣障, 生廣大善.]

(나) 석상(釋相)
(ㄱ) 회향할 내용

"처음 예경으로부터 중생을 따라 주는 모든 공덕을"

從初禮拜로 乃至隨順히 所有功德을

---

198 협소함과 하열함이라는 장애; 장애이기는 장애인데 '협소함'과 '하열함' 자체가 장애. 지업석(持業釋)으로 번역함.

Ⅱ. 정종분 : 제1장. 두루 한 원인을 바로 보임 219

소 둘째는 (나) '행상을 설명하는' 부분인데 두 문단으로 누어진다. 첫째 (ㄱ) '회향할 선근의 내용'을 밝히는 부분이고, (둘째는 (ㄴ) '회향을 바로 밝히는' 부분이다.) 첫째는 '회향할 선근'을 밝히는 부분이니, 즉 이전에 행한 아홉 종의 행원을 말한다.

[疏: ▲二釋相二. 一明所回善根, 即前九門.]

(ㄴ) 회향을 바로 밝힘

소 둘째는 (ㄴ) '회향을 바로 밝히는' 부분이다. 이곳에서는 '중생에게로 회향함'을 바로 밝혔으니, (중생에게) 보리를 성취하게 하니 즉 '보리로 회향함'이다. (그리고) "온 법계"는 '실제'와 뜻이 같다. 이 셋을 필요로 하는 이유는, 무릇 보살은 반드시 대비로써 아래로 ('중생'을) 교화하고, 큰 지혜로 위로 ('보리'를) 구하되, 중생이니 보리이니 하는 티[相]를 여의어야 한다. 또 이 셋은 그것들끼리 반드시 서로 도우니, 하나가 곧 셋을 갖추어야 그 하나가 제대로 된 하나이다.

말하자면 '실제[實相; 진여, 또는 법계]'를 증득하려면 반드시 '중생'에게 향해야 하니, 중생을 교화하여 자리를 완성해야만 '장애를 끊어 진실을 증득하기' 때문이며, 또한 '보리'로 향해야 하니, 속히 보리를 증득하여 일체

지를 갖추어야만 두 가지 장애를[199] 떠나 마침내 '실제'를 완전히 증득하기 때문이다. 차례로 생각해 보면 알 수 있다. (이하) 문단이 (a)와 (b) 둘로 나누어진다.

[疏; ▲二正明回向. 此中正明回向衆生, 令成菩提, 卽向菩提. 盡於法界, 義同實際. 所以要此三者, 凡是菩薩, 必大悲下化, 大智上求, 而離衆生及菩提相. 又此三者, 其必相資. 一卽具三, 方成其一. 謂證實相, 須向衆生, 以化衆生, 成其自利, 斷障證眞故. 亦向菩提, 速證菩提, 具一切智, 斷於二障, 方窮實際故. 餘二準思. 更以類取, 略有十意. 謂依三法故, 滅三道故, 淨三聚故, 顯三佛性故, 成三寶, 會三身, 具三德, 得三菩提, 證三涅槃, 安住三種秘密藏故. 言三法者, 卽體相用, 亦三般若. 謂向實際者, 依於體法, 向菩提者, 依於相法, 向衆生者, 依於用法. 餘九三法, 次第準知. ▲文二.]

(a) 고통 떠나 보리 성취

"온 법계 허공계의 온갖 중생에게 회향해서, 중생들이 항상 편안하여 병이나 고통이 없기를 원하며, 나쁜 짓을 하려는 것은 모두 성취되지 않고 선한 일은

---

199 두 가지 장애; 바로 앞의 각주에서 말한 '협소함'과 '하열함'이라는 두 장애. 혹, 번뇌장과 소지장인가?

빨리 성취되며, 온갖 나쁜 갈래의 문은 닫아버리고 인간이나 천상이나 열반에 이르는 길은 열어 보이며,"

皆悉廻向盡法界虛空界一切衆生호대 願令衆生으로 常得安樂케하야 無諸病苦하며 欲行惡法은 皆悉不成하고 所修善業은 皆速成就하며 關閉一切諸惡趣門하고 開示人天涅槃正路하며

소 첫째는 (a) (중생들이) '고통을 떨쳐내어 선근을 완성하고 나아가 열반에 이르기를 원하는' 부분이다.

[疏; ▲一願離苦成善, 乃至涅槃.]

(b) 대신 고통 받기

"중생들이 이미 지은 나쁜 업으로 말미암아 받게 되는 모든 고통은 내가 대신하여 받고, 그 중생들은 모두 해탈을 얻으며 필경에는 위 없는 보리를 성취하기를 원하는 것이니라."

若諸衆生이 因其積集諸惡業故로 所感一切極重苦果를 我皆代受하야 令彼衆生으로 悉得解脫하야 究竟成就無上菩提케하나니

소 둘째는 (b) '괴로움을 대신하려는 마음 일으키는' 부분이다.

괴로움은 (제가 지은) 업 때문에 생기는 것인데, 어찌 (남이) 대신할 수 있는가? 간략하게 일곱 가지 뜻이 있다.

(1)첫째는 (중생의 고통을 대신하겠다는) 연민을 일으키되 심정적으로만 그러는 것으로, 자신은 범부의 경계에 처해있기 때문에 현실적으로는 불가능하고, (2)둘째는 (중생을 대신해서) 모든 고행을 닦으면 후에 능히 그 중생에게 증상연(增上緣)이 되니 즉, 대신한다고 할 수 있겠고, (3)셋째는 (일부러) 번뇌를 남겨 세상살이 속으로 들어와 고통의 몸을 받으면서 중생들에게 설법하여 악을 짓지 않게 하면, (그 중생이 고통받을) 원인을 안 만들어 받을 과보가 없어지니 즉, 대신한다고 할 수 있겠고, (4)넷째는 만약 중생이 무간지옥에 떨어질 업을 지어서 장차 큰 괴로움을 받을 것임을 알고는, 별다른 방법이 없자 그를 죽여 자신은 지옥에 떨어져 그를 괴로움에서 벗어나게 하니 즉, 대신한다고 할 수 있겠고, (5)다섯째는 '초발심' 하기를 언제나 3악도에 태어나 살기도 하고 심지어는 기근 드는 세상에 큰 물고기 몸을 받아(그들의 먹이가 되어주니) 즉, 대신한다고 할 수 있겠고, (6)여섯째는 큰 서원이나 괴로움이나 모두 '참이라

는 본성[眞性]'임에는 다 같으니, 이제 '참'에 딱 붙은 큰 서원으로 '참'에 딱 붙은 괴로움 속으로 잠겨 들어가는 것이며, (7)일곱째는 법계를 몸으로 삼아 나와 남이 다르지 않아 중생의 고통을 대신 받으니, (이상의 일곱 경우로 대신하는 사람이) 곧 보살이다.

위의 일곱 가지 뜻 중에서 (1)은 심정적으로 그러는 것이고, 다음의 (2)와 (3)은 '보조원인[緣]'이 되어주는 것이고, 그다음의 (4)와 (5)는 실제로 대신하는 것이고, 뒤의 (6)과 (7)은 이치로써 관찰하는 것이다. 그런데 '보조원인[緣]'이 있어야 비로소 (중생의 고통을) 대신할 수 있어서 (경의 본문에서는 사례를) 그렇게 들었다.

[疏; ▲二發心代苦. 苦由業生, 何能代之. 略有七意, 一起悲意樂, 自居凡境, 事未必能. 二修諸苦行, 後能與物, 爲增上緣, 卽名爲代. 三留惑潤生, 受有苦身, 爲物說法, 令不造惡, 因亡果喪, 卽名爲代. 四若見衆生, 造無間業, 當受大苦, 無異方便, 要須斷命, 自墮地獄, 令彼脫苦, 卽名爲代. 五由初發心, 常處惡趣, 乃至饑世, 身爲大魚, 卽名爲代. 六大願與苦, 皆同眞性, 今以卽眞之大願, 潛至卽眞之苦. 七法界爲身, 自他無異, 衆生受苦, 卽是菩薩. 上七義中, 初唯意樂, 次二爲緣, 次二實代, 後二理觀. 然約有緣, 方能代爾.]

㈐ 총결무진(總結無盡)

"보살이 이렇게 회향하는 일은 허공계가 끝나고 중생의 세계가 끝나고 중생의 업이 끝나고 중생의 번뇌가 끝나더라도 나의 회향은 끝나지 아니하고, 차례차례 계속하여 잠깐도 쉬지 아니하지마는 몸과 말과 뜻으로 하는 일은 조금도 고달프거나 만족하지 않느니라."

菩薩이 如是所修廻向을 虛空界盡하며 衆生界盡하며 衆生業盡하며 衆生煩惱盡하야도 我此廻向은 無有窮盡하야 念念相續하고 無有間斷하야 身語意業에 無有疲厭이니라.

[소] 셋째는 (다) '다함 없음을 총결'하는 부분이다.

[疏; ▲三總結無盡.]

4) 이익을 맺어 알게 함

"선남자여, 이것이 보살마하살의 열 가지의 큰 서원이 구족하게 원만하는 것이니라. 만일 보살들이 이 서원을 따라 나아가면 모든 중생을 성숙하고, 아누다라삼먁삼보리를 순종하고, 보현보살의 수행과 원력바다를 원만하게 이루리라. 그러므로, 선남자여, 그대는 이 이치를 이렇게 알아야 하느니라."

善男子여 是爲菩薩摩訶薩의 十種大願이 具足圓滿이니 若諸菩薩이 於此大願에 隨順趣入하면 則能成熟一切衆生이며 則能隨順阿耨多羅三藐三菩提이며 則能成滿普賢菩薩의 諸行願海이니 是故로 善男子여 汝於此義에 應如是知니라.

疏 넷째는 '이익을 맺어 알게 하는' 부분이다.

[疏; ▲四結益令知.]

제2장. 경전의 뛰어난 공덕을 드러냄

〈표2〉 본문의 과목표 : 밑줄 친 부분이 현재 설명하는 부분

제1장. 두루 한 원인을 바로 보임[正示普因]
제2장. <u>경전의 뛰어난 공덕을 드러냄[顯經勝德]</u>
　　1) 경전 듣는 공덕 비교
　　2) 그 밖의 공덕과 비교
제3장. 끝맺으며 수지독송을 권함[結勸受持]
제4장. 게송으로 거듭 말씀하심[偈頌]
제5장. 잘했다고 칭찬하여 설법을 맺음[結說讚善]

1) 경전 듣는 공덕과 비교

"만일 선남자나 선여인이 시방에 있는 한량없고 끝이 없는 말 할 수 없이 말할 수 없는 세계의 티끌 수 세계에 훌륭한 7보를 가득히 채우고, 또 천상·인간의 가장 좋은 안락으로써 저러한 모든 세계의 중생들에게 보시하고, 저러한 모든 세계의 부처님과 보살들께 공양하기를, 저러한 세계의 티끌 수 겁을 지나도록 계속하여 끊이지 아니한 공덕과 또 어떤 사람이 이 열 가지 원을 한 번만 들은 공덕을 비교하면, 앞의

II. 정종분 : 제2장. 경전의 뛰어난 공덕을 드러냄

공덕은 백분의 일에도 미치지 못하고, 천분의 일에도 미치지 못하고, 내지 우바니시타분의 일에도 미치지 못하느니라."

若有善男子善女人이 以滿十方無量無邊 不可說不可說 佛刹極微塵數 一切世界上妙七寶와 及諸人天最勝安樂으로 布施爾所一切世界所有衆生하며 供養爾所一切世界諸佛菩薩호대 經爾所佛刹極微塵數劫토록 相續不斷한 所得功德과 若復有人하야 聞此願王一經於耳한 所有功德으로 比前功德컨댄 百分에 不及一이며 千分에 不及一이며 乃至 優波尼沙陀分에도 亦不及一이니라.

△ 둘째. '경전의 뛰어난 공덕을 드러내는' 부분인데, 문단이 둘로 나누어진다. 첫째는 1) '경전 듣는 공덕을 비교하여 따지는' 부분이고, (둘째는 2) '여타의 수행 공덕을 드러내는' 부분이다.)

[疏; ▲二顯經勝德分二. 一挍量聞經德.]

2) 그 밖의 공덕과 비교
(1) 법행 밝혀 공덕 드러내기

"또 어떤 사람이 깊은 신심으로 이 열 가지 원을 받아 지니거나 읽거나 외우거나 '내지' 한 게송만이라도 쓴다면,"

或復有人하야 以深信心으로 於此大願을 受持讀誦커나 乃至書寫一四句偈하면

"능히 다섯 가지 무간지옥에 떨어질 업도[200] 빨리 사라지고 이 세간에서 받을 몸의 병이나 마음의 고통이나 여러 가지 시끄러움과 내지 세계의 티끌 수 같은 모든 나쁜 업이 모두 소멸될 것이며, 온갖 마군이나 야차나 나찰이나 구반다나 비사차나, 부단나 따위로서, 피를 마시고 살을 먹는 나쁜 귀신들이 모두 멀

---

200 무간업(無間業); 무간지옥에 떨어질 업인(業因). 5역죄를 말한다. 즉 (1)소승 5역은 ①살부(殺父), ②살모(殺母), ③살아라한(殺阿羅漢), ④파화합승(破和合僧), ⑤출불신혈(出佛身血)이다. (2)대승 5역은 ①탑·사(塔·寺)를 파괴하고 경상(經像; 불경 또는 불상)을 불사르고, 3보의 재물을 훔침. ②3승법(三乘法)을 비방하고 성교(聖敎)를 얕봄. ③ 스님네를 욕하고 부림. ④소승의 5역죄를 범함. ⑤인과의 도리를 믿지 않고, 악구(惡口)·사음(邪淫) 등 10불선업(不善業)을 짓는 것.

리 떠나거나, 혹은 좋은 마음을 내어 가까이 수호하리라."

速能除滅五無間業하며 所有世間身心等病과 種種苦惱와 乃至佛刹極微塵數 一切惡業이 皆得消除하며 一切魔軍과 夜叉羅刹과 若鳩槃茶와 若毘舍闍와 若部多等의 飮血噉肉하는 諸惡鬼神이 皆悉遠離하며 或時發心하야 親近守護하리라.

소 둘째는 2) '그 밖의 공덕과 비교하는' 부분인데 문단이 둘로 나누어진다. 첫째는 (1) '법행(法行; 여법한 수행)을 총체로 밝혀 공덕을 간략히 말하는' 부분이고, (둘째는 (2) '하나의 수행만 언급하여 온갖 공덕을 널리 드러내는' 부분이다.)

첫째는 '법행을 총체로 밝히고 공덕을 간략히 말하는' 부분이다. "또 어떤 사람이" 이하는 법행을 총체로 밝히는 것인데, 모두 10가지 행이 있다. (1)첫째는 쓰고 베끼는 것, (2)둘째는 공양하는 것, (3)셋째는 전하고 전한 것을 또 전해주는 것, (4)넷째는 듣는 것, (5)다섯째는 펼쳐 읽는 것, (6)여섯째는 받아 지니는 것, (7)일곱째는 열어 보이는 것, (8)여덟째는 읽고 외우는 것, (9)아홉째는 사유하는 것, (10)열째는 닦아 익히는 것이다.

지금은 다만 네 사례만 있으니, 첫째 받아 지니는 것, 둘째 읽는 것, 셋째 외우는 것, 넷째 쓰고 베끼는 것이다. 앞의 듣는 것과 겸하면 오직 다섯 종류의 수행만을 든 것인데, "내지"라는 두 글자가 나머지의 뜻을 포함한다.

"능히 다섯 가지" 이하는 공덕을 간략하게 말한 부분인데, 오직 악업에서 벗어나는 것만 말했으니, 역시 '현세에 받는 업보[現報]'이다.

[疏; ▲二顯餘衆行德二. 一總明法行, 略說功德. 或復下, 總明法行也. 總有十種, 一書寫, 二供養, 三轉施, 四聽聞, 五披讀, 六受持, 七開示, 八諷誦, 九思惟, 十修習. 今但有四, 謂一受持. 二讀, 三誦, 四書寫, 兼前聽聞. 唯擧五行, 乃至二字, 義攝所餘. 速能下, 略說功德也. 唯說離惡, 亦卽現報.]

(2) 하나를 들어 뭇 덕을 드러냄
 ① 하나의 수행만 언급

"그러므로, 이 원을 외우는 사람은"

是故로 若人誦此願者가

소 둘째는 (수행법 중 외우는[誦] 수행법) '하나만의 외우는 수행을 언급하여 온갖 공덕을 널리 드러내는' 부분이다. 두 문단으로 나누어지니 첫째는 '하나의 수행만 언급하는' 부분이고, (둘째는 '공덕을 널리 드러내는' 부분이다.)

첫째는 '하나의 수행만 언급하는' 부분인데, 하나의 수행만 언급하여 나머지를 그것에 준하게 했다.

[疏: ▲二偏擧一行, 廣顯衆德二. 一擧一行. 擧一例餘也.]

② 공덕을 널리 드러냄

소 둘째는 '공덕을 널리 드러내는' 부분이다. 많은 뛰어난 공덕이 있지만 '다섯 업과'를 벗어나지 않는다. 문단이 셋으로 나누어지니, 첫째는 (가) '다섯 업과를 통으로 밝히는 부분'이고, (둘째는 (나) '정토의 업과만 따로 밝히는' 부분이고, 셋째는 (다) '끝내는 성불함을 노래하는' 부분이다.)

[疏: ▲二廣辯德. 具多勝德, 不出五果. 文三]

(가) 다섯 업과를 통으로 밝힘

"어떠한 세간에 다니더라도 허공의 달이 구름에서

벗어나듯이 장애가 없을 것이며, 부처님과 보살들이 칭찬하고 천상 사람과 세상 사람이 모두 예경하고 중생들이 모두 공양할 것이니라."

行於世間호대 無有障碍홈이 如空中月이 出於雲翳인달하야 諸佛菩薩之所稱讚이며 一切人天이 皆應禮敬하고 一切衆生이 悉應供養하리니

"이 선남자는 항상 사람의 몸을 얻어 보현보살의 공덕을 원만하고, 오래지 아니하여 보현보살처럼 미묘한 몸을 성취하여 서른두 가지 어른다운 몸매를 갖출 것이며,"

此善男子는 善得人身하야 圓滿普賢所有功德하고 不久에 當如普賢菩薩하야 速得成就微妙色身하며 具三十二大丈夫相하니

"천상에나 인간에 나면 항상 으뜸 되는 가문에 있을 것이요,"

若生人天하면 所在之處에 常居勝族하야

"나쁜 갈래는 모두 깨뜨리고, 나쁜 동무는 모두 멀리 여의고, 외도들을 항복 받고"

悉能破壞一切惡趣하며 悉能遠離一切惡友하며 悉能制伏一切外道하며

"모든 번뇌는 모두 해탈하여, 마치 사자가 모든 짐승을 굴복하듯 할 것이며, 모든 중생의 공양을 받으리라."

悉能解脫一切煩惱호대 如師子王이 摧伏群獸인달하야 堪受一切衆生供養하리라.

△ 첫째 '다섯 업과를[五果][201] 통으로 밝힘' 부분이다. 문단이 다섯으로 나누어진다.

"어떠한 세간에 다니더라도" 이하는 증상과(增上果)이니 증상의 작용이 있기 때문이다. "이 선남자는" 이하는 등류과(等流果)이니 역시 보현의 공덕행을 만족하기 때문이다. "천상이나 인간에 태어나면" 이하는 이숙과(異熟果)이니 원인을 올라타[乘] 업과를 받기 때문이다.

---

[201] 설일체유부의 '6인(因) · 4연(緣) · 5과(果)설' 중에서 청량국사는 '다섯 업과[5相]'로 본문을 주석.

"나쁜 갈래는 모두 깨뜨리고" 이하는 사용과(士用果)이니 보살의 작용을 제대로 갖추기 때문이다. "모든 번뇌는 모두 해탈하여" 이하는 이계과(離繫果)이니 여덟 단계의 모습으로 불도를 완성하여 번뇌를 떨쳐버리기 때문이다.

[疏; ▲一通明五果. 文分五段. 行於下, 一增上果, 有增上用故. 此善男子下, 等流果, 亦滿普賢功德行故. 若生人天下, 異熟果, 乘因感果故. 悉能破壞下, 四士用果, 有善菩薩用故. 悉能解脫下, 疏離繫果, 八支聖道, 滅煩惱故.]

(나) 정토의 업과만 따로 밝힘

[소] 둘째는 (나) '정토의 업과만 따로 밝히는' 부분이다. 문단이 둘로 나누어진다. (첫째는 (ㄱ) '법의 효능을 드러내는' 부분이고, 둘째는 (ㄴ) '뛰어난 결과만 따로 밝히는' 부분이다.)

[疏; ▲二別明淨土果二.]

(ㄱ) 법의 효능을 드러냄

"또 이 사람이 목숨을 마치려는 마지막 찰나에, 온갖 기관은 모두 무너지고 친척들은 모두 떠나게 되고 모든 세력은 모두 잃어져서, 정승이나 대관이나 궁전·코끼리·말·수레·보배나 숨은 광들이 하나도 따라오지 않더라도 이 열 가지 원은 서로 떠나지 아니하고, 어느 때에나 앞길을 인도하여 잠깐 사이에 극락세계에 가서 나게 하리라."

又復是人이 臨命終時最後刹那에 一切諸根은 悉皆散壞하고 一切親屬은 悉皆捨離하며 一切威勢는 悉皆退失하고 輔相大臣과 宮城內外와 象馬車乘과 珍寶伏藏如是一切는 無復相隨호대 唯此願王은 不相捨離하야 於一切時에 引導其前하야 一刹那中에 卽得往生極樂世界케하며

[소] 첫째는 (ㄱ) '법의 공능을 드러내는' 부분이다. 말하자면 업과가 끝나서 목숨을 잃으면 일체가 따르지 않지만, 오직 이 서원왕만은 (그 사람을) 정토로 이끌어 왕생하게 하니, 『무상경』에서[202] "권속들은 모두 다 떠나가고, 재화는 그들 멋대로 가져가지만, 다간 자신의 선근만은 지니고 있어 험한 길에서 식량이 된다"고 한 것과 같다.

---

202 唐 義靜 譯, 『佛說無常經』(대정장17, 746상).

[疏: ▲一顯法功能. 謂報盡捨命, 一切不隨, 唯此願王, 引生淨土, 同無常經. 眷屬皆捨去, 財貨任他將, 但持自善根, 險道充食糧.]

(ㄴ) 뛰어난 결과만 따로 밝힘

"(극락에)가서는 곧 아미타불과 문수보살과 보현보살·관자재보살·미륵보살[203] 들을 뵈올 것이며, 이 보살들은 몸매가 단정하고 공덕이 구족하여 아미타불을 둘러앉은 가운데서 이 사람은 자기 몸이 연꽃 위에 나서 부처님의 수기 받음을 볼 것이며,"

到已에 卽見阿彌陀佛과 文殊師利菩薩과 普賢菩薩과 觀自在菩薩과 彌勒菩薩等하리니 此諸菩薩의 色相이 端嚴하고 功德이 具足하야 所共圍繞하리라 其人이 自見生蓮華中하야 蒙佛授記하고

---

203 여기서 말하는 미륵보살은 대승 보살. 인도 바라내국의 바라문 집에 태어나 석존의 교화를 받고, 미래에 성불하리라는 수기를 받아, 도솔천에 올라가 있으면서 지금 그 하늘에서 천인들을 교화하고 있다. 석존 입멸 후 56억 7천만 년을 지나 다시 이 사바세계에 출현할 것이라 한다. 화림원(華林園) 안의 용화수(龍華樹) 아래서 성도하여, 3회의 설법으로 석존의 교화에 빠진 모든 중생을 제도한다고 한다.

II. 정종분 : 제2장. 경전의 뛰어난 공덕을 드러냄   237

"수기를 받고는 무수한 백천만억 나유타 겁을 지나면서 말할 수 없이 말할 수 없는 시방세계에서 지혜의 힘으로써 중생들의 마음을 따라 이롭게 할 것이며,"

得授記已하야는 經於無數百千萬億那由他劫하야 普於十方不可說不可說世界에 以智慧力으로 隨衆生心하야 而爲利益하며

△ 둘째는 (ㄴ) '뛰어난 업과만 따로 밝히는' 부분이다.

"(극락에) 가서는" 이하는 '바로 변화하여 잘 태어남을 밝히는' 부분으로 역시 이숙과(異熟果)이니, 이 선한 원인에 올라타[乘] 정토로 가서 태어나기 때문이다. "수기를 받고는" 이하는 '중생을 이롭게 하는 큰 작용'을 밝힌 것으로 역시 사용과(士用果)이다.

[疏; ▲二別明勝果. 到已下, 明利生正化. 亦異熟果, 乘此善因, 淨土生故. 得授下, 明利生大用, 亦士用果.]

(다) 끝내는 성불함을 노래

"오래지 않아서 보리 도량에 앉아 마군을 항복 받고 정각을 성취하고 법문을 설하여, 세계의 티끌 수 같은 많은 세계의 중생에게 보리심을 내게 하고 근기를 따라서 교화하여 성취시키며, 오는 세월이 끝나도록 모든 중생을 널리 이롭게 하리라."

不久에 當坐菩提道場하야 降伏魔軍하고 成等正覺하며 轉妙法輪하야 能令佛刹極微塵數世界衆生으로 發菩提心케하고 隨其根性하야 敎化成熟하며 乃至 盡於未來劫海히 廣能利益一切衆生하리니

[소] 셋째는 (다) '부처 되는 업과가 목적지임을 밝히는' 부분이다.

역시 이계과(離繫果)이니, 끝내 떨쳐버리기 때문이다. 그런데 앞 단락 중에 처음 하나는 '현재 받는 업보[現報]'의 결과이고, 지금의 이곳 성불은 '미래에 받는 업보[後報]'의 결과이며, 중간의 모든 업보는 모두 '윤회전생(輪廻轉生)하는 과정에서 받은 업보[生報]'이다. 오직 (이 경을) 외우는 하나의 수행만으로도 다섯 가지 업과(業果)가 갖추어지고 세 가지 업보(業報)가 환히 밝아져서

끝내 보리에 이르거늘, 어찌 닦아 익히지 않겠는가!

[疏; ▲三究竟成佛果. 亦離繫果, 究竟離故. 然前段中, 初一現報果, 今此成佛, 即後報果, 中間諸果, 皆是生報. 唯誦一行, 五果具足, 三報昭彰, 終至菩提, 于何不習.]

제3장. 끝맺으며 수지독송을 권함

> 〈표2〉 본문의 과목표 : 밑줄 친 부분이 현재 설명하는 부분
>
> 제1장. 두루 한 원인을 바로 보임[正示普因]
> 제2장. 경전의 뛰어난 공덕을 드러냄[顯經勝德]
> 제3장. <u>끝맺으며 수지독송을 권함[結勸受持]</u>
> 제4장. 게송으로 거듭 말씀하심[偈頌]
> 제5장. 잘했다고 칭찬하여 설법을 맺음[結說讚善]

1) 앞의 뛰어난 공덕을 맺음

소 셋째는 '끝맺으며 수지 독송을 권하는' 부분이다.

[疏; ▲三結勸受持.]

"선남자여, 저 중생들이 이 열 가지 원을 듣고 믿고 받아 지니고 읽고 외우며 남을 위하여 연설하면, 그 공덕은 부처님을 제하고는 알 사람이 없느니라."

善男子여 彼諸衆生이 若聞若信此大願王하고 受持讀誦하야 廣爲人說하면 所有功德은 除佛世尊코는 餘無知者니

2) 수지독송 권하기를 바로 밝힘

"그러므로, 그대들은 이 원을 듣거든 의심을 내지 말고 자세히 받으며, 받고는 읽고, 읽고는 외우고, 외우고는 항상 지니며, 내지 쓰고 남에게 말하여 주라."

是故로 汝等은 聞此願王에 莫生疑念하고 應當諦受하라 受已能讀하고 讀已能誦하고 誦已能持하고 乃至書寫하야 廣爲人說하라.

3) 공덕을 거듭 거론

"이런 사람들은 잠깐 동안에 모든 행과 원이 모두 성취되고, 얻는 복덕은 한량없고 끝이 없으며, 번뇌 고통 바다에서 중생들을 건져내어 생사를 멀리 여의고, 아미타불의 극락세계에 가서 나게 되리라."

是諸人等은 於一念中에 所有行願을 皆得成就하며 所獲福聚가 無量無邊하야 能於煩惱大苦海中에 拔濟衆生하며 令其出離하야 皆得往生阿彌陀佛極樂世界케하나라.

[소] "선남자여" 이하는 앞의 뛰어난 공덕 설명을 끝맺

는 부분이니, 위에서는 오히려 간략하게 찬탄했지만 여기서는 다함 없음을 말한다.

"그러므로, 그대들은" 이하는 수지독송 권하기를 바로 밝히는 것이니, (앞에서 설명한) 열 가지 법행에 통한다.

"이런 사람들은" 이하는 뛰어난 공덕을 거듭 거론하여 은근하게 덕을 칭송하는 것이니, 그렇게 하는 뜻은 권하여 수지독송하게 하려는 것이다.

그런데 이 경전 한 권은 글은 적지만 뜻은 풍부하니, 진실로 수행의 현묘한 근본이며 화엄의 창고를 여는 그윽한 열쇠이다. 공덕이 높고 크니, 어찌 닦고 지니지 않을 수 있겠는가! 서역의 왕과 신하들도 닦아 익히지 않는 이가 없다. (그러니 중국에서는 말해 무엇하랴!)

[疏: 善男子下, 一結前勝德. 上猶略歎, 今說無盡. 是故汝等下, 二正明勸持. 通十法行. 是諸人等下, 三重擧勝德. 殷勤頌德, 意在勸持. 然此經一卷, 文少義豐, 實修行之玄樞, 乃華嚴之幽鍵. 功高德遠, 何不修持, 西域王臣, 未有不習.]

제4장. 게송으로 거듭 말씀하심

<표2> 본문의 과목표 : 밑줄 친 부분이 현재 설명하는 부분

제1장. 두루 한 원인을 바로 보임[正示普因]
제2장. 경전의 뛰어난 공덕을 드러냄[顯經勝德]
제3장. 끝맺으며 수지독송을 권함[結勸受持]
제4장. <u>게송으로 거듭 말씀하심[偈頌]</u>
　1) 표방해서 거론
　2) 바로 노래함
　　(1) 두루한 원인 바로 보임
　　(2) 수승한 공덕 드러냄
　　(3) 맺고 수지 권함
제5장. 잘했다고 칭찬하여 설법을 맺음[結說讚善]

1) 표방해서 거론

소 둘째는[204] '게송'인데 문단이 둘로 나누어진다. 첫

---

204 정종분의 과목은 크게 둘이 있는데, 〈1. 正陳所說〉이고, 〈2. 結說讚善〉이다. 〈正陳所說〉의 하위 과목으로 〈(1)長行〉과 〈(2)偈頌〉으로 둘이 있다. 그리고 다시 〈(1)長行〉에는 「〈표3〉 62게송 분류표」(본 번역서 ☛ 245쪽)처럼 세 개의 하위 과목으로 나누어진다. 그런데 본 번역에는 과목의 복잡함을 피해, 〈(2)偈頌〉을 〈(1)長行〉의 세 번째 과목 다음에 이어, 네 번째 과목으로 처리하였다. 본 번역서 ☛

째는 (1) '표방해서 거론하는' 부분이고, (둘째는 (2) "바로 송하는' 부분이다.)

[疏; ▲二偈頌二. 一標擧.]

이때에 보현보살 마하살이 이 뜻을 다시 펴고자 하여, 시방을 관찰하면서 게송으로 말하였다.

爾時에 普賢菩薩摩訶薩이 欲重宣此義코자 普觀十方하고 而說偈言하사대

2) 바로 노래함

[소] 둘째는 (2) '바로 노래하는' 부분인데 문단이 셋으로 나누어진다. 첫째는 (1) '두루 한 원인 바로 보임'을 노래하는 (총 52게송) 부분이고, (둘째는 (2) '수승한 공덕 드러냄'을 노래하는 (총 7게송) 부분이고[205], (3) 셋째는 '맺고 수지 권함'을 노래하는 (총 3게송) 부분이다.)

141쪽 「〈표1〉 [정종분]의 한글 번역에서 변형한 과목 대조표」 참조.
205 〈(2)'수승한 공덕 드러냄'을 노래하는〉 부분은 본 번역서 ☛ 305쪽에 나온다. (3)은 본 번역서 ☛ 310쪽.

II. 정종분 : 제4장. 게송으로 거듭 말씀하심   245

과목 이름	게송 수	해당 게송
(1)두루 한 원인을 바로 보임	52	◀01▶~◀52▶
(2)수승한 공덕 드러냄	7	◀53▶~◀59▶
(3)맺고 수지 권함	3	◀60▶~◀62▶

〈표3〉 62게송 분류표

(1) '두루 한 원인 바로 보임'을 노래하는 부분은 둘로 나누어지는데, 첫째는 ① '앞의 10대 행원을 따로 노래하는' (51개의 게송) 부분이고, (둘째는 ② '10대 행원을 총체로 노래하는' (마지막 1개의 게송) 부분이다.)

(① 부분의) 게송에는 일곱 행원에 관한 게송만 있는데 그 이유는 뒤의 세 행원은 합쳐서 하나의 범주로 묶어 게송으로 지었기 때문이다.[206]

(① 부분의) 게송은 여덟 부분((가)~(아))으로 되어 있다.

[疏; ▲二正頌三. 一頌正示普因二. 一別頌前十門. 文但有七, 後三合故, 文八.]

---

[206] 〈제8. 상수불학원〉과 〈제9. 항순중생원〉을 〈제10. 보개회향원〉 쪽으로 합쳤고, 여기에 ◀12▶~◀31▶ 까지 총 40수를 배속시켰다. 그래서 〈제10. 보개회향원〉 부분의 게송 갈래가 매우 복잡하다. 본 번역서 ☞ 253쪽의 《(아) 나머지 3대 행원을 합쳐 노래》하는 대목 참조.

(1) '두루 한 원인 바로 보임'을 노래

① 10대 행원을 따로 노래함
㈎ 제1 예경제불원 노래

◀01▶

끝없는 시방 법계 가운데
삼세의 한량없는 부처님들께
깨끗한 이내 몸과 말과 뜻으로
한 분도 빼지 않고 예배하오며

所有十方世界中에　　三世一切人師子를
我以淸淨身語意으로　一切遍禮盡無餘하며

◀02▶

보현보살 행과 원의 위신력으로
한량없는 부처님들 앞에 나아가
한 몸에 세계 티끌 몸을 나타내
세계 티끌 부처님께 예배합니다.

普賢行願威神力으로 普現一切如來前하며
一身復現刹塵身하야 一一遍禮刹塵佛하며

II. 정종분 : 제4장. 게송으로 거듭 말씀하심 247

소 (가) 제1. '모든 부처님께 예경함'을 노래하는 게송이다.

게송 ◂01▸의 첫 두 구절은 예경의 대상을 노래했고, 다음 구절은 예경하는 행위를 노래했고, 다음 구절은 널리 두루 함을 노래했다.

게송 ◂02▸의 첫 구절은 두루 한 원인을 말했고, 나머지 세 구절은 예경하는 모습을 따로 드러냈으니, 말하자면 낱낱 부처님의 처소에 각각 많은 몸이 있으며, 낱낱의 자기 몸마다 많은 예경을 일으키는 것이다. 그러므로 『60화엄』에서는 "여래께서 계시는 낱낱의 곳 티끌처럼 많은 일체의 국토에"[207]라고 했다.

[疏: ▲一頌禮敬諸佛. 初二句頌所禮, 次一句頌能禮, 次句明周徧. 次句辯徧因, 後三句別顯禮相. 謂一一佛所, 各有多身, 一一己身, 能起多禮. 故晉經云, 一一如來所, 一切剎塵禮.]

(나) 제2 칭찬여래원 노래

◂03▸

한 티끌 속 티끌 수효 부처님들이
보살 대중 모인 속에 각각 계시며
온 법계의 티끌 속도 그와 같아서

---

[207] 『60화엄』「入法界品 제34」(대정장9, 728하).

부처님이 가득하심 깊이 믿으며

於一塵中塵數佛이　各處菩薩衆會中커든
無盡法界塵亦然이라 深信諸佛皆充滿하며

◀04▶

제각기 가지가지 음성 바다로
그지없는 묘한 말씀 널리 내어서
오는 세상 모든 겁이 끝날 때까지
부처님의 깊은 공덕을 찬탄하리라.

各以一切音聲海로　普出無盡妙言詞하야
盡於未來一切劫히　讚佛甚深功德海하며

△ (나) 제2. '부처님을 칭송하고 찬탐함'을 노래하는 게송이다.

[疏; ▲二頌稱讚如來.]

(다) 제3 광수공양원 노래

◀05▶

가장 좋고 아름다운 모든 화만과

좋은 풍류 바르는 향 온갖 일산과
이와 같은 훌륭하온 공양거리로
한량없는 부처님께 공양하오며

以諸最勝妙華鬘과　伎樂塗香及傘蓋하야
如是最勝莊嚴具로　我以供養諸如來하며

◀06▶
가장 좋은 의복들과 가장 좋은 향
가루 향과 사르는 향 등과 촛불이
하나하나 수미산과 같은 것으로
한량없는 부처님께 공양하오며

最勝衣服最勝香과　末香燒香與燈燭을
一一皆如妙高聚하야　我悉供養諸如來하며

◀07▶
넓고 크고 잘 깨닫는 이내 맘으로
삼세의 모든 여래 깊이 믿삽고
보현보살 행과 원의 위신력으로
두루두루 부처님께 공양하오리

我以廣大勝解心으로   深信一切三世佛하며
悉以普賢行願力으로   普遍供養諸如來하며

소 (다) 제3. '널리 공양 실천함'을 노래하는 게송이다.

여기에서는 오직 본행(本行) 공양을[208] 말했을 뿐이고, 법 공양과 비교해서 법 공양이 뛰어나다고 노래하지는 않았다. 그렇다고 어찌 열등한 공양만 들었겠는가? (물론) 장항(長行) 속에서 (법 공양이) 본행 공양보다 뛰어나다고 비교한 것은 분명히 알겠도다.[209]

[疏: ▲三頌廣修供養. 此中唯說本行供養, 不頌挍量法供養勝, 豈得唯擧劣供養耶, 明知長行挍量本行.]

㈑ 제4 참제업장원 노래

◀08▶

지난 세상에 내가 지은 모든 나쁜 짓

---

208 본행(本行); 성불할 인(因)이 되는 근본 수행. 인위(因位)에서 닦은 경력. '본행 공양'은 본행의 역할 내지는 기능을 하는 공양. 이 문장에서는 재물 공양을 뜻함.
209 〈제3. 광수공양원〉의 본문 장항 부분에서 분명 '법 공양'의 우위를 말하고 있음. 본 번역서 ☛ 164~172쪽 참조.

II. 정종분 : 제4장. 게송으로 거듭 말씀하심

성 잘 내고 욕심 많고 어리석어서
몸과 말과 뜻으로 지었사오니
내가 지금 속속들이 참회합니다.

我昔所造諸惡業이　皆由無始貪嗔癡라
從身語意之所生을　一切我今皆懺悔하며

소 (라) 제4. '업장 참회'를 노래하는 게송이다.

[疏; ▲四頌懺除業障.]

㈤ 제5 수희공덕을 노라

◀09▶
시방세계 여러 종류 모든 중생과
성문 연각 배우는 이 다 배운 이와
부처님과 보살들의 모든 공덕을
지성으로 그를 따라 기뻐합니다.

十方一切諸衆生과　二乘有學及無學과
一切如來與菩薩의　所有功德皆隨喜하며

[소] (마) 제5. '공덕을 따라 기뻐함'을 노래하는 게송.

[疏; ▲五頌隨喜功德..]

㈀ 제6 청전법륜을 노래

◀10▶
시방세계 계시옵는 세간 등불로
처음으로 크신 보리 이루신 이께
위가 없는 법수레를 굴리시기를
내가 지금 지성으로 권청하오며

十方所有世間燈과 最初成就菩提者에
我今一切皆勸請하야 轉於無上妙法輪하며

[소] (바) 제6. '법륜 굴려주시기 청함'을 노래하는 게송이다.

[疏; ▲六頌請轉法輪.]

㈂ 제7 청불주세원 노래

◀11▶
열반에 드시려는 부처님께는

이 세상에 오래오래 머무시오며
모든 중생 건지시어 즐겁게 하기
지금 내가 지성으로 권청합니다.

諸佛若欲示涅槃커든 我悉至誠而勸請호대
惟願久住刹塵劫하야 利樂一切諸衆生하며

소 (사) 제7. '부처님께서 세상에 오래 머무시기를 청함'을 노래하는 게송이다.

[疏; ▲七頌請佛住世.]

(아) 제8 나머지 3대 행원을 합쳐서 노래

소 (아) 제8. '나머지 3대 행원을 합쳐서 노래하는' 부분이다. (◂12▸에서 ◂51▸까지 총 40수의 게송.)

뒤로 이어지는 3대 행원은 모두 '회향'에 해당하기 때문이다. 제8과 제9의 행원은 단지 회향의 '별의(別意; 별도의 의미)'[210]일 뿐이다. 제8의 '상수불학'은 '보리'로

---

210 별의(別義; 별도의 의미); 개념이나 문장 속에 거기에만 따로 특별하게 존재하는 의미. 반대로, 개념이나 문장 속에 공통으로 존재하는 의미를 지칭할 때는 '통의(通意)', 또는

회향하는 것이니 (자리행과 이타행) 두 가지 이익에 통하고, 제9의 '항순중생'은 중생에게로 회향하는 것이니 한결같이 이타행이다. 그래서 세 행원은 서로를 여의지 않는다.

문단이 (㉮와 ㉯) 둘로 나누어진다. (총 40수 게송 중, 앞의 ◀12▶에서 ◀47▶까지의 총 36수 게송은) 첫째로 ㉮ '3대 행원을 합쳐서 노래하는' 부분이고, (뒤의 ◀48▶이하의 네 수 게송은) 둘째로 ㉯ '왕생정토 서원하는' 부분[211]이다.

(위의) 첫째 ㉮ 부분은 다시 문단이 셋으로 나누어지니, 첫째로 (◀12▶ 게송은) (ㄱ) '회향을 총체로 표방하는' 부분이고, 둘째로 (◀13▶에서 ◀46▶까지의 총 34수의 게송은) (ㄴ) '3대 행원을 개별로 노래하는' 부분이고, 셋째로 (◀47▶ 게송은) (ㄷ) '맺어 회향으로 귀결시키는' 부분이다. 3대 행원이 모두 회향임을 더욱 드러내고 있다.

[疏; ▲八合頌後三. 以後三行, 皆回向故, 八九但是回向別義. 八隨佛學, 是向菩提, 通於二利, 九順衆生, 是向衆生, 一向利他. 故此三門, 不相捨離. ▲文二. 一合頌三門, 二頌願生淨土. 初中三. 一總標回向, 二別頌三門, 三結歸回向. 彌顯三門, 皆回向也.]

'통의(通義)'라 함.
211 ㉯ '왕생정토 서원 노래하는' 부분; 이 부분은 본 번역서 ☛ 300쪽 참조.

㉑ 3대 행원을 합쳐서 노래
(ㄱ) 회향을 총체로 표방

◀12▶

예경하고 찬탄하고 공양한 복과
오래 계셔 법문 연설 권한 복과
따라 기뻐하고 참회한 선근
중생들과 보리도에 회향합니다.

所有禮讚供養佛과 請佛住世轉法輪과
隨喜懺悔諸善根을 廻向衆生及佛道하며

[소] 첫째로 (ㄱ) '회향을 총체로 표방하는' 부분이다.
〈제8. 행원〉과 〈제9. 행원〉을 포괄하기 때문에 앞의 순서를 따르지 않았다. (게송 ◀12▶ 중) 앞 세 구절은 앞의 회향할 선근을 첩했다. 제8 행원과 제9 행원 두 문은 회향에 속하기 때문에, (그것은 제외하고) 다만 그 이전의 일곱 종류의 행원만 첩했다. 뒤의 한 구절은 회향함을 바로 밝힌 것이다. (실제, 중생, 깨달음의 3처 중에서) 줄여서 (중생과 깨달음) 두 곳만을 들었으나, '실제(=법계, 또는 진여)'는 상을 여의었으므로 두 곳에 두루 포함되니 '다함 없는 (모든 곳)' 속에 들어있다.

[▲今初. 以該八九故, 不依前次. 前三句, 牒前所回善根也. 八九二門, 屬回向故, 但牒前七. 後一句, 正明迴向也. 略擧二處, 實際離相, 徧該於二, 在無盡中.]

(ㄴ) 3대 행원을 개별로 노래

소 (이하의 ◀13▶~◀46▶의 총 34수 게송은) 둘째로 (ㄴ) '3대 행원을 개별적으로 노래하는' 부분이다. 문단이 셋((a), (b), (c))으로 나누어진다. 비록 회향임에는 같지만, 장항(長行)에서 (뒤의 3대 행원을) 이미 나누었으니, 그러므로 '별의(別義)'로[212] 줄여서 표방한 것이다.

이하는 모두 세 문단으로 나누어진다. (첫째 2수의 게송은 (a)'여래 따라 배움'을 노래한 한 부분이고, 둘째 2수의 게송은 (b)'항상 중생 수순함'을 노래한 부분이고, 셋째 30수의 게송은 (c)'앞의 회향'을 노래한 부분이다.)

[疏; ▲二別頌三門. 卽分爲三. 雖同回向, 長行卽開, 故略標別義. ▲文三.]

---

212 별의(別義); 개념이나 문장 속에 거기에만 따로 특별하게 존재하는 의미.

(a) '상수불학'을 노래

◀13▶

내가 여러 부처님을 따라 배우며
보현보살 원만한 행 닦아 익히고
지난 세상 시방세계 부처님들과
지금 계신 부처님께 공양하오며

我隨一切如來學하되 修習普賢圓滿行하며
供養過去諸如來와 及與現在十方佛과

◀14▶

오는 세상 천상 인간 대도사에게
여러 가지 즐거운 일 원만하오며
삼세의 부처님들 따라 배워서
보리도를 성취하기 원하옵니다.

未來一切天人師하야 一切意樂皆圓滿하며
我願普隨三世學하야 速得成就大菩提하며

[소] 이상의 2수는 첫째 '(a)여래를 따라 배움'을 노래한 것이다.

[疏: 一頌隨如來學.]

(b) '항순중생'을 노래

◀15▶

끝없는 시방 법계 모든 세계를
굉장하고 깨끗하게 장엄하옵고
부처님을 대중들이 둘러 모시어
보리수 밑에 앉아 계시니

所有十方一切刹에　廣大淸淨妙莊嚴인
衆會圍繞諸如來가　悉在菩提樹王下커든

◀16▶

시방세계 살고 있는 모든 중생들
근심 걱정 여의어서 항상 즐겁고
깊고 깊은 바른 법의 이익을 얻어
온갖 번뇌 없어지기 바라옵니다.

十方所有諸衆生이　願離憂患常安樂하며
獲得甚深正法利하야 滅除煩惱盡無餘하며

쇼 이상의 2수는 (b)'항순중생'을 노래한 것이다. 중생을 수순하는 것이 즉 여러 부처님을 수순하는 것이다. 그래서 여러 부처님을 먼저 거론했다. 또 부처님께서 보리수 아래에 앉으신 건 중생을 교화하려고 그러신 것이시다. 동진 때 번역된 『문수사리발원경』에서는 "여래께서 도량에 앉으시고 보살 대중들이 충만하여, 시방의 중생들이 모든 번뇌를 제거하도록 하셨다"[213] 했으니, 서로 어긋나지 않음을 분명 알겠다.

[疏; ▲二頌恒順衆生. 以順衆生, 卽順諸佛, 故先擧諸佛. 又佛坐樹下, 爲化衆生, 故晉譯云, 如來坐道場, 菩薩衆充滿, 令十方衆生, 除滅諸煩惱, 明知不相違.]

(c) '앞의 회향'을 노래

쇼 (이하의 (◀17▶에서 ◀46▶까지의) 30수는) (c)셋째는 '앞의 회향'을 노래하는 부분이다.

앞에서는 간략하게 했지만 여기서는 자세하게 했다. 아래의 큰 행원도 역시 고기송(孤起頌)[214]이다. '회향'은

---

213 불타발타라 역, 『문수사리발원경』(대정장10, 879상).
214 고기송(孤起頌); 산문체로 된 경전의 한 절 또는 총결한 끝에 본문과 관계없이 읊은 운문 게송. 범어 'gāthā'를 음사해서 '伽陀'로 한역. 본문의 내용을 중복해서 게송으로 읊으면 응송(應頌).

'서원'과 비교하면 많이 같기도 하고 약간 다르기도 한데, 약간 다른 점은, '회향'은 돌릴 선근이 꼭 있어야 하지만, '서원'은 선근이 없어도 가능한데 맹세가 있어야 한다. 많이 같은 점은, (『화엄경』「십지품 제16」'환희지'에 나오는) '열 가지로 회향하는 지위'에서는 '큰 서원[大願]'을 바탕으로 하는데 총원(總願)이건 별원(別願)이건 모두 회향하기 때문이다. 그런데 이곳(=『보현행원품』)에서는 곧 '큰 서원[大願]'을 회향한다. (『보현행원품』의) 본문 속에 10종의 서원이 있으니, 저곳의(=「십지품」) '초지(初地)'와[215] 완전히 같지만 순서는 다르다.

저곳에서의 차례는 (1)공양하겠다는 서원, (2)수지독송하겠다는 서원, (3)법륜 굴리겠다는 서원, (4)자리와 이타를 실천하겠다는 서원, (5)중생을 성숙시키겠다는 서원, (6)받들어 섬기겠다는 서원, (7)국토를 청정히 하겠다는 서원, (8)저버리지 않겠다는 서원, (9)이익 되게 하겠다는 서원, (10)정각을 이루겠다는 서원이다. 이곳에서의 차례는 『경』에 나온 순서대로이다.

문단이 둘로 나누어진다. 첫째 (◀17▶에서 ◀38▶까지의 22수의 게송은) 〈1〉'큰 서원을 개별 발원하는' 부분이

---

[215] 저곳의 초지(初地);「십지품 제26」의 제1지 '환희지'를 지칭. 『운허80화엄』(상책, 686하~688하) 참조.

고, (둘째 (◀39▶에서 ◀46▶가지의 8수의 게송은) 〈2〉 '큰 서원을 총결하는' 부분이다.)

'큰 서원을 개별적으로 일으키는' 부분에 열 가지(❶~❿)가 있다.

[疏; ▲三頌前回向. 前略今廣. 此下大願, 亦是伽陀. 回向與願, 大同小異. 異者, 謂回向要有所回善根, 發願無善, 亦可要誓. 言大同者, 十回向位, 大願爲體, 總願別願, 皆回向故. 今此卽是, 回向大願. 文有十願, 全同初地, 但次不同. 彼中次者, 一供養願, 二受持願, 三轉法輪願, 四修行二利, 五成熟衆生, 六承事, 七淨土, 八不離, 九利益, 十成正覺, 今次如經. ▲文二. 一別發大願十.

〈1〉 '큰 서원[大願]' 개별 발원[216]

❶ 경전 수지의 서원

◀17▶

내가 보리 얻으려고 행을 닦을 때
모든 갈래 간 데마다 숙명통 얻고
출가하여 모든 계행 깨끗이 닦아

---

[216] 이 대목의 끝은 본 번역서 ☞ 290쪽.

때가 없고 범하잖고 새지 않으며

我爲菩提修行時에 一切趣中成宿命하며
常得出家修淨戒하야 無垢無破無穿漏하며

◀18▶
하늘들과 용왕들과 구반다들과
야차들과 사람인 듯 아닌 듯한 것
그 중생들 쓰고 있는 가지각색 말
여러 가지 음성으로 법을 말하네

天龍夜叉鳩槃茶와 乃至人與非人等의
所有一切衆生語를 悉以諸音而說法하며

소 ❶첫째는 수지하려는 서원이다.

또한 호법하려는 서원이라고도 한다. 그러므로 「십지품」에서 "모든 부처님 법륜 받기를 서원하고 모든 부처님 깨달음 거두기를 서원하며, 모든 부처님의 가르침 보호하기를 서원하고, 모든 여러 부처님의 법 지니기를 서원한다"[217]고 했다.

지금 ◀17▶의 제1구는 깨달음을 '거두는' 것이며, 제2

---

[217] 『80화엄』「십지품 제26」(대정장10, 181하).

구는 불법 '지니는' 것이며, 그다음 두 구절은 부처님의 가르침을 '보호하려는' 것이니, 계행을 실천하는 것이 (부처님의 가르침을) 보호하는 수행이기 때문이다. (계율) '어김[破穿=破缺]'의 뜻에 대해서는 위의 문장 〈묘주장〉 속에서[218] 이미 보았다.

다음 게송 ◀18▶은 모든 부처님의 법륜 받기를 서원하는 것이니, 여래는 일체의 음성으로 모든 법을 설해서 능히 두루 다 수지 하게 하시기 때문이다. 그래서 위의 (「현수품 제12」)경문에서[219] "3계에 일어나는 모든 소리를, 여래의 음성으로 듣게 하나니"라고 했다.

[疏; 一受持願. 亦名護法願, 故十地經云, 願受一切佛法輪, 願攝一切佛菩提, 願護一切諸佛教, 願持一切諸佛法. 今文初句攝菩提, 次句持佛法, 次二句護佛教, 修行戒行, 爲護行故. 破穿之義, 已見上文妙住章中. 後偈願受一切佛法輪, 卽是如來, 以一切音, 而說諸法, 令能

---

218 위의 문장 〈묘주장〉 속; 선재동자가 만난 네 번째 선지식과 대화 내용인데, 『운허40화엄』(73상)의 경우는 〈묘주비구를 찾다〉에 해당하고, 『운허80화엄』(하책, 42상)의 경우는 〈선주비구를 찾다〉에 해당. 이 만남에서 20종의 계행 (戒行) 관련 법문을 듣는다. 『40화엄』에 주(註)를 붙인 총 10권본을 줄였지만, 1권본을 지으면서 고치지 못했기 때문에 "이미 보았다"는 표현이 그대로 노출됨. 이런 실수(?)가 여러 곳에 보인다.
219 경문; 『운허80화엄』「현수품 제12」(상책, 317상).

偏受持. 故上經云, 能令三界所有聲, 聞者皆是如來音.]

❷ 자리이타의 서원

◀19▶
깨끗하온 바라밀다 항상 닦아서
언제라도 보리 마음 잊지 않았고
번뇌 업장 속속들이 소멸하고
여러 가지 묘한 행을 모두 이루며

勤修淸淨波羅蜜하야 恒不忘失菩提心하며
滅除障垢無有餘하고 一切妙行皆成就하며

◀20▶
모든 번뇌 모든 업과 마군의 경계
이 세간 온갖 일에 해탈 얻으니
연꽃잎에 물방울이 묻지 않는 듯
해와 달이 허공중에 섰지 않는 듯

於諸惑業及魔境과 世間道中得解脫호대
猶如蓮華不着水하고 亦如日月不住空하며

⊠ ❷둘째는 자리와 이타를 수행하려는 서원이다. 그중에서 ◀19▶의 마지막 구절 "여러 가지 묘한 행을 모두 이루며"라고 한 게송이 총구(總句)이다. 말하자면 광대하고 한량없는 세간과 출세간의 갖가지 실천행이기 때문이니, 또한 실천행의 방법이기도 하다. 나머지는 별구(別句)이다. 제1구는 실천행의 바탕이니, 곧 10바라밀이니 청정을 가리는 번뇌를 제거하는 것이고, 제3구는 실천행의 업이니 10바라밀 행으로 열 가지 번뇌를 청정하게 하고 '진여관(眞如觀)'을 도와 열 가지 번뇌의 장애를 청정하게 하기 때문이다.

뒤의 ◀20▶ 게송은 실천행의 모습이다.

"모든 번뇌 모든 업" 그리고 "해탈 얻으니"는 곧 출세간의 실천행이고, "마군의 경계"와 "이 세간 온갖 일"은 곧 세간의 실천행이다. "마치 연꽃잎같이'라니, "해와 달처럼"이라니 라고 한 말은 자리행와 이타행을 쌍으로 비유한 것이다. 세간에 처하기를 마치 허공처럼 하고, 또한 연꽃잎처럼 물에 물들지 않기 때문이며, 몸과 마음이 청정하여 피안으로 뛰어넘기 때문이다.

이상의 총 7구는 모두 능히 증장(增長) 해 가는 행이고, 제2구는 증장되어지는 마음이다. 이 뜻에 의지하기 때문에, 이 실천행 역시 '마음이 증장 해 가는 행'이라고 이름한다. 그래서 「십지품」에서 "(일체의 중생을 가르처서) 받아 행하고 마음이 증장케 하여지이다 (서원)하나니[220]"라고 했다.

[疏: ▲二修行二利願. 於中一切妙行, 皆成就者, 此是總句. 謂廣大無量, 世出世間, 種種行故, 亦行方便. 餘句爲別, 初句行體, 卽十波羅蜜, 除蔽淸淨. 第三句是行業, 以十度行, 淨十種蔽, 助眞如觀, 淨十種障故. 後偈行相, 於諸惑業, 得解脫者, 卽出世間行, 及魔境界, 世間道中, 得解脫者, 卽世間行. 猶如蓮華, 及日月喻, 雙喻二行. 處於世界, 猶如虛空, 亦如蓮華, 不著水故, 身心淸淨, 超彼岸故. 上之七句, 皆是能增長行. 第二句是, 所增長心, 由依此義, 此行亦名心增長行, 故十地云, 令其受行, 心得增長.]

❸ 중생 성숙의 서원

◀21▶

나쁜 갈래 온갖 고통 모두 없애고
중생들에게 평등하게 쾌락을 주어
이처럼 세계 티끌 겁을 지나며
시방 중생 이익함이 끝이 없고

---

[220] 『운허80화엄』 「십지품 제26」(상책, 687상).

悉除一切惡道苦하고 等與一切群生樂하되
如是經於刹塵劫하야 十方利益恒無盡하며

◀22▶
나는 항상 중생들을 따라 주면서
오는 세상 모든 겁이 끝날 때까지
보현보살의 넓고 큰 행 닦고 닦아서
위가 없는 보리도를 원만하였네

我常隨順諸衆生호대 盡於未來一切劫하며
恒修普賢廣大行하야 圓滿無上大菩提하며

[소] ❸셋째는 중생을 성숙하게 하려는 서원이다.
 (총 8구 중에서) 제5구가 총구(總句)이고 나머지는 별구(別句)이다. 제1구는 괴로움을 여읨이니, '인-과'를 모두 여의는 것이고, 제2구는 즐거움을 얻는 것이며 나아가 열반에 이르는 것이다. 제3구는 시간적으로 긴 것이고 제4구는 공간적으로 넓은 것이며, 끝의 세 구는 긴 세월에 완성하는 '인-과'를 총결하는 것이다. 즉 「십지품」에 "온갖 지혜의 지혜에 편안히 머물게 하여지이다"[221] 라고 한 것이다.

[疏; ▲三成熟衆生願. 第五句爲總, 餘句爲別. 初句離苦, 因果皆離, 次句得樂, 乃至涅槃, 第三豎長, 第四橫徧, 後三句總結長時所成因果. 卽十地經, 令其安住一切智智道.]

❹ 도반 동행의 서원

◀23▶

나와 함께 보현행을 닦는 동무들
날 적마다 여러 곳서 함께 모이어
몸과 말과 마음으로 하는 일 같고
여러 가지 행과 원을 같이 닦으며

所有與我同行者와　於一切處同集會하며
身口意業皆同等하고　一切行願同修學하며

◀24▶

나의 일을 도와주는 선지식들은
보현보살 좋은 행을 가르쳐 주며
어느 때나 나와 함께 모이어 있어

---

221 『운허80화엄』「십지품 제26」(상책, 687하) ; (대정장10, 182상).

우리에게 즐거운 맘 내기 바라네

*所有益我善知識*이　*爲我顯示普賢行*커든
*常願與我同集會*하야 *於我常生歡喜心*하며

소 ❹넷째는 여의지 않으려는 서원이다.

이를테면 태어나는 모든 곳마다 언제나 부처님과 여러 보살님 여의지 않기를 서원하는 것이니, 같은 '의행(意行; 뜻으로 함께하는 실천행)'을 얻기 때문이다. 또한 '심행(心行; 마음으로 함께하는 실천행)'의 원인이라고도 이름하니, 1승 여의지 않기를 서원하기 때문이다.

제1구가 총구(總句)인데, 1승을 함께 뜻하기 때문이고, 나머지 구는 별구(別句)가 된다. 그중에서 앞의 세 구는 '자분(自分)'에서의[222] 실천행이 같다. 뜻으로 하는 일[意業]이 같다는 것은 평등하게 하나를 반연하기 때문이고, 몸으로 하는 일[身業]이 같다는 것은 여의신통을 같이 얻기 때문이며, 말로 하는 일[語業]이 같다는 것은 한 맛[一味]의 법을 같이 설하기 때문이다. 이상은 즉 3륜(輪)이 같다는 것이다. "여러 가지 행과 원을 같이 닦

---

222 자분(自分); 모든 수행 각각의 단계마다 자분(自分)과 승진분(勝進分)이 있는데, '자분'이란 한 지위에 도달한 부분 또는 지위 얻은 부분을 말한다. 한편 '승진분'은 한 단계 더 높이 나아가는 몫을 말한다.

으며"라는 것은 복덕이든 지혜든 만행이 다 같다는 것이다.

마지막 게송인 ◀24▶는 '승진분(勝進分)'에서의 실천행이 같다는 것이니, 다시 이익을 이루고 거듭 보여주는 것이기 때문이다.

[疏; ▲四不離願. 謂願於一切生處, 恒不離佛, 及諸菩薩, 得同意行故. 亦名心行願, 願不離一乘故. 初句爲總, 同志一乘故. 餘句爲別, 於中先三句, 自分行同, 意業同者, 平等一緣故. 身業同者, 同得如意神通故. 語業同者, 同說一味法故. 上卽三輪同. 一切行願同者, 若福若智, 萬行皆同. 後一偈勝進同, 以更成益復顯示故.]

❺ 공양의 서원

◀25▶

바라건대 부처님을 만나 뵈올 제
보살 대중 둘러 앉아 모이었거든
많고 좋은 공양거리 차려 올리며
오는 세상 끝나도록 괴로운 줄 몰라

願常面見諸如來와   及諸佛子衆圍遶커든
於彼皆興廣大供하야 盡未來劫無疲厭하며

◀26▶

부처님의 미묘 법문 받아 지니고
가지가지 보리행을 빛나게 하며
깨끗하온 보현의 도를 끝까지 닦아
오는 세상 끝나도록 익혀지이다

願持諸佛微妙法하야 光顯一切菩提行하며
究竟淸淨普賢道하야 盡未來劫常修習하며

[소] ❺다섯째는 공양하려는 서원이다. 뛰어난 복전에 공양하기를 서원하기 때문이다. 제3구가 총구(總句)가 된다. '많고 좋은[廣大]' 공양 올리기를 발원하기 때문인데, '좋음[大]'에 6가지가 있다. (1)첫째는 마음의 '좋음[大]'이니, 피곤해하고 싫어함이 없기 때문이다. (2)둘째는 공양구의 '좋음[大]'이니, 재물 공양·법 공양·바른 수행 공양(=관행 공양)을 다 갖추었기 때문이다. 재물 공양은 총구(總句)에 포함되어 있고, 바른 수행 공양은 제5구와 제6구에 들어 있다. (3)셋째는 복전의 '좋음[大]'이니, 즉 ◀25▶의 제1구와 제2구이다. (4)넷째는 거두는 공덕의 '좋음[大]'이니, ◀26▶의 제3구 중 "보현의 도를 끝까지 닦음"이 뛰어난 공덕이기 때문이다. (5)다섯째는

원인의 '좋음[大]'이니, 즉 ◀26▶의 제3구 중 "깨끗하온[淸淨]"이라는 (한문의) 두 글자이다. 허공과 같은 청정함(=진여 법성)이 '무상한 애과의 원인[無常愛果因]' 및 '영원한 결과의 원인[常果因]'이 되기 때문이다.[223] (6)여섯째는 시간의 '좋음[大]'이니, 곧 ◀26▶의 제4구이다.

[疏; ▲五供養願. 願供勝田故. 第三句爲總興廣大供故, 大有六種, 一心大, 無疲厭故. 二供具大, 財法正行, 皆具足故. 財供攝在總句, 正行卽第五六句. 三福田大, 卽初二句. 四攝功德大, 卽第七句中究竟普賢道是勝功德故. 五因大, 卽第七句中, 淸淨二字, 如空淸, 淨爲無常愛果及常果之因故. 六時大, 卽第八句.]

❻ 중생 이익의 서원

◀27▶

---

223 진여 법성이 청정한 상태를 맑고 드넓은 허공에 비유. 그런 허공이 있기에 유위계(有爲界)의 갖가지 현상들이 존재하듯이, 진여 법성은 '무상한 애과의 원인[無常愛果因]'도 된다. '애과(愛果)'는 갈애의 결과로 받는 과보. 한편, 청정한 진여 법성은 열반이나 반야 지혜 같은 불생불멸하는 무위계(無爲界)의 '영원한 결과[常果; 열반]'를 초래하는 원인도 된다. 이런 교리는 화엄의 법성교학에 등장하는 중요한 철학으로, 지엄의 『공목장』, 법장의 『탐현기』, 청량의 『연의초』 등에 반복적으로 언급됨.

시방세계 삼계 안에 두루 다니며
닦아 얻은 복과 지혜 끊임이 없고
선정 지혜 모든 방편 해탈법으로
그지없는 공덕 광을 얻었사오며

我於一切諸有中에 所修福智恒無盡하야
定慧方便及解脫로 獲諸無盡功德藏하며

◀28▶
한 티끌에 티끌 수효의 세계가 있고
세계마다 한량없는 부처님들이
간 데마다 여러 대중 모인 가운데
보리행을 연설하심 항상 뵈옵네

一塵中有塵數刹에   一一刹有難思佛하사
一一佛處衆會中커든 我見恒演菩提行하며

소 ❻여섯째는 이익을 주려는 서원이다. 서원하기를 언제나 항상 중생 이롭게 하고, 그 사업하느라 헛되이 보내지 않으려 하기 때문이다. 이를 3업으로 '헛짓 안 하기[不空]의 서원'이라고도 한다.

앞 게송 ◀27▶의 제2구 "닦아 얻은 복과 지혜" 등은 '헛짓 안 함[不空]'의 원인이 되고, 제4구의 "그지없는 공덕 광"은 '헛짓 안 함[不空]'의 결과이다. 말하자면 잠시 (그렇게 발원한 사람의) 몸만 보아도 곧 반드시 불법 닦을 마음을 내고, 잠시 음성만 들어도 곧 진실한 지혜를 얻고, 청정한 믿음을 내자마자 곧 영원히 번뇌를 끊는다. 큰 약왕 나무 같은 몸을 얻으며 여의보와 같은 몸을 얻으므로, "공덕 광[德藏]"이라고 했다.

뒤 게송 ◀28▶은 이익 베푸는 '때'와 '장소'인데, 말하자면 때와 장소에 두루 해서 중생을 이롭게 하는 법을 구해 중생을 이롭게 하기 때문이다. 「십지품」에서 말하기를 "원컨대 물러가지 않는 법륜을 타고 보살의 행을 닦되"[224]라고 했듯이, (중생에게) 여러 부처님께서 보리행 연설하시는 것을 보게 하는 것이니, 즉 가르침의 수레를 타고 보살행을 닦기 때문이다.

[疏; ▲六利益願. 願於一切時, 恒作利益衆生, 事業無空過故. 亦名三業不空願, 前偈修福智等, 爲不空因, 獲無盡藏, 是不空果. 謂暫見身, 則必定佛法, 暫聞音聲, 則得實智慧, 纔生淨信, 則永斷煩惱. 得如大藥王樹身, 得如如意寶身, 名功德藏. 後偈利益時處, 謂徧於時處,

---

[224] 『운허80화엄』「십지품 제26」(상책, 688상); "願乘不退輪, 行菩薩行."(대정장10, 182상).

求能益法, 利衆生故. 十地經云, 願乘不退輪, 修菩薩行, 令見諸佛演菩提行, 卽乘敎誡輪, 修菩薩行故.]

❼ 법륜 굴려주시기 서원

◀29▶

끝없는 시방 법계 세계 바다에
털끝만 한 곳곳마다 삼세의 바다
한량없는 부처님과 많은 국토에
내가 두루 수행하기 여러 겁이며

普盡十方諸刹海와 一一毛端三世海와
佛海及與國土海에 我遍修行經劫海하며

◀30▶

부처님들 깨끗하신 말씀 가운데
한 말씀에 여러 가지 음성 갖추고
중생들의 좋아하는 음성을 따라
음성마다 부처님의 변재를 펴고

一切如來語淸淨이라 一言具衆音聲海와
隨諸衆生意樂音이 一一流佛辯才海하며

◀31▶

삼세의 한량없는 부처님께서
저와 같은 그지없는 말씀 바다로
깊은 이치 묘한 법문 설하심을
내 지혜로 깊이깊이 들어가리라.

三世一切諸如來가　　　於彼無盡語言海로
恒轉理趣妙法輪하시니　我深智力普能入하며

소 ❼일곱째는 법륜 굴려주시기를 청하는 서원이다. 또한 '법 거두기에 으뜸 되려는 서원'이라고도 한다. 말하자면 (누군가) 불법의 바퀴를 굴리면 내가 그것을 모두 받되, 굴려주시고 가르쳐 주시기를 원하기 때문이다.

본문에 나오는 첫 게송 ◀29▶는 법륜 굴리는 '장소'이다. 만약 게송의 문구에 "수행(修行)"이라는 말이 있는 점에 따르면, 앞 단락(=❻)에 배속하여 '수행의 장소'로 분류하는 것이 합당하겠지만, 앞 단락에 이미 '장소'가 있고, 이 부분 관련해서는 진나라 때 번역한 『60화엄』과 대흥선사(大興善寺) 번역본인 『40화엄』에도 모두 "수행(修行)"이라는 글자가 없다. 그래서 이곳의 단락(=❼)에 배속했다.

다음 게송 ◀30▶은 굴리는 주체인 (부처님의) '원음(圓音)'이다.

다음으로 (◀31▶의 제1구와 제2구의) 두 구는 법륜 굴리는 '때'이고, 제3구의[225] 한 구절은 굴리는 대상인 법륜이고, 마지막 제4구는 굴리는 당사자가 활용하는 방편이다.

[疏; ▲七轉法輪願. 亦名攝法上首願. 謂轉佛法輪, 願皆攝取而轉授故. 文中初偈, 轉法輪處, 若據有修行之言者, 合屬前段爲修行處, 前已有處, 此中晉譯及興善本, 皆無修行, 故屬此段. 次一偈, 能轉圓音. 次二句, 轉法輪時, 第十一一句所轉法輪, 末後一句, 能攝方便.]

❽ 국토 청정 서원

◀32▶

오는 세상 온갖 겁을 한데 뭉쳐
한 생각을 만드는데 들어가겠고
삼세의 모든 겁을 통틀어내어
한 생각을 만든 데도 나는 들어가며

---

[225] 제3구; 원문의 '十一'을 이렇게 번역했다. 청량 국사는 ❼에 4구 게송 3수(首)를 배속했다. 전체를 구(句)로 헤아리면 '제11구'에 해당한다.

我能深入於未來호대　盡一切劫爲一念하며
三世所有一切劫을　　爲一念際我皆入하며

◀33▶
삼세의 한량없는 부처님들을
한 생각 속에서도 모두 뵈오며
부처님의 경계 속으로 항상 들어감은
환술 같은 해탈이며 위력입니다.

我於一念見三世에　　所有一切人師子하고
亦常入佛境界中호대 如幻解脫及威力하며

[소] ❽여덟째는 국토를 청정하게 하려는 서원이다. 자신의 국토를 청정하게 하여 정법을 세우고, 모든 중생이 능히 수행하기를 서원하기 때문이다. '국토를 청정하게 한다'라는 '본체'격 되는 게송을 생략하여 없앤 이유는, '그림자' 격 되는 게송이 다음 단락의 게송 ◀34▶에 나오기 때문이다.[226]

---

226 또 훈고 용어가 나왔으니 설명이 늘어지니 어쩌면 좋은가요? 사물에는 '본체[本]'가 있으면 그것의 '그림자[影]'가 있게 마련이다. 문장을 지을 때, 이쪽에서는 '본체'만 서술하고 저쪽에서는 '그림자'만 기술하기도 하며, 그 반대로 하

국토를 청정하게 하는 것에 '7가지 청정'의[227] 의미가 있다.

(1)첫째, 앞의 게송 ◀32▶는 '<u>동체의 청정</u>'이다. 법성(法性)과 같으므로 '하나[一]'와 '많음[多]'을 서로 상호 '즉(卽)'하고 '입(入)'한다. 지금 여기에서는 비록 '순간[念]'과 '영원[劫]'의 원융을 말했지만, 그 의도는 '시간' 속에서 원융한 국토를 취했다.

(2)둘째, 게송 ◀33▶을 둘로 나누어 앞의 반 게송은[228] '<u>자재 청정</u>'을 밝힌다. 마니주 위에 '미혹[迷]'과 '깨침[悟]'이 자유자재하고 원만 융통하게 나타나는 것과 같다. 그러므로 게송에서 "한 생각 속에서도"라고 했다. "부처님들[人獅子]"이라고 거론한 이유는 '그분들의 불국토'를 드러내려는 것이다.

(3)셋째, "부처님의 경계 속으로 항상 늘 들어감"은 곧 '<u>원인[因]의 청정</u>'이다. 원인에는 두 가지가 있다. 첫째는 생인(生因)으로 '6바라밀로 정토를 삼는' 사례인데

기도 한다. 이것을 상호 '영략(影略)'이라 한다.
227 7가지 청정;『운허80화엄』(상책, 687하) 참조. 보살이 '환희지'에 머물면서 내야 할 열 가지의 큰 서원[大願]이 있는데, 그중 일곱 번째의 큰 서원이 '국토를 청정하게 하겠다는 서원'인데, 다시 그 서원 속에 '7가지 청정'이 들어 있다.
228 청량 국사께서 '一二句'라 하지 않고 '半偈'라고 표기한 이유는, 이 부분의 게송이 句로 구분되지 않기 때문이다.

『정명경』에서 설한 것과 같다.[229] 둘째는 의인(依因)으로 여기에 다시 둘이 있다. 하나는 대원경지(大圓鏡智)의 청정한 식(識)이 국토의 의지처가 되는 것이고, 또 하나는 후득지(後得智)의 신통과 지혜[通慧]가 국토의 의지처가 되는 것인데, 이 둘 다가 모두 "부처님의 경계"[230]이다. 또 "경계"라 함은 '모습[相]'의 청정함이니 7

---

229 6바라밀로 정토를 삼는 사례;『유마경』「불국품」(대정장 14, 538상)에서 이렇게 6바라밀과 국토를 결부 짖고 있다. "(1)布施是菩薩淨土. 菩薩成佛時, 一切能捨衆生, 來生其國. (2)持戒是菩薩淨土, 菩薩成佛時, 行十善道滿願衆生, 來生其國. (3)忍辱是菩薩淨土, 菩薩成佛時, 三十二相莊嚴衆生, 來生其國. (4)精進是菩薩淨土, 菩薩成佛時, 勤修一切功德衆生, 來生其國. (5)禪定是菩薩淨土, 菩薩成佛時, 攝心不亂衆生, 來生其國. (6)智慧是菩薩淨土, 菩薩成佛時, 正定衆生, 來生其國."

230 부처님 경계; 부처님의 지혜는 대원경지, 평등성지, 묘관찰지, 성소작지의 네 종이 있다. 이 지혜는 8종의 식을 굴려서 완성한다. ⊙『초』; "四智唯佛具有, 轉八識而成. 卽轉第八識, 成大圓鏡智, 轉第七識, 成平等性智, 轉第六識, 成妙觀察智, 轉前五識, 成成所作智." 그리고 불토에는 모두 셋이 있는데, 3토(土)와 4지(智)와의 관계를 규봉 종밀은『초』에서 다음과 같이 설명하고 있다. "雖身土種子, 在第八識中, 而現身現土, 要假諸智, 爲能擊發. 自受用土, 鏡智後得, 他受用土, 平等後得, 變化土者, 卽成所作. 此唯後得, 各由後智擊發鏡智淨識內種子, 發生現行故也. 言通慧者, 卽神通智慧也. 依此通慧, 現身現土故, 以此爲身土所依. 佛地唯識,

종의 보배 장엄 따위이다.

(4)넷째, 게송 ◀33▶의 네 구는 (이상에서 나온) 세 종류의 청정을 모두 포섭한다. 말하자면 제4구에 나오는 "환술 같은[如幻]"은 곧 업과[果]의 청정이다. 업과[果]에도 둘이 있다. 하나는 '소생과(所生果)'이다. 즉 '모습의 청정'인데, 간략하게 읊은 게송은 (위의 ◀23▶ 게송 중) "경계"에 있고, 자세하게 읊은 게송은 '그림자'로 드리워 뒤의 〈❾ 받들어 섬기기 서원〉 속에 두었다. 다른 하나는 '시현과(示現果)'이다. 근기에 맞추어 (그 모습을) 보여주기 때문에 마지막 구절에 "환술 같은[如幻]"이라고 게송으로 읊었다.

(5)다섯째, "해탈이며 위력"은 수용의 청정이다. '자신이 누리는[受用]' 정토에서 허물을 떨쳐버리고 공덕 이루는 것으로, 마치 (『유마경』 「향적품」에서) '향기라는 밥[香飯]'으로 삼매를 얻는 등과 같다. 이곳의 게송에서 번뇌에서의 "해탈이며"는 즉 허물을 떨쳐버리는 것이고, 수도한 "위력"의 효능은 즉 공덕을 완성하는 것이다.

(6)여섯째, 이 구절 범본(梵本)에는 "(해탈)이며 위신[及威力]"이라는 자구는 없고 "권속(眷屬)"이라는 자구가 있

據本末說別. 佛地論中三土, 皆從鏡智現. 唯識論中諸智, 不同. 若作此和會卽, 不相異也."

으니, 곧 '(그 국토에) 머물러 사는 중생의 청정'으로, 사람을 보배로 삼아 그 국토를 장엄하기 때문이다.

(7)일곱째, '모습의 청정'이다. 이미 앞에서 말한 것과 같다.

[疏; ▲八淨土願. 願淸淨自土, 安立正法, 及能修行諸衆生. 略無淨土之言, 以影在後段故. 而具淨土, 七種淨義. 初偈卽同體淨, 以同法性, 故令一多, 互相卽入. 今文, 雖辯念劫圓融, 意取時中, 圓融之刹. 二有半偈, 明自在淨, 如摩尼珠, 美惡斯現, 自在圓通. 是故文云, 於一念見. 擧其佛者, 顯是佛土. 三有一句, 亦常入佛境界中者, 卽是因淨. 因有二種, 一者生因, 謂六度等, 如淨名說. 二者依因, 此復有二, 一鏡智淨識, 爲土所依, 二後智通慧, 爲土所依. 此二皆是, 諸佛境界. 又境界者, 卽是相淨, 謂七珍等. 第八一句, 攝於三淨, 謂四以如幻二字, 卽是果淨, 果亦有二, 一所生果, 卽是相淨, 略在境界, 廣則影在, 後承事中. 二示現果, 臨機示現, 故云如幻. 五解脫威力, 卽受用淨, 謂受用淨土, 離過成德, 如用香飯, 得三昧等. 今解脫煩惱, 卽是離過, 道力之能, 卽是成德. 故十地經云, 成就淸淨道. 六梵本此句, 無及威力字, 有眷屬字, 卽住處衆生淨, 人實爲嚴故. 七者相淨, 已如前說.]

❾ 받들어 섬기기 서원

◀34▶

한 터럭 끝 티끌 속에 한량이 없는
삼세의 장엄 세계 나타나오며
온 시방의 티끌 세계 터럭 끝마다
그와 같은 장엄 세계 내가 들어가

*於一毛端極微中에 出現三世莊嚴刹커든
十方塵刹諸毛端에 我皆深入而嚴淨하며*

◀35▶

거기 계신 오는 세상 세간 등불들
부처되어 법문 말해 중생 건지며
부처님 일 다 하시고 열반에 드심
내가 두루 나아가서 친히 모시리

*所有未來照世燈이 成道轉法悟群有하며
究竟佛事示涅槃커든 我皆往詣而親近하며*

[소] ❾아홉째는 받들어 섬기려는 서원이다. 모든 불국토로 가서 늘 여러 부처님을 뵙고 항상 공경히 섬기

며 법문 받아 듣기를 원하기 때문이다. 게송 ◀34▶의 제4구가 총구(總句)이고, 나머지는 모두 별구(別句)이다.

앞의 게송 ◀34▶는 받들어 섬기는 '장소'이다.

처음의 두 구는 모두 '진실한 뜻[眞實義]'의 겉모습[相]이니, 서로 섭(涉)하고 입(入)함이 마치 제석천 그물 같기 때문이다. 그중에서 "삼세의 장엄 세계"는 곧 일체 모습이니, 정토의 바탕[體]과 겉모습[相]은 모두 다르기 때문이다.

제3구는 즉 셀 수 없는 모습[相]이니, 말하자면 앞의 두 모습이 시방에 두루 하기 때문이다.

제4구는 능히 알아봄을 말하는 것이다. 『80화엄』「십지품」에서는 "지혜로서 분명히 알아, 앞에 나타난 듯이 알고 본다"[231]고 했으니, '지혜[智]'로 아는 것이지 '알음알이[識]'로 알 수 있는 대상이 아님을 분명히 했다.

범본(梵本)에는 "내가 장엄 국토에 아주 깊이 들어간다"고 했는데, 깊이 들어감에는 둘이 있다. 하나는 '지혜'로 깊이 들어가는 것이고, 다른 하나는 '몸'이 깊이 들어가는 것이다. 장엄 국토 속으로 들어가 여래를 받들어 섬기는 것이지, 그 국토를 꾸며 깨끗하게 하는 것은 아니다. 만약 (我皆深入而嚴淨에서) '而(이)'자를 빼고

---

[231] 운허『80화엄』(상책, 673하).;『80화엄』「십지품」(대정장10, 181하).

끝에 '刹(찰)'자를 붙이면 ("我皆深入嚴淨刹"이 되니) 이치에 어긋나지 않는다.

뒤의 ◂35▸ 게송 중 제1구는 받들어 모실 대상인 부처님이니, 존재해 계시는 부처님이기 때문이다. 제2구와 제3구의 두 구절은 즉 받들어 모실 때의 '여덟 모습[八相]'이다. 「십지품」에서는 (부처님의 8상에 대해서는 언급이 없고) 다만 그 국토의 모습만[232] 나열했는데, 이곳 「보현행원품」에서는 둘 다 싹 빠졌다.

[疏; ▲九承事願. 願往諸佛土, 常見諸佛, 恒時敬事, 聽受法故. 第八句爲總, 餘皆是別. 初之一偈, 卽承事處. 初二句通是眞實義相, 互相涉入, 如帝網故. 就中, 三世莊嚴刹, 卽一切相, 淨土體相, 有差別故. 第三句卽無量相, 謂前二相, 遍十方故. 其第四句, 辯能知見, 故地經云, 智皆明了, 現前知見, 明爲智知, 非識境故. 梵本云, 我甚深入莊嚴刹. 深入有二, 一智深入, 二身深入. 入彼莊嚴刹中, 承事如來, 非嚴淨彼. 若去而字, 下加刹字, 理無違矣. 第五一句, 所承事佛, 所有佛故. 六

---

[232] 국토의 모습; 『80화엄』「십지품」(대정장10, 182상)에 나오는 다양하고 많은 국토의 모습. "일체의 세계가 넓고 크고 한량이 없고 굵고 잘고, 어지러이 있고, 거꾸로 있고, 바르게 있고, 들어가고, 다니고, 가는 것이 제석천의 그물처럼 차별하며, 시방에 한량이 없이 가지가지로 같지 않다."(『운허80화엄』 상책, 686하).

七二句, 卽承事時八相故. 地經中, 但列土相, 殊闕此經.]

❿ 정각 이루기 서원

◀36▶

재빠르게 두루 도는 신통의 힘과
넓은 문에 두루 하는 대승의 힘과
행과 지혜 널리 닦은 공덕의 힘과
위신으로 덮어 주는 사랑의 큰 힘

速疾周遍神通力과 普門遍入大乘力과
智行普修功德力과 威神普覆大慈力과

◀37▶

깨끗하게 장엄하온 복덕의 힘과
집착 않고 의지 없는 지혜의 힘과
선정 지혜 좋은 방편 위신의 힘과
원만하게 쌓아 모은 보리의 힘들

遍淨莊嚴勝福力과 無着無依智慧力과
定慧方便諸威力과 普能積集菩提力과

◀38▶

한량없는 선한 업을 깨끗이 한 힘
끝이 없는 모든 번뇌 부숴버린 힘
마군들을 항복 받는 거룩한 힘과
보현보행을 원만하게 닦은 힘으로

淸淨一切善業力으로 摧滅一切煩惱力하고
降伏一切諸魔力을로 圓滿普賢諸行力하며

[소] ❿열째는 정각을 이루려는 서원이다. 일체중생들과 더불어 동시에 위 없는 깨달음을 모두 얻어, 항상 불사하기를 원하기 때문이다. 게송에 <u>12가지 '힘[力]'</u>이 나오는데, 앞의 아홉은 '업의 작용을 밝히는' 것이고, 뒤의 셋은 '원인을 맺어서 결과를 이루는' 것이다.

앞의 (게송 ◀36▶의 총 4구, ◀37▶의 총 4구, 그리고 ◀38▶의 제1구, 합해서) 총 9구(句) 속에 (9업 중에) 7업(業)이 있다. 이 중에서 앞의 (게송 ◀36▶의 총 4개 구와 ◀37▶의 총 2개 구) 여섯 구는 "○○力"이라는 구절이 앞쪽으로 옮겨가야 한다.[233]

---

233 '速疾周遍神通力'을 '神通力速疾周遍'으로 문장을 도치하라는 청량 국사의 주문이다. 이하 다섯 구절도 모두. 그 이유는 '신통의 힘' 때문에 '순식간에 모든 곳에 다 나타나기'

(1) 첫째의 (게송 ◀36▶의) 제1구는 '자재한 업'이다. 신통의 힘으로 널리 두루 하기 때문이다.

(2) 둘째의 (게송 ◀36▶의) 제2구는 '정각을 보이는 업'이다. 한 터럭 끝을 떠나지 않은 모든 곳에 '8상'의 모습으로 성도하기 때문에 "넓은 문[普門]"이라고 했다. (그런데 실은) "대승의 힘으로써 넓은 문에 두루 한다" 해야만 된다. 생각건대 대승만이 이치에 딱 들어맞아 상호 '즉(卽)'하고 '입(入)'해서 널리 두루 하기 때문이다.

(3) 셋째의 (게송 ◀36▶의 제3구와 제4구, 게송 ◀37▶의 제1구 등) 3개의 구는 곧 '진실한 진리[實諦]를 설하는 업'이다. 이를테면 '진실한 진리'를 설하여 중생을 깨닫게 하기 때문이다. 게송 속에서는 설하는 '공덕'과 '이익'을 통틀어 거론했다. 이를테면 첫째 구(=게송 ◀36▶의 제3구)에서는 "행과 지혜 널리 닦은 공덕의 힘"으로 안으로는 "공덕"을 만족시켰다. 둘째 구(=게송 ◀36▶의 제4구)에서는 "사랑의 큰 힘"으로 "두루 덮어줌[普覆]"을 설한다. 그래서 범본(梵本)에서는 "지혜의 힘으로 공덕이 만족 되고, 사랑의 큰 힘으로 일체를 덮는다"고 했다. 셋째 구(=게송 ◀37▶의 제1구)에서는 "복덕의 힘"으로 "깨끗하게 장엄하는" 것이니, 나와 남이 모두 장애를 여의는 것이며 또한 설법의 '이익'이다.

때문이다. 나머지 네 구도 이유는 같다.

(4)넷째의 제6구(=게송 ◀37▶의 제2구)는 '증득하여 교화하는 업'이다. 자신이 증득한 내용을 설하여 중생을 교화하기 때문이다. 이를테면 보리의 지혜로 열반의 이치에 계합했으므로 의지할 데가 없다. 범본(梵本)에서는 "지혜의 힘이므로 의지할 데가 없다"고 했다.

(5)다섯째의 제7구(=게송 ◀37▶의 제3구)는 '갖가지로 설법하는 업'이다. 선정과 지혜와 방편 등을 구족하기 때문이다.

(6)여섯째의 제8구(=게송 ◀37▶의 제4구)는 '부처 종자를 끊어지지 않게 하는 업'이니, 깨달음을 쌓는다면 부처의 종자가 어찌 끊어지겠는가.

(7)일곱째의 제9구 (=게송 ◀38▶의 제1구) 한 구절은 '법륜에 돌아가 머무는 업'이다. 큰 지혜에 의지해서 능히 모든 선근을 청정하게 하기 때문이다. (게송 ◀38▶의) 뒤 세 구는 '원인을 맺어 결과를 이룸'이니, 안으로 번뇌를 조복하고 밖으로 모든 마군을 항복 받아 보현행원이 원만해지기 때문에 깨달음을 이룬다. 또한 뒤의 세 구가 다시 3종의 업이 되어서 10을 원만하게 할 수 있다.

(8)여덟째는 '번뇌를 소멸시키는 업'이다.

(9)아홉째는 '마군의 원망을 항복 받는 업'이다.

(10)열째는 '수승한 원인을 널리 원만하게 하는 업'이다.

이상으로 「〈1〉 큰 서원[大願] 개별 발원」[234]은 끝.

[疏; ▲十成正覺願. 願與一切衆生, 同時皆得無上菩提, 恒作佛事故. 文有十二力. 前九明業用, 後三結因成果. 前中九句, 有其七業, 前之六句, 力字居中. 初一句卽自在業, 以神通力, 普周徧故. 二一句示正覺業, 不離一毛端處, 而於一切處, 八相成道, 故名普門. 合云, 以大乘力徧普門, 謂大乘稱理, 互相卽入, 而普徧故. 三次三句, 卽說實諦業, 謂說實諦, 令物悟故. 文中通擧說德及益, 謂一以智行力, 內滿功德, 二以大慈力, 普覆而說. 故梵本云, 以智行力功德滿, 以大慈力覆一切. 後句以福德力徧淸淨, 卽是自他離障, 亦說之益. 四以第六句, 卽證敎化業, 說自所證, 以化物故. 謂以菩提智, 契涅槃理, 故無所依. 梵本云, 以智慧力無所依. 五一句, 種種說法, 業具足定慧方便等故. 六一句, 不斷佛種業, 積集菩提, 佛種豈斷. 七一句, 法輪復住業, 依大智慧, 能淨一切諸善根故. 後三句結因成果. 由內伏煩惱, 外降諸魔, 普賢行圓, 故成菩提. 亦可後三復, 爲三業以成圓十, 八摧滅煩惱業, 九降伏魔冤業, 十普圓勝因業. 上已別說十願竟.]

---

[234] 이 대목의 시작은 본 번역서 ☞ 261쪽 참조.

〈2〉 '큰 서원[大願]' 총결
❶ 10대 행원 총결

◀39▶

간 데마다 모든 세계 깨끗이 장엄
한량없는 중생 바다 해탈케 하고
그지없는 법문 바다 잘 분별하여
지혜 바다 깊이깊이 들어가오며

普能嚴淨諸刹海와 解脫一切衆生海와
善能分別諸法海와 能甚深入智慧海와

◀40▶

어디서나 모든 행을 깨끗이 닦고
가지가지 서원 바다 원만히 하며
부처님들 친근하여 공양하옵고
오랜 겁에 부지런히 수행하오며

普能淸淨諸行海와 圓滿一切諸願海와
親近供養諸佛海와 修行無倦經劫海에

◀41▶

삼세 한량없는 모든 부처님
좋은 보리 이루려는 모든 행과 원
내가 모두 공양하고 원만히 닦아
보현보살 큰 행으로 도를 이루리

三世一切諸如來의 最勝菩提諸行願을
我皆供養圓滿修하야 以普賢行悟菩提하며

소 〈2〉 둘째는 '큰 서원 총결하는' 부분이다. 문단이 둘로 나누어지는데 첫째는 ❶ '10대 행원을 총결하는' 부분이고, (둘째는 ❷ '문수와 보현 두 성인으로 귀결시켜 맺는' 부분이다.)

첫째는 (◀39▶, ◀40▶, ◀41▶의 세 게송으로) ❶ '10대 행원을 총결하는' 부분이다. (총 12구 중에서) 앞의 총 7구에 나오는 '바다[海]'는 앞의 '9원'을 맺은 것이다. 말하자면 제1구는 '국토를 청정하게 하려는 서원'을 맺은 것이고, 제2구는 '중생을 성숙시키는 서원'을 맺은 것이고, 제3구는 '법륜 굴려주시기 청하는 서원'을 맺은 것이고, 제4구는 '경전을 수지하려는 서원'을 맺은 것이고, 제5구는 '자리이타 실천의 서원'을 맺은 것이고, 제6구는 '중생에게 이익을 베풀려는 서원'을 맺은 것이고, 제7구에는 두 가지 서원이 있다. "가까이하여"는 '받들어 섬기려는 서원'이고, "공양하옵고"는 '공양 올리려는 서원'이니, "부처님들"이라는 목적어는 이 두 가지 서원 모두에 통한다. 제8구는 '여의지 않으려는 서원'을 맺은 것이니, 뜻과 행이 같기 때문에 긴 세월 권태로움이 없다.

맨 뒤에 나오는 한 게송 ◀41▶은 '정각을 이루려는 서원'을 맺은 것인데, 3세에 걸쳐 수행한 원인이 원만해서 바른 깨달음의 결과가 만족해지기 때문이다.

[疏; ▲二總結大願二. 一總結十願. 前之八海, 結前九願. 謂一淨土願. 二成熟衆生願, 三轉法輪願, 四受持願, 五修行二利願, 六利益願, 由願圓故. 七有二願, 親近二字, 卽承事願, 供養二字, 卽供養願. 諸佛海言, 通上二願. 八卽不離願, 同志行故, 長時無倦. 後之一偈, 成正覺願, 以三世因圓, 正覺果滿故.]

❷ 문수와 보현으로 귀결

[소] '두 성인으로 귀결시켜 맺어 나머지를 모두 포섭'하는 부분이다.

"두 성인으로 귀결시킴"은 보현과 문수를 말하는데, 행(行)이 소속되는 곳을 드러냈다. 또한 즉, 열 가지로 보현행의 이름을 완성하는 것이니, '법문의 주인공'이기 때문이다.

"나머지를 포섭함"이란 설하지 않은 나머지 모든 큰 서원을 말하는 것인데, 그래서 게송(=◀40▶)에서 "가지가지 서원 바다"라고 말했다. 이는 곧 「십지품」에[235] 나오는 이와 같은 하염없는 백천만 억 아승기의 '큰 서원[大願]'과 같다.

게송이 두 부분으로 나누어지는데, (첫째는 ⓐ '보현보살처럼 되기만을 치우쳐 서원하는' 부분이고, 둘째는 ⓑ '문수와 보현 둘 모두와 같아지기를 쌍으로 서원하는' 부분이다.)

[疏; ▲二結歸二聖及攝所餘. 歸二聖者, 謂普賢文殊, 彰行所屬, 亦卽十成普賢行名, 法門主故. 言攝所餘者, 謂餘不說一切大願, 是故文云, 一切願海. 卽同地經, 如是無量百千萬億阿僧祇大願. ▲文二.]

ⓐ 보현보살 닮기 서원

◀42▶

온 세계의 부처님들 맏아드님은
그 이름은 누구신가 보현보살님

---

235 『운허80화엄』「십지품」(상책, 672하~674하)에서 제1 '환희지'에서 등장하는 10종 서원을 말한다.

내가 이제 모든 선근 회향하오며
바랍노니 행과 지혜 그와 같고져

一切如來有長子호대　彼名號曰普賢尊이라
我今廻向諸善根하야　願諸智行悉同彼하며

◀43▶
몸과 말과 마음까지 늘 깨끗하고
모든 행과 세계들도 그러하오며
이런 지혜 이름하여 보현이시니
나도 항상 저 보살과 같아지이다

願身口意恒淸淨호대　諸行刹土亦復然이라
如是智慧號普賢이니　願我與彼皆同等하며

소 (위의 두 게송은) 첫째, ⓐ 보현보살과 같아지기만을 치우쳐 서원하는 부분이다.

(문수와 보현 둘 중에서) 보현보살과만 같아지겠다고 서원하는 것인데, 같아지겠다고 하는 까닭은 보현행이기 때문이며, 법계에 딱 들어맞기 때문이다.

"맏아드님"이라 한 것은 가장 높고 뛰어나기 때문이다. 「여래출현품」에서도 역시 "불법의 '맏아드님'이 누구시온지?"²³⁶라고 했기 때문이다. ('맏아드님' 운운한 의도가) 만약 법계를 표방한 것이라면, 이미 법계를 드러냈으니, (법계는) 어떤 만물보다 앞서 생겨 이것보다 더 앞선 것은 없기 때문이다.

예컨대 어떤 게송에서²³⁷ 이르기를 "보현의 진신(眞身)이 법계에 두루 해, 능히 세간에 자유자재하신 주인이 되니, 시작도 없고 끝도 없으며 생멸이 없어, 성(性)과 상(相)이 상주함이 허공과 같다"라고 한 것과 같다.

이미 더 앞선 게 없으니 곧 이는 '맏이[長]'라는 뜻이고, '원인 되는 수행[因行]'을 버리지 않았기 때문에 부처님의 '아들'이 된다.

(게송◀43▶에서는) 다만 "같아지이다[同等]"라고 했지만, 이는 무량한 아승기 겁의 서원뿐만 아니라, 법계의 분량과 같은 다함 없는 원행이 모두 다 같아지기를 서원한다는 뜻이다.

---

236 『운허80화엄』「여래출현품 제37」(하책, 172하) ; (대정장 10, 262중).

237 규봉 종밀의 『보현행원품소초』에 의하면, 『金剛瑜伽頂經偈』라고 약칭했는데, 갖춘 이름은 당나라 때에 인도의 삼장 법사 금강지가 번역한 『金剛頂瑜伽中略出念誦經卷』이다. 이 게송은 그 경전 제4권에 나오는데, 경에는 "普賢法身遍一切, 能爲世間自在主, 無始無終無生滅, 性相常住等虛空."(대정장18, 250중)으로, '法身'과 '眞身'의 자구에 약간의 차이가 있으나 의미는 같다.

[疏; 一偏同普賢. 偏同普賢也, 所以同者, 普賢行故, 稱法界故. 言長子者, 最尊勝故. 出現品亦云, 誰是如來法長子故. 若表法界者, 卽表法界, 先萬物生, 無過此故. 如有偈云, 普賢眞身徧法界, 能爲世間自在主, 無始無終無生滅, 性相常住等虛空. 卽無有始, 卽是長義, 不捨因行, 故爲佛子. 但云同等, 非但無量阿僧祇願, 如法界量無盡願行, 皆悉願同.]

ⓑ 문수와 보현 모두 닮기 서원

◀44▶

나는 이제 보현보살 거룩한 행과
문수보살 크신 서원 깨끗이 하고
저 사업을 남김없이 원만하오며
오는 세월 끝나도록 싫어 않으리

我爲徧淨普賢行과　文殊師利諸大願하야
滿彼事業盡無餘고대　未來際劫恒無倦하며

◀45▶

나의 닦는 공과 행이 한량이 없어
그지없는 모든 공덕 모두 이루며

끝이 없는 온갖 행에 머물러 있어
가지가지 신통의 힘 분명히 알며

我所修行無有量이라 獲得無量諸功德하야
安住無量諸行中호대 了達一切神通力하며

◀46▶
문수보살 용맹하고 크신 지혜와
보현보살 지혜의 행 그지없나니
내가 이제 모든 선근 회향하여서
그이들을 항상 따라 배워 보리라

文殊師利勇猛智와 普賢慧行亦復然커든
我今廻向諸善根하야 隨彼一切常修學하며

소 (위의 세 게송은) 둘째, ⓑ '문수와 보현 모두와 같아지기를 쌍으로 서원하는' 부분이다.

문수와 보현 두 성인 모두를 따라 배우겠다는 서원이니, 문수는 '이해[解]'를 표방하는데 '이해'가 서원을 일으키기 때문이고, 보현은 '실천[行]'을 표방하는데 '이해'는 '실천'을 일으키기 때문이다. 그래서 '서원'과 '실천'을 두 성인께 각각 배속시켰지만, 이치의 실제에서 보면 모두에게 통한다.

또 이치와 지혜가 한 모습으로 계합하며, 수행과 서원이 서로 돕는다. 그래서 (문수와 보현) 둘 다를 따르기를 서원하는 것이다.

[疏; ▲二雙同二聖. 雙同二聖也, 文殊表解, 解發願故, 普賢表行, 解起行故. 故願與行, 分屬二聖, 理實皆通. 又表理智一相契合. 行願相扶, 所以雙同.]

(ㄷ) 맺어 회향으로 귀결

◀47▶

삼세의 부처님들 칭찬하오신
이와 같은 훌륭하고 크신 서원들
내가 이제 온갖 선근 회향하여서
보현보살의 훌륭한 행 얻으렵니다.

三世諸佛所稱歎인　如是最勝諸大願을
我今廻向諸善根하야　爲得普賢殊勝行하며

[소] 셋째로 (◀47▶ 게송은) (ㄷ) '맺어 회향으로 귀결하는' 부분이다.[238] 이상의 모든 서원은 다 '보개회향'에 속하니, 3개의 서원(=상수제불원, 항순중생원 보개회향원)

이 모두 '보개회향원'에 속한다는 사실을 더욱 드러내었다.

[疏; 三結歸回向. 上來諸願, 皆屬回向, 彌顯三段, 皆屬回向.]

㈏ 왕생정토 서원 노래[239]

◀48▶

바라건대 나의 목숨 마치려 할 때
모든 번뇌 모든 장애 다 없애고
아미타 부처님을 만나 뵈옵고

---

238 (ㄱ)과 (ㄴ)의 과목을 보려면, 본 번역서 ☞ 255쪽과 256쪽을 각각 참조.
239 ⟨㈏ 나머지 3대 행원을 함께 노래⟩하는 科目(◀12▶에서 ◀51▶까지 총 40수의 게송)은 문단이 둘로 갈라진다. 첫째 문단은 ◀12▶에서 ◀47▶까지 총 36수의 게송으로, 본 번역서의 ☞ 255쪽에 나오는 ⟨㉮ 合頌三門; 3대 행원을 합쳐서 노래⟩하는 科目이다. 둘째 문단은 ◀48▶에서 ◀51▶까지 총 4수의 게송으로 ⟨㈏ 頌願生淨土; 왕생정토의 서원을 노래⟩하는 科目이다. 그리고 ⟨㉮ 合頌三門⟩科는 다시 다음과 같이 세 문단으로 나누어진다. ⟨(ㄱ) 회향을 총체로 표방⟩, ⟨(ㄴ) 3대 행원을 개별적으로 노래⟩, ⟨(ㄷ) 맺어 회향으로 귀결시킴⟩' 부분이다. 이제, ⟨㈏ 頌願生淨土⟩科가 시작되는 부분이다.

지체 없이 극락세계 가서 나려오

願我臨欲命終時에 盡除一切諸障碍하고
面見彼佛阿彌陀하야 卽得往生安樂刹하며

◀49▶

내가 이미 저 세계에 가서 나고는
눈앞에서 이런 서원 모두 이루며
온갖 것을 남김없이 원만하여서
그지없는 중생들을 기쁘게 하리

我旣往生彼國已에   現前成就此大願하며
一切圓滿盡無餘하야 利樂一切眾生界하며

◀50▶

저 부처님 모인 대중 깨끗할씨고
나는 이때 연꽃 위에 태어나고서
무량수 부처님을 친히 뵈오면
그 자리에서 보리의 수기 내게 주시리

彼佛眾會咸淸淨이어든 我時於勝蓮華生하야
親覩如來無量光하면   現前授我菩提記하며

◀51▶

부처님의 보리 수기 받고 나서는
마음대로 백억 화신 나타내어
크고 넓은 시방세계 두루 다니며
이 지혜로 모든 중생 제도할 적에

蒙彼如來授記已하고 化身無數百俱胝로
智力廣大徧十方하야 普利一切衆生界호대

[疏] (다음의 ◀48▶이하 ◀51▶까지의 네 게송은) 둘째, ㉯ '왕생 정토의 서원을 노래하는' 부분이다.

장항(長行)과 완전 같지만, 넘치고 뛰어난 공덕과 점점 더 생겨나는 이익을 드러냈다. 이곳 게송(偈頌)에서는 서원을 일으키게 하려고 하고, 저곳 장항(長行)에서는 설법하는 이익을 잡았으니, 의도하는 게 다르다.

그런데 당나라 홍선사 (반야) 삼장이 번역한 (『40화엄』)에 따르면, (◀46▶의 제1구에 나오는) "문수보살 용맹하고 크신 지혜와"라는 구절 이하는, 이 넷(◀48▶~◀51▶)을 겸하는데, 넘치고 뛰어난 공덕을 드러내는 끝과 마지막 3게송 앞 사이에 나란히 두었으니, 즉 장항을 읊은 것이다. 즉, 이곳 12구절의 게송은 모두 넘치고 뛰어난 공덕을 읊은 것이니 응당 쪼개어 넷으로 해야 한다.

(1)처음의 5구는 정토왕생을 읊었고, (2)다음의 2구는 경을 듣는 공덕과 비교하는 것을 읊었고, (3)다음의 4구는 '다섯 업과를 통으로 밝힘' 읊었고,[240] (4)마지막 1구는 구경의 과를 읊었다. 즉, (◀48▶의 제1구에 나오는) "願我(원아; 바라건대 나의)"라는 두 글자를 고쳐서 "是人(시인; 이 사람)" 두 글자로 하면, 의혹이 사라진다. 그런데 지금 여기서는 경문에 의지했다. (여러분들도) 경문은 알 수 있겠다.

연화장세계에 왕생하지 않고 극락세계로 왕생하는 것에는 간략히 네 가지 뜻이 있다. (1)첫째는 연(緣)이 있기 때문이고, (2)둘째는 중생들에게 귀의하여 의지하는 생각을 한결같이 하게 하려고 하기 때문이며, (3)셋째는 (극락세계는) 연화장세계와 떨어져 있지 않기 때문이며, (4)넷째는 곧 본사(本師)이기 때문이다.

[疏; ▲二頌願生淨土. 全同長行, 顯經勝德, 轉生之益. 此令起願, 彼約說益, 爲意不同. 然準興善三藏所譯, 從文殊師利勇猛智下, 兼此四, 並在顯經勝德之末, 末後三偈之前, 卽頌長行. 則此下十二偈, 皆頌顯經勝德, 應分爲四. 初五偈頌生淨土, 次二偈頌挍量聞經功德, 次

---

240 원문은 '通顯五果'인데, 앞의 장항(본 번역서 ☞ 233쪽 참조)에서는 '通明五果'로 표기. 이곳 번역에서는 장항에 맞추어 '顯'을 '밝히다'는 용어로 번역해서, 표기의 통일을 기했다.

四偈頌通顯五果, 後一偈頌究竟果. 卽應改於願我二字, 爲是人二字, 則無惑矣. 今且依文, 文則可知. 不生華藏, 而生極樂, 略有四意. 一有緣故, 二欲使衆生歸憑情一故, 三不離華藏故, 四卽本師故.]

② 10대 행원을 총체로 노래함[241]

◀52▶

허공계가 끝나고 중생 끝나면
이내 서원 끝날는지 모르거니와
중생들의 업과 번뇌 끝없기에
나의 원도 필경까지 끝없으리라

乃至虛空世界盡하며 衆生及業煩惱盡하며
如是一切無盡時라도 我願究竟恒無盡하리

---

241 청량 국사는 『보현행원품』에 나오는 게송 62수를 다음과 같이 크게 세 범주로 분류한다, (1)첫째, '두루한 원인 바로 보임'을 노래하는 게송 52수, (2)둘째 '수승한 공덕 드러냄'을 노래하는 게송 7수, (3)셋째, '맺고 수지독송 권함'을 노래하는 게송 3수. 그리고 (1)첫째는 '①10대 행원을 따로 노래함'과 '②10대 행원을 함께 노래함'으로 크게 과목이 갈린다. 이제 ②가 시작된다. 〈①〉은 본 번역서 ☞ 246쪽에 있다.

🔲 둘째 '10대 행원을 총체로 노래하는' 부분이다. 다함 없음을 총결하는 것이며, 역시 개별적으로 10대 서원의 열 가지 다함 없음을 노래하는 구어 속하기도 한다.

[疏; ▲二總頌十門. 總結十門無盡也. 亦別屬十願十無盡句.]

(2) '수승한 공덕 드러냄'을 노래[242]

🔲 둘째는 '경전의 수승한 공덕 드러냄'을 노래하는 부분이다. 게송이 둘로 나누어진다. ①첫째는 '경전 듣는 이익을 비교하여 따지는 대목을 노래하는' 부분이고, (②둘째는 '온갖 수행 이익을 통으로 드러냄을 노래하는' 부분이다.)

[疏; ▲二頌顯經勝德二. 一頌挍量聞經益.]

---

242 이전까지는 《(1)첫째 '두루 한 원인 바로 보임'을 노래》하는 부분이고, 여기부터는 《(2)둘째 '수승한 공덕 드러냄'을 노래》 부분이다. 과목의 구조에 대해서는 본 번역서 ☛ 245쪽 「〈표3〉 62게송 분류표」 참조.

① 경전 듣는 공덕 노래

◀53▶

시방세계 세계마다 가득히 쌓은
7보로서 부처님께 공양한대도
가장 좋은 쾌락으로 천상 인간을
티끌 겁이 다하도록 보시한대도

十方所有無邊刹에 莊嚴衆寶供如來하며
最勝安樂施天人호대 經一切刹微塵劫하며

◀54▶

어떤 이가 거룩하온 이 서원들을
한 번 듣고 지성으로 신심을 내어
좋은 보리 얻으려고 우러른다면
그 공덕이 저 복보다 훨씬 지나리

若人於此勝願王에   一經於耳能生信하야
求勝菩提心渴仰하면 獲勝功德過於彼라

② 갖가지로 이익 얻는 노래

소 둘째는 '온갖 수행 이익을 통으로 드러냄을 노래

하는' 부분이다.

 장항(長行) 속에는 세 과목(科目) 있었으니, 첫째 〈(가) 다섯 업과를 통으로 밝힘〉, 둘째 〈(나) 정토의 업과만 따로 밝힘〉, 셋째 〈(다) 끝내는 성불하는 업과〉이다.[243] 그런데 이곳 게송에서는, 〈정토의 업과만 따로 밝힘〉을 노래하는 내용은 '앞에서 한 발원' 속에 있기 때문에, 첫째와 셋째만을 노래한다.

 게송의 문단이 둘로 나누어지는 첫째는 '다섯 업과를 통으로 노래하는' 부분이고, 둘째는 '끝내는 성불함을 노래하는' 부분이다.

[疏; ▲二通頌顯衆行益. 長行有三. 一通明五果, 二別明淨土果, 三究竟成佛果. 其生淨土在前願中, 但頌初後. ▲文二. 一通頌五果]

㈎ 다섯 업과를 통으로 노래

◀55▶

언제든지 나쁜 벗을 멀리 여의고
영원토록 나쁜 갈래 만나지 않고
무량수 부처님을 빨리 뵈옵고
보현보살의 좋은 서원 구족하리니

---

243 본 번역서 ☛ 231쪽 〈② 공덕을 널리 드러냄〉 참조.

卽常遠離惡知識하고 永離一切諸惡道하며
速見如來無量光하고 具此普賢最勝願하며

◀56▶

이 사람은 훌륭한 수명을 얻고
이 사람은 날 적마다 인간에 나서
이 사람은 이제부터 오래지 않아
보현보살 크신 행을 성취하리라

此人善得勝壽命하고 此人善來人中生하며
此人不久當成就하되 如彼普賢菩薩行하며

◀57▶

지난 옛적 어리석고 지혜가 없어
다섯 가지 나쁜 죄를 지었더라도
보현보살 이 서원을 읽고 외우면
한 생각에 저 죄업이 다 없어지고

往昔由無智慧力하야 所造極惡五無間도
誦此普賢大願王하면 一念速疾皆消滅하며

◀58▶

날 적마다 문벌 좋고 신수 잘나고
복과 지혜 모든 공덕 원만하여서
마군이나 외도들이 어쩔 수 없어
3계 중생 좋은 공양 받게 되리라

族姓種類及容色과 相好智慧咸圓滿하야
諸魔外道不能摧라 堪爲三界所應供하며

[소] 처음의 (◀55▶) 게송은 '증상과'이고, 다음의 (◀56▶) 게송은 '등류과'이고, 다음의 (◀57▶은) 게송은 '이계과'이고, 다음의 (◀58▶) 게송 전반 2구는 '이숙과'이고, 후반 2구는 '사용과'이다.

[疏: 初偈增上果, 次偈等流果, 次偈離繫果, 次半偈異熟果, 後半偈士用果.]

(나) 끝내는 성불함을 노래

[소] 둘째는 '구경의 과보'를 노래하는 부분이다.

[疏: ▲二頌究竟果.]

◀59▶

오래잖아 보리수 아래에 앉아
여러 가지 마군들을 항복 받고서
정각을 성취하고 법을 말하여
한량없는 중생들을 이익하리라

速詣菩提大樹王하야 坐已降伏諸魔衆하고
成等正覺轉法輪하야 普利一切諸含識하며

(3) '맺고 수지 권함'을 노래

㋙ 셋째는 '맺고 수지하기 권함'을 노래하는 부분이다.

[疏; ▲三頌結勸受持.]

◀60▶

어떤 이가 보현보살 이 서원들을
읽고 외워 받아 지니고 연설한다면
그 과보는 부처님이 아시오리니
결정코 보리도를 얻게 되리라

若人於此普賢願에 讀誦受持及演說하면

果報唯佛能證知라 決定獲勝菩提道하며

◀61▶

어떤 이가 이 서원을 읽고 외우면
그 선근의 일부분을 내가 말하리니
잠깐 사이 모든 공덕 다 원만하고
중생들의 깨끗한 원 성취하리라

若人誦此普賢願하면 我說少分之善根하리니
一念一切悉皆圓하야 成就衆生淸淨願하며

◀62▶

바라건대 보현보살 거룩한 행의
그지없는 훌륭한 복 회향하여서
3계 고해 빠져 있는 모든 중생들
아미타불 극락세계 어서 가소서.

我此普賢殊勝行을로 無邊勝福皆廻向하야
普願沈溺諸衆生이 速往無量光佛刹하야이어다

소 (이상의 총 12구 중) 처음의 2구는 앞의 모든 수행을 맺는 것이고, 다음의 6구는 뛰어난 이익을 거듭 나타내는 것이고, 마지막 1구는 맺어 회향하는 것이다.

   [疏: 初二句結前諸行, 次六句重顯勝益, 後一句結成回向.]

제5장. 칭찬하여 설법을 맺음[244]

> 〈표2〉 본문의 과목표 : 밑줄 친 부분이 현재 설명하는 부분
>
> 제1장. 두루 한 원인을 바로 보임[正示普因]
> 제2장. 경전의 뛰어난 공덕을 드러냄[顯經勝德]
> 제3장. 끝맺으며 수지독송을 권함[結勸受持]
> 제4장. 게송으로 거듭 말씀하심[偈頌]
> 제5장. <u>잘했다고 칭찬하여 설법을 맺음[結說讚善]</u>

이 때에 보현보살 마하살이 부처님 앞에서 엄청난 보현의 큰 서원과 깨끗한 게송을 말하자, 선재동자는 한량없이 기뻐 뛰놀고, 여러 보살은 크게 즐거워하였으며, 부처님은 "잘한다"고 찬탄하시었다.

爾時에 普賢菩薩摩訶薩이 於如來前에 說此普賢廣大願王淸淨偈已하시니 善財童子는 踊躍無量하고 一切菩薩은 皆大歡喜하니 如來讚言하사되 善哉善

---

244 한자 원문과는 다르게 번호를 붙였는데, 한글 독자들에게 혼란을 줄까 염려하여 간소화했다. 그 관계는 본 번역서 ☞ 141쪽의 〈표1〉「[정종분]의 한글 번역에서 변형한 과목 대조표」 참조.

哉라하시니라.

소 둘째는 '잘했다고 칭찬하여 설법을 맺는' 부분이다. 여래께서 잘했다고 칭찬하신 것은 '의생(義生; 의리[義] 차원에서 드러냄)'[245]이다. 이번 모임(=제9회의 모임)에서 삼매에 드신 내내(=제60권 초),[246] 부처님께서는 말씀

---

245 의생(義生); '의생'이란, '본생(本生)'의 상대어로서 이때의 '의(義)'는 진짜는 아니지만, 진짜와 진배없이 기능함을 뜻한다. 용례로 의치(義齒), 의족(義足), 의수(義手) 등이 있다. 『40화엄』에서 부처님은 일체 말씀이 없으시다. 그런데 이제 이곳에서 "잘한다. 잘한다"고 말씀하셨다 하니, 청량 국사께서 생각하기에 진짜는 아니고 '의생(義生)'이라는 해석이다.

246 『80화엄』「입법계품 제39」(또는 『40화엄』)의 첫 대목은 사위성 기수급고독원에서 시작한다. 부처님께서 '사자빈신 삼매'에 드시니 세간이 모두 청정해지고 나아가 서다림이 드넓어지며 무수한 대중들도 몰려온다. 이 광경 본 보현보살이 설명하자, 부처님께서 미간의 백호에서 '삼세에 두루 비치는 법계문'이라는 광명을 놓는다. 기타 숲에 모인 이들이 모두 황홀해한다. 이 모든 광경을 본 문수보살이 찬탄하며 부처님께 인사 올리고 선주누각을 나와 온 대중을 모두 데리고 남쪽으로 향한다. 차례로 인간의 도성과 마을을 지나 마침내 복생성(福生城)에 도착하여 선재동자를 만난다. 선재에게 수많은 선지식을 만나도록 인도하니, 선재는 마지막에 보현을 만나 법을 듣는다. 그러나 40권 내내 부

II. 정종분 : 제5장. 칭찬하여 설법을 맺음 315

하신 적은 없다. 고덕들의 '공립(共立; 세상에서 인정되는 지식에 따라 하는 말)'[247] 이니, 중생들을 단박에 증득하게 하려고 그런 것이다.

[疏; ▲二結說讚善. 如來讚善, 乃是義生. 此會入定, 未有佛說. 古德共立, 令衆頓證.[248]]

처님은 한 말씀도 하시지 않았다. 그런데 마지막에 와서 "잘한다. 잘한다 찬탄하셨다" 하니, 청량 국사가 보기에 이 구절도 '의생(義生)'이라는 평가이다. 『80화엄』에서 부처님은 딱 두 곳에서(「아승기품 제30」과 「여래수광명공덕품 제35」) 그것도 약간 말씀하신다.

247 공립(共立)은 공립인정수습(共立印定數習)의 준말. 세친이 『中邊分別論』에서 진속(眞俗) 2제(諦) 중 속제의 성립을 논증하기 위해 사용한 논법.

248 令衆頓證; 〈봉은사본〉『보현행원품소』(청량소)와 신찬속장본 『화엄경행원품소초』(규봉소)에는 '令衆頓證'로 표기. 그런데 신찬속장본 『貞元新譯華嚴經疏』(신찬속장5, 198중)에는 '佛領頓證'으로 표기. 의미는 같으나 두 텍스트를 대조하면, '단박에 증득[頓證]' 하는 당사자는 중생이고, 그렇게 하도록 역할을 하신 분은 부처님임이 잘 구별됨.

Ⅲ. 유통분

[소] 셋째는 [유통분]이다. 문단이 둘로 나누어지니 첫째는 '설하신 법문을 지시하는' 부분이고, (둘째는 '당시의 대중들이 수지하는' 부분이다.)

[疏; ▲三流通分二. 一指所說法.]

1) 설하신 법문을 지시

그 때에 부처님이 거룩하온 여러 보살 마하살과 함께 이 헤아릴 수 없는 해탈 경계의 훌륭한 법문을 연설하실 때에,

爾時에 世尊이 與諸聖者菩薩摩訶薩로 演說如是不可思議解脫境界勝法門時에

[소] 앞에서 보현보살이 한 말에 ("잘한다"라고 부처님께서 찬탄하신 말씀도) 이미 '의생(義生)[249]으로 맺으신 것이고, 이곳에서 부처님이 "연설하실 때"라는 본문도 역시

---

249 의생(義生); 본 번역서 ☞ 314쪽의 각주245) 참조.

'의생(義生)'이다. 그렇게 한 의도는 총괄하기 위함인데, 역시 두 가지 의도가 있다.

하나는 (『80화엄』으로 말하면 총 9회(會) 중에서) 이 한 회(會)에도 부처님께서 회주(會主)가 되시니, 비록 (53명에 해당하는) '여러 선지식'의 설이기는 하지만, 전체[總]로 개별[別]을 포괄하므로 역시 불설(佛說)에 속한다. 또 하나는 9회를 두루 포괄하는 것이니, 모두 큰 보리수 아래에서 일어나지 않으시고 일체 모든 곳에 두루 하여 일시에 단박에 설하시기 때문이다.

앞에서 보현보살이 정각도량에 계시는 걸 본 것은 지말법회(枝末法會)를 거두어 근본법회(根本法會)로 돌아가는 것이니, 근본으로 지말을 거두기 때문에 모두가 다 부처님께서 하신 말씀이 된다.

[疏; 向普賢說, 已是結義, 今云佛說, 亦是義生. 意欲總該, 亦有二意. 一此之一會, 佛爲會主, 雖諸善友, 以總該別, 亦屬佛說. 二徧該九會, 以皆不起菩提樹王, 徧一切處, 一時頓說. 向見普賢在菩提場, 攝末歸本, 以本該末, 並爲佛說.]

2) 당시 대중들이 수지

   (1) 수지 할 대중 열거

[소] 둘째는 '당시 대중들이 수지하는' 부분이다. 문단이 둘로 나누어지니, 첫째는 (1) '수지할 대중을 열거하는' 부분이고, (둘째는 (2) '총체로 수지함을 나타내는' 부분이다.) '수지할 대중을 열거하는' 부분의 문단이 셋으로 나누어진다.

[소] (1)첫째는 보살 대중, ((2)둘째는 성문 대중, (3)셋째는 다양한 부류의 대중이다.)

[疏; ▲二時衆受持二. 一列能持衆三. ▲一菩薩衆.]

문수사리보살을 우두머리로 한 여러 큰 보살들과 그들이 성숙한 6천의 비구와 미륵보살을 우두머리로 한 현겁(賢劫)의[250] 모든 보살과 무구보현보살을 우두머리로 한 일생보처(一生補處)로서[251] 정수리에 물을 붓는 지위에 있는[灌頂位][252] 모든 큰 보살과 시방의 여

---

250 현겁(賢劫); 즉 현겁(現劫). 3겁의 하나. 과거의 대겁을 장엄겁(莊嚴劫), 현재의 대겁을 현겁(賢劫), 미래의 대겁을 성수겁(星宿劫)이라 한다.
251 일생보처(一生補處); 한 생애만 더 이 세상에 와서 수행을 마치면 부처님의 지위에 후보한다는 뜻이다.
252 관정(灌頂); 여러 부처님이 대자비의 물[水]로 보살의 정

러 세계에서 모여 온 모든 세계의 티끌 수 같은 모든 보살 마하살들과

文殊師利菩薩이 而爲上首하는 諸大菩薩과 及所成熟인 六千比丘와 彌勒菩薩로 而爲上首하는 賢劫一切諸大菩薩과 無垢普賢菩薩로 而爲上首하는 一生補處며 住灌頂位인 諸大菩薩과 及餘十方種種世界에서 普來集會인 一切刹海極微塵數諸佛菩薩摩訶薩과

소 글 속에 네 부류가 등장한다. 앞의 첫 번째와 두 번째의 두 부류는 많이들 이 모임[會]에 있었고, 세 번째는 보현보살은 의미로 볼 때 (모든 회에) 항상 따랐으니 9회를 모두 포괄하고, 네 번째로 갖가지 세계에서 두루 와서 이 모임에 모인 대중인데, 역시 두 가지 의미에 통한다. 첫째는 앞에서 멀리서 모인 새 대중이고, 둘째는 9회에 걸쳐 통하니, 모임에는 멀고 가까움이 있다. 범본(梵本)에는 이 문장이 없다.

[疏; 文有四類. 前之二類, 多在此會. 第三普賢, 義通常隨, 則徧該九會. 第四種種世界, 普來集會, 亦通二

수리에 붓는 것. 등각(等覺) 보살이 묘각위(妙覺位)에 오를 때에 부처님이 그에게 관정하여 불교를 증득하게 한다.

義, 一是前來遠集新衆, 二通九會. 集有遠近. 而梵本無文.]

▣ (2)둘째는 '성문 대중'이다. 오직 이 회(=제9회)에만 국한하여 등장한다.

[疏; ▲二聲聞衆. 唯局此會]

큰 지혜 있는 사리불·마하 목건련[253] 들을 우두머리로 한 모든 큰 성문들과

大智舍利弗과 摩訶目犍連等으로 而爲上首하는 諸大聲聞과

▣ (3)셋째는 '다양한 부류의 대중'이다.

[疏; ▲三雜類衆.]

---

253 목건련(目犍連); 부처님 10대 제자 중의 한 사람이다. 중인도 왕사성 근방에 있던 구리가촌 바라문의 아들. 처음에 사리불과 함께 바리사바(波離闍婆) 외도인 산사야(刪闍耶)에게 가서 도를 배우다, 사리불이 5비구의 하나인 아설시(阿說示)를 만나 불법을 알아 깨달은 뒤 서로 손 잡고 죽림정사에 가서 부처님의 제자가 되다. 불교에 귀의한 뒤에는 여러 고장으로 다니면서 부처님의 교화를 펼친다.

인간·천상의 모든 세간차지들과 하늘·용왕·야차·건달바·아수라·가루라·긴나라·마후라가·〈사람인 듯 아닌 듯 한〉 따위의 모든 대중들이

幷諸人天一切世主와 天龍夜叉와 乾闥婆 阿修羅 迦樓羅 緊那羅 摩睺羅伽 人非人等 一切大衆이

(2) 모두가 수지하겠다고 함

[소] 둘째는 '총으로 수지함을 드러내는' 부분이다.

[疏: ▲二總顯受持.]

부처님의 말씀을 듣고 모두 즐거워서 믿어 받고 받들어 행하였다.

聞佛所說하고 皆大歡喜하야 信受奉行하니라.

[소] (이렇게 한 이들은) 앞의 모든 대중에게도 통한다. 그런데 이곳의 [유통분]은 제9회에만 치우쳐 통하지만, 그런데 전체 9회에 통한다 해도 이치에 어긋나지 않는다. 그렇기는 하지만, 무엇 때문에 『보현행원품』의 이곳 [유통분] 대목을 가져다 전체 9회를 모두 포괄하려

할 필요가 있겠는가.[254] 또 앞의 사례에 준하면, 설법 후에 ('현서'와 '증성' 부분이 모두 있는데, 이곳에서만은) 오히려 '상서 나타냄[現瑞]' 및 '증명해 완성해주심[證成]'이 빠졌다. 다만, 법본(梵本)의 본문을 보면 처음과 끝이 완전하게 갖추어져 있다.

[疏; 通前諸衆. 然此流通, 偏通第九, 若通九會, 於理無違, 何必將斯, 要該九會. 又準前例, 說法之後, 尚闕現瑞, 及證成等. 但案梵文, 足有始終.]

소 이상으로 〈3개장석문(開章釋文)〉 끝.

[上來開章釋文竟.][255]

---

254 고덕들이 말씀하기를 『화엄경』은 원래 미진하기 때문에 [유통분]이 없다고 한다.
255 〈봉은사본〉을 보면, 글자의 크기를 본문보다 작게 세주(細注)로 새겼다. 역시 명나라 명득 스님이 교정 과정에서 규봉의 『과문』을 첨부한 듯.

Ⅳ. 경찬하고 회향

우리 부처님께서 옛날 오랜 세월
중생을 위해 고행을 닦으시어
증득하신 생각하기도 어려운 해탈문을
무슨 복이 있길래 받자와 찬양할꼬.

我佛昔於大劫海　修行苦行爲衆生
證此難思解脫門　何幸得聞能讚演

바라노니 수승한 원인 회향 올려
나라는 복되고 세상 도덕 빛나고
부모 스승 동무 문무백관 모든 중생
같이 깨쳐 바다처럼 슬기로워지소서.

願此勝因皆上薦　寶祚長安帝道昌
四恩百辟及含生　同證玄門齊智海

소 이상은 (이 경을 만난 것을) 기뻐하며 찬탄하고, (공덕을) 회향하는 ④경찬회향(慶讚迴向)이다.

[上慶讚廻向.]²⁵⁶

대방광불화엄경 입부사의해탈경계 보현행원품
大方廣佛華嚴經 入不思議解脫境界 普賢行願品

---

256 이 구절 역시 명나라 명득 스님이 교정하는 과정에서 규봉의 『과문』을 첨부한 듯. 〈봉은사본〉에는 글자의 크기를 본문보다 작게 세주(細注)로 새겼다.

부록

- 80화엄 구조표 / 326
- 선재동자가 만난 선지식과 지위 대조표 / 328
- 해제 / 330
- 관련 논문 / 357
- 참고자료 / 412
- 찾아보기 / 419

會	住處 (說主) 〈放光〉	品次	說法	入定	分次	
제1회	보리도량 (보현보살) 〈齒, 眉間〉	1. 세주묘엄품 2. 여래현상품 3. 보현삼매품 4. 세계성취품 5. 화장세계품 6. 비로자나품	如來 依正法	毘盧藏身 三昧	① 舉 勸 生 分	果 樂 信
제2회	보광명전 (문수보살) 〈兩足輪〉	7. 여래명호품 8. 사성제품 9. 광명각품 10. 보살문명품 11. 정행품 12. 현수품	10信法	未入定 ‥ 信未入位 故	② 修 契 生 分	因 果 解
제3회	도리천궁 (법혜보살) 〈兩足指〉	13. 승수미산정품 14. 수미정상게찬품 15. 십주품 16. 범행품 17. 초발심공덕품 18. 명법품	10住法	無量方便 三昧		
제4회	야마천궁 (공덕림보살) 〈兩足趺〉	19. 승야마천궁품 20. 야마궁중게찬품 21. 십행품 22. 십무진장품	10行法	菩薩善思 惟三昧		

제5회	도솔천궁 (금강당보살) 〈兩膝輪〉	23.승도솔천궁품 24.도솔천궁게찬품 25.십회향품	10廻向法	菩薩智光三昧	
제6회	타화자재천궁 (금강장보살) 〈眉間白毫〉	26.십지품	10地法	菩薩大智慧光明三昧	
제7회	보광명전 (여래) (보현보살) 〈眉間,口〉	27.십정품 28.십통품 29.십인품 30.아승기품 * 31.수량품 32.제보살주처품 33.불부사의법품 34.여래십신상해품 35.여래수호 광명공덕품 * 36.보현행품 37.여래출현품	等覺 妙覺法	刹邦際 三昧	
제8회	보광명전 (보현보살) 〈방광없음〉	38.이세간품	二千行	華嚴藏 三昧	③ 托法 進修 成行 分
제9회	급고독원 (여래·선우) 〈眉間白毫〉	39.입법계품 40.보현행원품	果法	獅子嚬呻 三昧	④ 依人 證入 成德 分

〈표4〉 80화엄 구조표

奇位	現相	53선지식 이름(寄位名)
10信	① 寄位修行相	1. 문수보살(10信)
10住		2. 덕운비구(1. 發心住) 3. 해운비구(2. 治地住) 4. 선주비구(3. 修行住) 5. 미가장자(4. 生貴住) 6. 해탈장자(5. 具足方便住) 7. 행당비구(6. 正心住) 8. 휴사우바이(7. 不退住) 9. 비목구사선인 (8. 童眞住) 10. 승열바라문(9. 法王子住) 11. 자행동녀(10. 灌頂住)
10行		12. 선견비구(1. 歡喜行) 13. 자재주동자(2. 饒益行) 14. 구족우바이(3. 無違逆行) 15. 명지거사(4. 無屈撓行) 16. 법보계장자(5. 離癡亂行) 17. 보안장자(6. 善現行) 18. 무염족왕(7. 無着住) 19. 대광왕(8. 難得行) 20. 부동우바이(9. 善法行) 21. 변행외도(10. 眞實行)
10回向		22. 육향장자(1. 救護一切衆生離衆生相回向) 23. 바시라선사(2. 不壞回向) 24. 무상승장자(3. 等一切佛回向) 25. 사자빈신비구니(4. 至一切處回向) 26. 바수밀다녀(5. 無盡功德藏回向) 27. 비슬지라거사(6. 隨順堅固一切善根回向) 28. 관자재보살(7. 隨順一切衆生回向) 29. 정취보살(8. 眞如相回向) 30. 대천신(9. 無縛無着解脫回向) 31. 안주신(10. 等法界無量回向)
10地		32. 바산바연저주야신(1. 歡喜地) 33. 보덕정광(2. 離垢地) 34. 희목관찰중생주야신(3. 發光地) 35. 보구중생묘덕주야신(4. 焰慧地) 36. 적정음해주야신(5. 難勝地) 37. 수호일체성주야신(6. 現前地) 38. 개부일체수화주야신(7. 遠行地) 39. 대원정진력주야신(8. 不動地) 40. 묘덕원만주야신(9. 善慧地) 41. 구바녀(10. 法雲地)

等覺	②會緣入實相	42.마야부인 43.천주광녀 44.변우동자사 45.선지중예 동자 46.현승 우바이 47.견고해탈장자 48.묘월장자 49.무승군 장자 50.최적정 바라문 51.덕생동자 · 유덕동녀
	③攝德成因相	52.미륵보살
	④智照無二相	53.다시 문수보살
妙覺	⑤顯因廣大相	54.보현보살

〈표5〉 선재동자가 만난 선지식과 지위 대조표

‖ 해제 ‖

1. 조선 이래 화엄교학의 전승

『80화엄』이 조선에 널리 퍼지게 된 계기는 숙종 7년(1681; 辛酉) 임자도(荏子島)의 대장선(大藏船) 표류 사건이다. 당시 순천 선암사 창파각에서 개강한 백암 성총(栢巖性聰; 1631~1700) 강백은 5,000여 판에 달하는 화엄 교학 계통의 서적을 목판에 새겨 인경(印經)한다. 이때 청량의 『대방광불화엄경수소연의초(大方廣佛華嚴經隨疏演義鈔)』(줄여서 『청량소초』)도 판각되어 낙안(樂安)의 징광사(澄光寺)에 안치되었지만, 81년이 지난 1770년 소실된다. 그 후로 두 차례 판각되어 오늘에 전한다.[1]

---

1 〈징광사판〉은 숙종 15년(서기 1689)에 낙안 징광사에서 판각되나, 영조 45년(1769) 전소된다. 영조 50년(1774) 설파 상언(雪坡尙彦) 강백이 〈징광사판〉을 복각(覆刻)하여 지금의 경상남도 함양군 서상면 상남리 남덕유산(南德裕山) 영각사(靈覺寺)에 보관하니 이것이 〈영각사판〉이다. 불행히도 이 또한 1950년 6.25 전쟁통에 화재로 소실되었다. 다행스러운 건 남호 영기(南湖永奇) 율사가 철종 7년(1856)에 역시 〈영각사판〉을 복각한 게, 현재 서울 강남의 봉은사의

성총 스님은 1689년 〈징광사판〉을 봉안한 지 3년이 지난 1692년 선암사 강당에서 화엄 법회를 열자 8도의 학승들이 몰려들었다. 백암의 전통은 제자 무용 수연(無用秀演; 1651~1719)[2]에게 이어져 화엄과 선 문헌의 강의는 점점 확산되어 갔다.

한편, 편양 언기(鞭羊彦機; 1581~1644)의 문하에 화엄 학승들이 많이 배출된다. 편양의 문하에서 풍담 의심(風潭義諶; 1592~1655)이 나왔고, 다시 풍담 문하에 월담 설제(月潭雪霽), 월저 도안(月渚道安; 1633~1715)[3], 상봉 정원(霜峰淨源) 등이 배출되어 화엄의 강학(講學)이 계승된다.

다시 월담 설제의 문하에는 환성 지안(喚醒志安; 1664~1729)이 출현하여 영조 원년(1725) 금산사에서

판전(板殿)에 봉안된 일이다. 해방 후 남한 강원에 유통되는 책은 〈봉은사본〉『청량소초』이다. 이때 청량 국사의 『보현행원품소』도 판에 새겨 인경(引經) 되었다.
2 1700년 백암 성총이 지리산 신흥사에서 입적하자, 그의 강석을 이어서 화엄과 선 문헌을 강의한다.
3 월저 도안;『화엄경』을 열람하고 오탈자를 교정하고『음석(音釋)』을 했다고 하지만,『음석』의 내용은 전하지 않는다. 그리고 보면 고려 시대에 대각 국사 의천 대사가『화엄경』을 번역했다는 것과 더불어, 이『음석』은 역사 기록에 보이는 두 번째의『화엄경』번역으로 볼 수 있다.

화엄 대법회를 열고, 다시 환성의 문하에 '화엄 십지 이구지 보살'로 칭송되는 설파 상언(雪坡尙彦; 1701~1769)[4] 강백이 출세한다. 한편, 월저 도안의 문하에 설암 추붕(雪巖秋鵬; 1651~1706)이 나와 해남 대둔사에서 강학을 했고, 설암 추붕의 문하에 회암 정혜(晦菴定慧; 1685~1741)[5]가 출세하여 순천 선암사에서 화엄을 강한다. 한편, 상월 새봉(霜月璽封)은 영조 30년(1754) 순천 선암사에서 화엄 강회(講會)를 연다. 상월 새봉의 강석에는 묵암 최눌(默庵最訥; 1717~1790), 연담 유일(蓮潭有一; 1720~1799), 사암 채영(獅巖采永)[6], 용담 조관(龍潭慥冠; 1700~1762) 등도 참석한다.

이 중 묵암 최눌의 『화엄과도(華嚴科圖)』는 청량의 『대방광불화엄경수소연의초』(荒字卷)에 나오는 '화엄십

---

4 법계상으로 보면, '편양 언기→풍담 의심→월담 설제→환성 지안→호암 체정'으로 이어지고, 호암 체정의 문하에 설파 상언과 연담 유일로 이어진다. 설파의 화엄 관계 저술로는 『鉤玄記』와 『華嚴隱科』 및 『十地品 私記』 등이 있다.
5 회암 정혜; 회암의 『華嚴經疏隱科』는 지금도 화엄학승들에게 활용되고 있다.
6 사암 채영의 생몰 연대는 자세하지 않으나, 월저 도안의 5세손으로 1762년(영조 38년)부터 선문의 각종 문보(門譜)를 수집하여 1764년(영조 40년) 전주 송광사에서 『서역중화해동불조원류』를 간행한다.

종분과(華嚴十種分科)'를 정리 소개하면서, 한편으로는 미진한 부분을 보충한 것으로, 간경(看經)의 지남(指南)이 되어왔다. 이 과도의 형태는 아래의 〈사진7〉『화엄품목』에서 그 단면을 볼 수 있다.

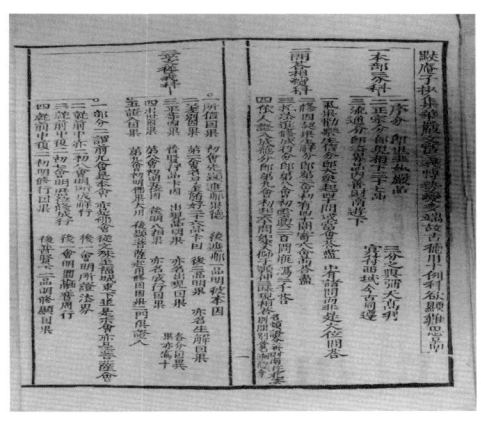

〈사진 7〉『화엄품목』의 첫째와 둘째 첩.

묵암 최눌과 쌍벽을 이루는 화엄 종장은 연담 유일인데, 연담을 길러낸 화엄 종장이 바로 설파 상언(雪坡尙彦; 1701~1769)이다. 설파 상언은 호암 체정(虎巖體淨; 1687~1784)과 회암 정혜 회상에서 화엄과 선을 배운 당대 최고의 학승으로, 경상도 함양 영각사에서 『화엄경수소연의초』를 판각하기도 했다. 연담이 비록 법계상으로는 설파와 사형 사제 간이지만, 실제로는 설파의 문하에서 30여 년간 화엄을 배운 제자이다.

한편, 영남 출신이지만 설파 상언을 흠모한 인악 의첨(仁嶽義沾; 1746~1796)이 설파의 화엄 교학을 계승한다.[7] 인악 의첨은 설파의 『화엄은과(華嚴隱科)』를 바탕으로 『청량소초』에 대한 사기(私記)를 내기도 했다.

달리, 설파의 은법(恩法) 제자로 백파 긍선(白坡亘璇; 1767~1852)이 출세하여 화엄과 선문(禪文)의 '설화(說話)' 전통을 이어간다.[8] 백파의 학문은 다시 세월이 한참 지나 구한말 선암사의 화엄종주(華嚴宗主) 경운 원기(擎雲元奇; 1852~1936)를 거쳐 석전(石顚) 박한영(1870~1948) 강백에게 이어진다.

석전 강백 문하에서 운기 성원(雲起性元; 1900~1983) 강백이 배출되었고, 그 강학은 중앙승가대 교수를 역임하고 현재 양산 통도사 율원에 주석하는 노혜남(盧慧南; 1943~생존) 강백으로 이어진다. 또 석전의 문하

---

[7] 화엄을 비롯한 강학(講學)의 풍토는 은·법계와 지역을 넘나들면서 탁마한다. 강학에 '부휴계'와 '편양계'를 나누는 것은 큰 의미가 없다.

[8] 백파 긍선(白坡亘璇)의 학맥과 활동 및 저술에 대해서는 다음의 번역서에 실린 「선문수경 해제」 참조. 白坡亘璇 集說, 『선문수경』, 신규탁 옮김, 동국대학교출판부, 13~31쪽, 2012.

에 운허 용하(耘虛龍夏; 1892~1980) 강백이 배출되고 그 문하에 월운 해룡(月雲海龍; 1929~2023) 강백이 나왔으니, 두 강백은 모두 양주 봉선사 다경실(茶經室)에 주석하면서 동국역경원장직을 맡아 '한글대장경 번역 불사'[9]를 시작하고 완수한다.

한편 위에서도 언급했지만, 설파와 연담은 법계상으로는 형제이지만, 학문적으로 연담 유일은 설파의 강석에서 30여 년간 수학한다. 설파의 학문을 계승한 연담은 묵암과 더불어 심성(心性)을 비롯한 각종 논쟁을 벌이기도 한다. 이러한 연담의 6세 문손이 바로 근현대 불교의 고승 백양사 만암 종헌(蔓庵宗憲; 1876~1957) 교정(敎正)[10]이다. 이런 인연으로 만암 선사의 제자인 묵담 선사에게 각종 '사기(私記)'가 전해지고, 그것은 다시 담양 용화사에 주석하는 수진 스님에게 '유품'으로 전해져서 오늘에 이른다.

---

[9] 운허와 월운 강백의 번역 사업에 대해서는 다음 책 참조. 신규탁, 「제3장. 불경의 한글 번역을 통해 본 한국 불교의 정체성」, 『한국 근현대 불교사상 탐구』, 새문사, 2012.

[10] 만암 종헌(蔓庵宗憲); 대한민국 현대 불교사의 중심인물의 한 분이다. 해방된 이듬해인 1946년 〈조선불교 교헌〉이 공포되자, 초대 교정에 박한영(재임; 1946~1948), 제2대 교정에 방한암(재임; 1948~1951), 3대 교정에 송만암(재임; 1951~1957)이 추대된다.

2. 화엄교학과 사기(私記) 정비

화엄교학에 대한 새바람은 백암 성총의 판각에 의해 일어났고, 18세기를 전후로 유명한 화엄 종장들의 '사기'가 쏟아진다. 그리고 전강(傳講)의 신표(信標)로 '사기 내림'이 유행하면서, '사기'가 필사되어 학인들의 손에서 손으로 전해 내려갔다. 일제강점기에도 비록 미미하기는 하지만 '사기'가 절 집안에서 돌았지만, 지금은 볼 수 없다.

해방 후에는 1950년대의 '한국전쟁'과 1960년대의 소위 '비구 대처 분규'를 거치면서 전통 강원은 '휴면상태(休眠狀態)'에 빠지고 말았다. 고찰이면 흔히 볼 수 있던 각종 '사기'들도 인연 따라 흩어져서 지금은 희귀물이 되고 말았다.

그런데, 강학(講學)에 있어 '사기'의 중요성을 인식하고, 이것을 후대에 물려줄 생각으로 몸소 '사기'를 정서(淨書)하고 간행(刊行)한 학승이 출세했으니, 작년에 입적하신 경기도 봉선사 다경실의 화엄종주(華嚴宗主) 월운당(月雲堂) 해룡(海龍) 도강백(都講伯)이다.

필자가 현재까지 한 조사에 따르면, 1957년(월운 강백 30세)에 등사본으로 인출한 『능엄경환해산보기(楞嚴經幻解刪補記)』가 그 첫 작품이다. 월운 강백은 33세

되던 해인 1960년에 통도사[11] 강사로 재직하면서 '인악 스님의 사기'를 『능엄사족(楞嚴蛇足)』이라는 서명을 붙여 프린트본으로 간행한다. 통도사 강원에서 1958년 봄부터 1960년 겨울에 이르는 약 3년에 걸쳐, 『금강경』, 『대승기신론』, 『원각경』, 『능엄경』의 강본(講本)들에 대한 '사기(私記)'가 월운 강백에 의해 등사본으로 정서(淨書)되어 간행된다.

세월이 한참 지나 고희를 넘긴 월운 강백은 젊은 시절의 등사본의 착간과 오탈자를 바로 잡아 반세기를 지내고 봉선사 능엄학림(楞嚴學林)에서 다시 정서하니 좀 복잡하지만, 고전 연구자들의 안내를 위해 이하에 자세하게 소개한다.

『懸吐 校勘 楞嚴經幻解刪補記(현토 교감 능엄경환해산보기)』(통도사, 1957년 프린트/동국역경원, 2005년); 『金剛經私記(금강경 사기)』(통도사, 1958년 프린트); 『楞嚴經 私記(능엄경 사기)』(통도사, 1960년 프린트); 『圓覺經 私記(원각경 사기)』(통도사, 1960년 프린트); 『諸教行相(제교행상)』

---

11 1960년의 통도사; 이 책 끝에 강원 방함록이 붙어있다. 산중노덕 九河, 주지 碧眼, 조실 耘虛, 강사 月雲, 선덕 月下·謙谷·一菴·幻月 등이다. 현대 한국 불교 역사의 중요한 한 장면이기에 부기(附記)해 둔다.

(통도사, 1960년 프린트); 『緇門蝦蟆記(치문하막기)』(봉선사, 1980년 프린트); 『華嚴經疏鈔 科圖集(화엄경소초 과도집)』(대한불교조계종 교육원, 1998); 『華嚴淸凉疏鈔 懸談記 遺忘記(화엄청량소초 현담기 유망기)(天字卷~荒字卷)/鉢柄(발병)(天字卷~荒字卷)·懸談記(현담기)(天字卷~洪字卷)』 전 2책(동국역경원, 2004); 『華嚴淸凉疏鈔(화엄청량소초) 三賢(삼현) 遺忘記(유망기)(日字卷~生字卷)/雜華記(잡화기)(日字卷~生字卷)』 전 2책(동국역경원, 2006); 『華嚴淸凉疏鈔(화엄청량소초) 十地品 三家本 私記(십지품 삼가본 사기)·遺忘記(유망기)/雜華記(잡화기)·雜華腐(잡화부)』 전 2책(대한불교조계종 교육원, 2002); 『華嚴淸凉疏鈔(화엄청량소초) 十地品(십지품)·後三會(후삼회)·遺忘記(유망기)(麗字卷~師字卷)·雜華記(잡화기)(麗字卷~官師卷)·雜華腐(잡화부)(劍字卷~光字卷)』(도서출판 佛泉, 2008); 『起信論 私記(기신론 사기)』 전 2책(능엄학림, 2005 프린트); 『楞嚴經 蓮潭記·仁岳記(능엄경 연담기·인악기)』(봉선사, 2013); 『金剛經 鉢柄記(금강경 발병기)(白坡記)』(능엄학림, 2008년 프린트); 『金剛經 仁岳記(금강경 인악기)』(능엄학림, 2008년 프린트); 『金剛記(금강기)』(능엄학림, 2008년 프린트); 『書狀 私記(서장 사기)』(대한불교조계종 교육원, 2008); 『禪要 私記(선요 사기)』(대한불교조계종 교육원,

2008); 『圓覺經 光明餘輝·光明記(원각경 광명여휘·광명기)』(봉선사, 2013) 등을 들 수 있다.

3. 『보현행원품소』의 유래

「보현행원품」이라는 책이 어떻게 해서 오늘날 우리가 읽을 수 있는지에 서지학(書誌學) 측면에서 간단하게 소개하기로 한다.

「보현행원품」은 『40화엄』(全 40권) 중에서 제40권 한 권에 해당한다는 이야기는 다들 알고 계실 것이다. 문제는 『정원신역화엄경소』(全 10권)과 『화엄경보현행원품소』(全 1권)과의 관계이다. 두 책 모두 청량국사의 저술이기 때문에, 교판(敎判)이나 의해(義解)에는 전혀 차이가 없다. 그렇지만 이 분야를 연구하는 사람들에게는 글자 한 자도 중요하다. 왜냐하면, 당시의 정보를 담고 있기 때문이다.

서술의 편리를 위해 시기적으로 먼저 짓은 『정원신역화엄경소』(全 10권)를 [10권본]으로, 『화엄경보현행원품소』(全 1권)을 [1권본]으로 각각 약식 표기하기로 한다.

그리고 본 논의에 앞서, 경전의 주석에 대해서 간단히 소개 하기로 한다. 중국에서의 경전 주석 전통은 주(周)나라 때부터 시작된다, 춘추전국을 거치면서 한대(漢代)에 이르러서는 모든 문헌 방면으로 확장되어 갔다.

이런 중국의 전통 위에 인도에서 불경이 들어와 번역되기 시작한다. 이 과정에서 번역자는 반드시, 자신이 번역하는 문서를 어떤 경로를 통해 입수했는지를 밝혀야 한다. 그래야 그 문서에 담긴 정보의 신뢰성을 담보할 수 있다. 문서의 진위를 가리기 위해 많은 학승이 노력했다.

또, 번역자는 해당 문서가 전하려는 핵심 주장과 의도를 밝혀야 한다. 또, 불교 교리 전체의 사상적 지도 소위 '지형도'에 비견되는 교상판석(敎相判釋)을 번역자 자신이 펼쳐 보이고, 지금 번역하는 경전이 전하려는 교학 사상이 어디에 위치하는지도 밝혀야 했다. 또, 만약 해당 경전을 주석하려면, 주석에 사용하는 방법론도 밝혀야 한다. 이런 문제들은 너무 복잡하므로 필자의 기존 연구를[12] 참조하시기 바라며, 중요한 부분만 첨부한다.

즉 경전의 번역과 경전의 주석은 동시에 이루어진

---

[12] 신규탁, 『규봉 종밀과 법성교학』「한역대장경의 출현」, 올리브그린, 2013, 63~87쪽.

다. '역경(譯經)'과 '석경(釋經)'이 동시에 이루어진다는 말이다. 필자의 이런 주장의 문헌적 증거가 『주유마경(註維摩經)』이다. 당시 구마라습이 번역하는 장면을 그의 10대 제자[十哲] 중에서 승조(僧肇)가 현장을 눈에 보듯이 기록하고 있다. '역경'과 '석경'은 물론 '논의(論議)'까지 겸하고 있다.

이런 배경을 독자들과 공유하면서 다시 본론으로 돌아가, [10권본]과 [1권본]의 같고 다름을 보기로 한다. 두 책 모두는 전체가 ①서문, ②발원문, ③본문, ④회향문, 이렇게 네 부분으로 나누어진다. 필자가 이렇게 넷으로 나누고 이름을 붙인 근거는 경학을 하는 의해승(義解僧)들의 공론인데, 위의 두 책과 관련해서 규봉 종밀 스님이 이미『대방광불화엄경보현행원품소과문』에서 그렇게 했다. 규봉 스님은 그『과문』에서 ①총서문의(總敍文意), ②귀경청가(歸敬請加), ③개장석문(開章釋文), ④경찬회향(慶讚回向)으로 나누어 명명했다. 차례대로 대조해 살피기로 한다.

①, ②, ④의 경우는 내용은 물론 몇 글자 빼고는 [10권본]과 [1권본]은 완전히 일치한다. ③의 경우는 많이 차이 난다. 그 이유가 무엇인가? 그 이유는 한 마디로 말하면 주석하는 본문의 대상 범위가 다르기

때문이다. 즉, [10권본]은 소위 『40화엄』(전 40권, 단일 품으로 구성된 「입법계품」) 본문 전체를 주석 한 것이다. 반면에 [1권본]은 전 40권으로 된 「입법계품」 중에서 맨 마지막 권인 제40권의 단 한 권의 본문만 주석한 것이다.

궁금한 '포인트'는 『40화엄』 속에 들어 있는 제40권 본문을 대상으로 주석한 것이 [10권본]에도 들어 있고, [1권본]에도 들어 있는데, 이 둘 사이에는 어떤 차이가 있느냐는 것이다.

첫째로, [10권본]과 [1권본]의 저술 순서를 확정하자. 저자인 청량 스님 본인이 밝혔듯이 칙명으로 [10권본]을 먼저 썼다(본 번역서 ☛ 57쪽, 107쪽 참조). 그런 다음에 [10권본]을 "줄여서[略其廣疏]" [1권본]을 썼다. 인용 따옴 속에 들어있는 "광소(廣疏)"는 [10권본]을 지칭한다.

둘째로, 위에서 [10권본]을 줄여서 [1권본]을 쓴 것을 확인했다. 그러면 이하에서는 '어떤 방식으로 줄였는지를 설명하기로 한다. 결론부터 먼저 말하면 줄이는 과정에서 청량 국사는 ③개장석문(開章釋文; 덩어리 별로 나누어 본문 해석)의 방식을 달리했다. 그 이유는 [10권본]은 '원-세트; One Set'를 통으로 주석해야 했기 때문이다. 당시에는 경전 해석의 틀 즉 석경(釋經)의 훈고 방식이 정착되었고, 특히 화엄종 종사들은 전통적으로 전체를 '10문(門)'으로 분별하여 본문을 분석했다. 참고로 청량 징관의 『화엄경소초』와 규봉 종밀의 『원각경대소』의 사례를 대비하여 만든 〈표〉을 소개한다.

화엄경소초	①教起因緣	②藏教所攝	③義理分齊	④教所被機	⑤教體淺深	⑥宗趣通別	⑦部類品會	해당없음	⑧傳譯感通	⑨總釋題名	⑩別解文義
원각경대소	①教起因緣	②藏乘分攝	③權實對辨	④分齊幽深	⑤所被機宜	⑥能詮體性	⑦宗趣通別	해당없음	⑧修證階差	⑨敍昔翻傳	⑩別解文義

〈표6〉 청량과 규봉의 10문 분별 비교표

이렇듯이 화엄의 전통에서는 '10문(門)'으로 나누어서 경전을 주석해왔으나, [1권본]은 [10권본]을 '줄여서[略其廣疏]'서 만든 것이니 굳이 '10문'을 다 갖출 필요가 없었다. 두 본(本)의 석경(釋經) 방식을 과문(科文)만 대비하면 다음과 같다.

[10권본]	[1권본]
(1)教起因緣	(1)教起因緣
(2)教門權實	
(3)所詮義理	
(4)辯定所宗	(2)辨教宗旨
(5)修證淺深	
(6)部類品會	해당 없음
(7)彰敎體性	해당 없음
(8)流傳感通	(3)飜譯傳授
(9)釋經名題	(4)釋經名題
(10)隨文解釋	(5)隨文解釋

〈표7〉 10권본과 1권본 비교표

위의 〈표〉에서 보다시피, 10문(門) 중에서, 문(門) 자체를 생략한 경우도 있으며, 10문(門)의 명칭은 동일 또는 유사하나 내용을 대폭인 줄인 경우도 있다. 또 내용을 합치기도 했다.

줄인 '이유'와 '방식'에 대해서는 위에서 궁금함이 약간은 해소되었을 것이다. 문제는 '디테일'에 있다. 하나하나 좀 더 자세하게 살펴보기로 한다.

(1) 〈교기인연(敎起因緣)〉에서는 부처님께서 '가르침[敎]'을 발동하신 이유를 '인(因)'과 '연(緣)'의 차원에서 각각 10가지 측면 모두를 밝힌다. 그런데 [1권본]에서는 '인(因)'의 10가지만 밝히고 "자세한 것은 '큰『소』'에 갖추어져 있다"라며 생략한다. '큰『소』'는 [10권

본]과 『80화엄 청량소초』를 지칭한다.

(2) 〈교문권실(敎門權實)〉에서는 소위 교상(敎相; 가르침의 양상)을 판석(判釋; 쪼개어 평석)하는 부분이다. 위의 「〈표6〉 청량과 규봉의 10문 분별 비교표」에 의하면 청량의 〈장교소섭〉과, 규봉의 〈장승분섭〉 및 〈권실대변〉에 해당한다. 나누고 붙임에는 약간의 차이가 있으나 내용에는 차이가 없다. 단, 청량은 '법상교학'의 비판수용에 주목했고, 규봉은 이미 스승 청량에 의해 '법상교학' 극복은 해결되었기 때문에 '남종선'의 비판수용에 주목한 점에 차이가 있다. 청량은 이미 『80화엄』의 『소초』를 통해 이 작업을 마쳤고, 게다가 [10권본] 즉 『40화엄』의 『소』에서도 이 작업을 수행했다. 때문에, [1권본]에서는 이런 문제를 재론하지 않았다.

(3) 〈소전의리(所詮義理)〉에서는 지금 자신이 주석하고 있는 경전에 등장하는 내용이, 불교 교리 전체 지평 위에 어디에 해당하고 얼마나 심오한지를 밝히는 대목이다. 〈표6〉에 따르면, 청량의 〈의리분제〉와 규봉의 〈분제유심〉에 해당한다.

(4) 〈변정소종(辯定所宗)〉은 불교의 각 부파(部派)가 제각각 으뜸으로 치는 진리가 무엇이냐를 논하는 부

분인데, 〈표6〉으로 치면 〈종취통별〉에 해당한다. 그런데 [1권본]에서는 (3)과 (4)를 〈변교종지(辨敎宗旨)〉 보현의 '행'과 '원'으로 '법계(法界)'에 들어가는 대목을 설명하는 부분 즉, 본 번역서의 「제2문. 가르침의 종지를 변별함」에서 간략하게 설명하고 있다.

(5) 〈수증심천(修證淺深)〉은 돈(頓)·점(漸)·오(悟)·수(修) 등을 따지는 수행론이다. 〈표6〉으로 치면 규봉의 〈수증개차〉에 해당한다. 이 부분에 대해 [1권본]에서는 언급하지 않았다. 그 이유는, 청량도 밝히듯이(신찬속장5, 64상) 『화엄경』 전체 속에 아래위의 모든 수행문이 모두 수행[修]과 체험[證]을 밝히고 있기 때문이다.

(6) 〈부류품회(部類品會)〉는 한 경(經) 속에 여러 품(品)이 들어 있을 경우, 각 품 간의 관계를 설명하는 대목이다. 『화엄경』은 총 39품으로 구성되어 있으니 이 과목(科目)이 필요하지만, 『원각경』이나 『보현행원품』은 단품(單品)이니, 이런 항목이 필요 없다. [1권본]에서는 딱히 독립적인 설명은 없고, 『보현행원품』의 내용이 『화엄경』 전체의 어느 부분에 해당하는지를, 본 번역서로 표시하면 ☛ 107쪽의 〈②40권 중 한 권만이 따로 유행하니, 보배로운 지도리이며 핵심임〉

문단에서, 간단하게 언급하고 만다.

(7) 〈창교체성(彰敎體性)〉은 '교(敎, Sāsana; 가르침)'의 본질이 무엇인가를 따지는 부분이다. 음성이냐? 문자냐? 마음이냐? 뭐가 겉으로 드러난 '가르침'의 본질이냐는 것이다. 〈표6〉으로 치면 청량의 〈교체심천〉과 규봉의 〈능전체성〉에 해당한다. [1권본]에서는 드러내놓고 따로 언급한 부분은 없다.

(8) 〈유전감통(流傳感通)〉은 말 그대로 지금 주석하는 경전이 어떻게 인도에서 중국으로 들어와 번역되고, 그 경전에 감응 받은 일들을 적는 부분이다. 청량의 〈전역감통〉과는 부분적으로 대응은 하지만, 규봉의 〈서석번역〉에서는 '감통' 부분은 언급하지 않았기 때문에 일부만 해당한다. [10권본]에서 '유전'과 '감통'을 모두 말했지만, [1권본]에서는 '감통'을 생략했다. '유전'의 내용도 줄여 요약했다.

(9) 〈석경명제(釋經名題)〉는 경전의 이름과 의미를 해석하는 부분이다. 〈표6〉의 청량의 경우는 〈총석제명〉에 해당하고, 규봉의 경우는 자신의 「서문」 끝에 밝히고 따로 범주를 세워 '문(門)'을 독립시키지는 않았다. 경의 이름을 설명하는 부분에서 [10권본]과 [1권본] 사이에는 물론 자구의 차이는 있지만, 내용은 같

다. 다만 품의 이름을 설명하는 곳에서는 당연히 서로 다를 수밖에 없다.

　(10) 〈수문석의(隨文解釋)〉는 말 그대로 본문을 순서대로 따라가면서 그 의미를 해석하는 부분이다. 〈표6〉으로 치면 청량과 규봉의 〈별해문의〉와 같은 기능을 한다. 이 대목에서는 [10권본]과 [1권본]과 많은 차이가 난다.

　먼저, [10권본] 즉 『40화엄』에서 선재동자가 마지막으로 보현보살을 만나 이야기하는 대목은 『운허40화엄』(567하~605상)과 『40화엄』(대정장10, 836하~848중)에서 확인할 수 있다. 이 대목을 청량 국사가 어떻게 문단을 나누는지, 큰 과목만 그리면 〈표8〉과 같다.

　〈표8〉 과목은 [10권본]에 실린 〈수문해석(隨文解釋)〉 대목 중에서, 선재동자가 마지막으로 보현보살에게 들은 법문 내용 전체를 대상으로 하여 과목을 나눈 부분이 〈5. 중시보인(重示普因)〉이다. 그런데 바로 이 〈5. 중시보인〉 과문(科文)에 해당하는 내용이 '[1권본]' 과 '[10권본]의 제10권 끝부분(신찬속장5, 192하~198하)' 과 일치한다.

해제   349

선재동자가 54번째 마지막 선지식으로 보현보살을 만나는 내용 문단 나누기					
1. 依教趣求					
2. 聞觀前相					
3. 見聞證入					
4. 聞佛勝德					
5. 重示普因	①結前所說				
	② 正示普因	長行	1. 正示普因分	標示所應	
				徵列名數	
				三牒名別解	總徵
					別釋(10대행원)
				結益令知	
			2. 顯經勝德分	校量聞德	
				顯餘行德	總明法行
					偏擧一行
			3. 結勸受持分	結前勝德	
				正明勸持	
				重擧勝德	
		偈頌	1단. 頌正顯普因(52게송)	別頌十門	
				總頌十門	
			2단. 頌顯經勝德分 (7게송)	頌校量聞益	
				頌顯諸行益	
			3단. 頌勸受持分(3게송)		
	③結說欣慶				

〈표8〉 10권본의 수문해석(隨文解釋) 과목표

〈표9〉의 과목과 본 번역서의 「목차」를 대조해 보더라도 과목을 나누고 과목 명칭을 붙임에는 [10권본]과 [1권본]에 차이가 없음을 알 수 있다. 물론 글자의

출입은 다소 있지만, 본문의 교리행상(敎理行相)의 분석에도 전혀 차이가 없다. 필자는 [1권본]을 번역하는 과정에서 글자나 어휘해석이 잘 안 되는 부분이 있으면 [10권본]의 해당 부분을 참고하여 적잖은 도움을 받을 수 있었다. 그렇게 참고한 부분은 해당 부분에 각주를 달아 표시해두었다.

4. 필자의 『보현행원품』 독서기

현대어로 번역된 『보현행원품』을 소개하여 독자들의 가행독서(加行讀書)에 편의를 도모하고자 한다. 더불어 필자의 소감도 약간 붙여본다. 그런데 아쉽게도 전수 조사할 여력이 없어 필자가 소장하고 있는 책에 한정했다. 좋은 번역서들이 많을 텐데 그것은 독자들 몫으로 돌린다. 오래된 출판 연도순으로 나열해 본다.

① 1959, 운허, 『보현행원품』, 통도사 프린트본.
② 1966, 운허, 『40화엄』, 동국역경원.
③ 1966, 조지훈 외, 『보현행원 · 보문품 · 보안장』, 동국역경원.
④ 1968, 광덕, 『보현행원품』, 해인총림.
⑤ 1982, Dharma Realm Buddhist University, *The Great Means Expansive Buddha Flouer Adornment Suyra: U*

niversal Worrthy's Conduct and Vows, Chapter 40. Talmage, CA.

⑥ 1992, 법성,『화엄경 보현행원품』, 큰수레.
⑦ 1997, 한정섭,『보현행원품』, 불교통신교육원.
⑧ 2003, 이종린,『실천 보현행원』, 불광출판사.
⑨ 2006, 魏道儒,『普賢與中國文化』, 北京; 中華書局.
⑩ 2008, 박성배,『미국에서 강의한 화엄경 보현행원품』, 도피안사.
⑪ 2008, 임영필(碧松),「산스크리트본 *Samamtabhadracaryā-Praṇidhānam*(「普賢行願品」)의 譯註 및 漢譯本 比較 硏究」, 중앙승가대 석사학위청구논문.
⑫ 2009, 송암,『보현도량 금하보감』, 도피안사.
⑬ 2011, 김윤수,『대방광불화엄경』(Ⅶ), 한산음.
⑭ 2017, 임윤경(석도),「『大方廣佛華嚴經普賢行願品疏』에 대한 문헌학적 고찰」『한국불교학』제82집, (사)한국불교학회.

①은 뒷날 ②의 591~605쪽 속에 활자화된다. 운허 스님은 1957년 10월에 해인사에서 통도사로 자리를 옮겨 강사로 취임했는데, 1957년에는 『범강경』, 『사분계분』, 『사미율의 요략』을 번역했고, 1958년에 『한글 금강경』과 『정토삼부경』, 『조계종사강요』를 프린트판으로 냈다. 1959년에는 『수릉엄경』과 『보현행원

품』을 프린트판으로 냈다. 1959년 제자 월운 스님에게 통도사 강석을 전강하고, 1960년에 봉선사로 가신다.

②는 1966년 6월에 출간되었는데, 원고는 1964년 4월에 동국역경원 원장에 취임하고 그해 6월에 마친다. 〈주해〉를 책 뒤에 붙여 간단한 용어를 우리말답게 풀이했다.

③은 동국역경원 개년 2주년 기념으로 운허의 주선으로 출판되었다. 당시 역경위원 3인이 번역을 담당했다. 순서대로 조지훈 교수, 이기영 교수, 법정 스님이다. 한학의 대가 동탁 선생다운 필력이 담겨있다.

④는 가장 많이 보급된 번역본이다. 이 번역본의 유통에는 당시 해인총림 방장 성철 스님의 역할도 컸다. 광덕 스님의 포교와 수행의 지침으로 사용되었다.

⑤는 범어를 대본으로 한 영어 번역으로, 한문 번역본에서 볼 수 없는 어휘를 투명한 영어로 옮겼다. 대학교 수업 현장에서 읽혀보니 한글세대 젊은이에게는 전달력이 있었다.

⑥의 번역자는 서문에서도 밝히듯이 청년 결사운동을 했다. 또 '각운동(覺運動)'도 펼쳤던 행동하는 출가자였다. 이 책은 「보현행원품 연의」, 「발원과 관행」,

「보현행원수증」 등 3편으로 구성되었다. '연의(演義)'라는 말이 보여주듯이 번역자의 현재적 불교 운동과 실천 사상을 풀어냈다.

⑦은 지금은 활안 스님으로 활동하지만 당시는 법회와 강의를 많이 하던 한정섭 법사의 번역서이다. 강의용 교재로 출간한 것으로, 부록으로 구봉 종밀의 『보현행원품소초』를 만속장경판 영인본을 부록으로 실었다.

⑧은 제목에도 드러나듯이 '실천'을 강조하고 현장에서 활동하는 작가적 안목과 삶이 묻어있다. 깨달음에 쏠린 불교 일부 현실과 입장을 달리하여, 저자는 일상생활에서 보현행원을 어떻게 실천할지를 보여주려 했다. 이 책은 '번역'이 아니라 '지음'이다. 『보현행원품』이 지향하는 정신을 지은이 나름 소화하여 불교와 중생으로 향하는 애정을 담았다.

⑨는 중국사회과학원과 인연된 불교연구자들의 논문집이다. 현재 중국에서 불교가 그중에서도 화엄사상이 어떻게 이해되고 있는지를 알 수 있는 책이다. 돈황 지역과 러시아 지역에서 발굴한 고문서를 소개한 상해사범대학 허우쫑(侯沖) 교수의 논문이 필자에게는 문헌 자료 방면에 도움이 되었다. 또 웨이

따오루(魏道儒) 교수의 화엄관은 독보적이다.

⑩에는 저자가 젊은 대학생 시절부터 불교 교수가 되는 과정에서 겪은 경험을 적어 내려가고 있다. 철학자로서의 본인의 생각을 『보현행원품』이라는 거울 속에 투영시킨다. 문헌과 사상사에 쏠린 필자에게는 신선하고 많이 생각하게 하는 책이었다.

⑪은 석사학위 청구 논문인데, 이 논문 한 권으로 범어 텍스트와 한역본을 대조해 읽을 수 있게 만들었다. 당나라 당시 산스크리트어 텍스를 읽고 번역했던 청량 징관 스님이 남긴 『보현행원품소』를 번역하는 필자에게는, 당나라의 청량과 한국의 벽송 두 스님이 '오버랩' 되어 긴장감 있게 읽었다.

⑫는 광덕 스님을 은사로 모셨던 제자 스님이 쓴 저술이다. 『보현행원품』 자체를 번역하거나 강의한 것은 아니지만, 보현행자로서 '큰 세상'을 만들어가려 하고 있다. 광덕 스님의 정신을 지금 이 시대에 살리려는 큰 서원과 신행 운동을 이 책에서 읽을 수 있다. 현재 우리가 어떻게 보현의 보살행을 실천할지 고민하는 불교 실천가에게 요긴한 거울이 될 것이다.

⑬은 전직 판사를 지낸 분의 번역서이다. 청량 스님의 『화엄경소』에 입각해서 『80화엄』(전 7책)을 번역

했다. 전통 화엄강사 이상으로 과판(科判)과 행상(行相) 이해가 출중하다. 최고의 한글 번역이라고 생각한다. 필자도 청량의 『보현행원품소』를 번역하는 과정에 신세졌다.

⑭는 『보현행원품소』의 서지 연구 관련 단편 논문이다. 동양 삼국에서 징관의 주석서가 어떤 과정을 거쳐 유통되었는지를 보고하는 연구이다. 판본의 글자 출입을 조사했을 텐데 학회지의 지면 제한으로 실리지 못한 부분도 많았을 것이다. 한 텍스를 번역하기 위해서는 이렇게 서지 연구를 선행해야 한다. 필자는 내용 읽기와 훈고에 급해 서지 조사에 겨를이 없던 차, 많은 도움을 받았다.

5. 회상하며 감사하며

고전을 읽는다는 것은 참으로 호사스러운 일이라고 생각한다. 그 속에는 많은 사람의 지성이 담겨있다. 연구 삼아 읽어도 좋고, 더 좋은 것은 그냥 하는 독서다. 밝은 창 밑에 조촐한 책상을 붙여두고, 책도 올려놓고 따뜻한 차도 한 잔 올려놓으면, 벌써 행복하다. 게다가 그 속에 담긴 오래된 가르침을 거울삼아 나 자신을 그곳에 비춰내면, 내 꼴이 가관이라 웃다가 울다가, 한 줄 놓고도 마냥 시간을 보낸다. 그러다가 궁금증이 발동되면 앞뒤로 오가며 반복해 읽기도 하고, 그러다가 관련 서적 참고하느라 한 방 가득 여러 책을 늘어놓기도 한다.

  독서인에게는 혹시라도 같은 책을 읽은 사람을 만나면 더없이 좋다. 위에서 소개한 ①에서 ⑭까지의 책이 필자에게 그런 책이고 그런 분들이다. 『보현행원품』 자체도 책이지만, 『보현행원품』을 사이에 두고 이런저런 이야기를 풀어내는 그분들의 체험이며 필체 또한 귀중한 책이다. 번역이 옳으니 그르니, 견해가 같으니 다르니, 그것은 또 다른 문제이다. 책 속에는 사람이 있고, 사람들은 저마다의 체험을 제각기 다른 문채(文彩)로 발휘하고 있다.

  곧 보름이 되려는 가보다. 창밖의 달이 많이 밝아졌다. 이제는 책상 위의 책들도 제자리에 돌려놓고 나니 마음도 개운하다.

                王舍孤輪   寶月淸涼
                明窓淨案   古敎照心.

‖ 관련논문 ‖

『보현행원품』에 입각한 의례 실행 방법 연구[1]

- 목 차 -
Ⅰ. 머리말
Ⅱ. 『보현행원품』의 출현과 그 내용
Ⅲ. 『보현행원품』에 입각한 의례
Ⅳ. 맺음말

Ⅰ. 머리말

본 논문에서는 『화엄경』 대경(大經)과는 별도로 유통되는 별행본 『보현행원품』이 중국의 불교 의례(儀禮) 속에 어떻게 활용되고 있고, 또 이런 활용을 통해 보현보살의 행원(行願) 사상을 한국 불교 현장의 법회 속에서 어떻게 활용할 수 있는가를 검토하려 한다.

현재 유통되는 갖추어진 한역(漢譯) 『화엄경』은 크게 세 종류가 있다. 시대적으로, 첫째는 동진(東晋; 418~429년) 시대 불타발타라에 의해서 번역되어 421년 출간된

---

[1] 이 논문의 첫 게재는 『大覺思想』 제19집(대각사상연구원, 2013)인데, 본 번역서에 다시 첨부하면서 첨삭을 가했다.

'60권본 『화엄경』'이 있고, 둘째는 대주(大周; 695~699) 시대 실차난타에 의해 번역 출간된 '80권본 『화엄경』'이 있고, 셋째는 당(唐; 795~798)의 반야다라가 번역 출간한 '40권본 『화엄경』'이 있다.

이 중, 나중에 번역된 '40권본 『화엄경』'은 단품(單品)으로 이루어져 있는데, 그 내제(內題)의 품명(品名)은 「입부사의해탈경계보현행원품(入不思議解脫境界普賢行願品)」이다. 이 품의 내용은 '80권본 『화엄경』'의 「입법계품 제39」와 '거의' 일치하지만, '크게' 다른 부분은 '40권본 『화엄경』'의 제40권에 실린 〈선재동자가 보현보살을 만나는 부분〉이다.

'60권본 『화엄경』'이나 '80권본 『화엄경』'에는 없는 〈선재동자가 보현보살을 만나는 부분〉을 본 논문에서 주목하고자 한다. 그리고 여기서 더 나아가 주목하고자 하는 부분이 또 하나 있다. 그것은 '40권본 『화엄경』'의 제40권은 별도의 단행본으로 유통된다는 점이다.

이렇게 별도로 유통된 단행본을 우리는 『보현행원품』이라 부른다. 이 『보현행원품』을 텍스트로 삼아 청량 징관(淸凉澄觀; 738~839) 국사는 '소(疏)'를 지었고, 다시 그 '소'를 텍스트로 삼아 규봉 종밀(圭峰宗密; 780~841) 선사가 다시 주석하여 복주(復注)한 '초(鈔)'도 현재 유행하고 있다. 이런 대가들의 주석이 보태지면서 『보현행원품』은 동아시아 불교계에 널리 애독되었다. 그리고 송대 이후

불교가 일반 사대부는 물론 백성들에게까지 퍼지면서 『보현행원품』은 각종 불교의례(佛敎儀禮)의 의문(儀文) 속으로 인용되어 들어왔다.

우리나라의 경우만 보더라도, 고려 시대에는 〈보현십원가〉라는 향가로 활용되기도 했고, 그리고 조선 시대의 각종 의례문(儀禮文) 속에 〈10대 행원〉이 인용되기도 했고, 현재는 여러 사람에 의해 다양한 번역이 쏟아지고 있다.[2] 그만큼 『보현행원품』은 일반 불교 신행의 현장에서 중요하게 다루어지고 있다. 그러면 왜 이런 현상이 일어났을까?

이 질문에 대한 대답으로 두 가지 측면에서 생각해 볼 수 있다. 첫째는, 특히 한국 불교 신행(信行)의 현장은 신라에서 시작하여 고려를 거치면서 '화엄의 신중 신앙'이 한 축을 이루고 있기 때문이다. 또 하나는 교학(敎學)의 중심에 '화엄의 법성교학'이 중심축을 이루고 있기 때문이다.

그런데 문제는 잘 알려진 대로 『화엄경』은 방대하다.

---

[2] 동국역경원, 『보현행원품·보문품·보안장』(서울: 동국역경원, 1966). ; 석광덕, 『보현행원품』(서울: 삼영출판사, 1968). ; 법성, 『화엄경 보현행원품』(서울: 도서출판 큰수레, 1992). ; 한정섭, 『보현행원품』(경기도: 상락향수도원, 1997). ; 이종린, 『실천 보현행원품』(서울: 불광출판사, 2003). ; 광덕 옮김, 박성배 강의, 『미국에서 강의한 화엄경 보현행원품』(안성: 도피안사, 2008).

'일승원교(一乘圓敎)'로 평가되듯이, 이 『화엄경』 속에는 불교 전체의 교리와 사상이 들어있다고 해도 과언이 아닙니다. 역사적으로 축적된 다양하고도 다층적인 불교 교리가 하나의 경전 속에 결집(結集)된 탓으로, 이 『화엄경』의 강령을 단적으로 집어 올리기가 쉽지 않다. 게다가 이 『화엄경』의 사상에 근거하여 그것을 수행의 현장에서 활용한다는 것은 더더욱 어려운 일이다.

『화엄경』을 읽어본 사람이면 이런 '어려움'에 자주 부딪혔을 것이다. 필자의 경우는 『보현행원품』과 그에 관계된 청량의 '소'와 규봉의 '초'를 읽으면서, 그 '어려움'을 다소 해결할 수 있었다. 그리하여 『화엄경』의 핵심은, (1) 한 축은 대승의 무수한 보살행을 종합하여 보현보살로 연출하는 '실천과 원력[行願]'이고, (2) 또 한 축은 중중무진(重重無盡)으로 연기(緣起)하는 비로자나불의 '일진법계(一眞法界)'를 체험하는 것임을 알게 되었다. 많은 학승이 '별행본' 『보현행원품』에서 화엄 대경(大經)의 강령을 붙들 수 있었고, 이렇게 잡아 붙든 강령을 수행의 현장 속에서 활용하려고 그 방법을 모색했다.

『화엄경』의 내용을 수행과 관련하여 그 행법(行法)에 일찍이 주목하여 구체적인 방법을 모색한 학승으로 당대의 규봉 종밀(圭峰宗密; 780~841) 선사를 꼽을 수 있겠고, 규봉의 이런 발상을 계승하여 확산시킨 고승으로 송대의 진수 정원(晉水淨源; 1010~1088) 법사를 꼽을 수 있다.

종밀은 일찍이 『원각경도량수증의(圓覺經道場修證儀)』(全 18권)를 저술하여 『원각경』을 의례에 활용하는 방법을 제시하였는데, 정원 법사는 방대한 그 책을 『원각경도량약본수증의(圓覺道場略本修證儀)』(全 1권)으로 요약하여, 화엄교학의 의례를 정비했다. 이런 작업의 연장선에서 정원 법사는 별행본 『보현행원품』을 소재로 화엄교학의 의례로 발전시켰다. 그것이 바로 본 논문의 소재가 되는 두 종류의 『화엄보현행원수증의(華嚴普賢行願修證儀)』이다. 우리는 이 의례문을 사례로 『화엄경』의 사상이 어떻게 의례를 통하여 신행에 활용되었는지를 확인할 수 있다.

II. 「보현행원품」의 출현과 그 내용

1. 별행본의 유통

당나라 정원 연간에 번역된 '40권본 『화엄경』'에 일찍이 관심을 보인 학승은 청량 징관(淸凉澄觀; 738~839) 국사이다. 국사는 모두 10권에 달하는 주석서를 냈으니, 이것이 바로 『화엄경행원품소(華嚴經行願品疏)』(신찬속장5, No. 227)로서, 내제(內題)는 『정원신역화엄경소(貞元新譯華嚴經疏)』라고 붙어있다.

한편, 국사의 이름으로 '40권본 『화엄경』'의 제40권에 들어 있는 〈보현보살을 만나는 부분〉만을 따로 떼어 그

대본에 주석을 붙인 책이 조선에 유통되고 있는데, 그 책이 바로 『대방광불화엄경보현행원품소(大方廣佛華嚴經普賢行願品疏)』(전 1권)이 있다. 이 책은 조선 후기 불교 전문 강원(講院)이 확립되어가면서 교과과정의 이력(履歷)으로 편제되어 널리 보급되었고, 이런 연장선에서 숭정(崇禎) 기원 229년 병진 (서기 1856년) 가을, 즉 철종 7년 당시 경기도 과천 땅 봉은사(奉恩寺)에서 판각되기도 했다.[3]

그런데 여기서 서지학적으로 분명하게 언급해둘 부분이 있다. 이 논문의 머리말에서 필자는, 청량 국사가 별행본 『보현행원품』에 주석을 붙인 '소(疏)'가 있고, 청량의 그 '소'를 대본으로 삼아 규봉 선가 그 '소'에 다시 더 자세하게 주석을 붙인, 즉 복주(復注)한 '초(鈔)'가 있다고 했다. 그러면 규봉의 〈복주본〉은 청량의 어느 '소(疏)'를

---

3 이렇게 만들어진 〈봉은사본〉 『대방광불화엄경보현행원품소(大方廣佛華嚴經普賢行願品疏)』(전 1권)이 『화엄경수소연의초』가 판각된 징광사(澄光寺)나 영각사(靈覺寺)에서도 함께 판각되었는지는 확정하기 어렵다. 참고로, 징광사와 영각사의 『화엄경수소연의초』 목판이 소실된 현재는, 위의 〈봉은사본〉이 전통 강원의 강본(講本)으로 활용되고 있다는 점, 1981년경 필자가 봉선사 월운 강백 문하에서 경을 볼 때 강본(講本)으로 사용한 〈봉은사본〉 『보현행원품소』 뒤편에 〈華嚴合本三刊後序〉와 〈靈澄二本對校〉가 붙어있는 점, 이런 등의 정황으로 보아 징광사와 영각사에서도 『보현행원품소』를 판각했을 것으로 추정해본다. 이점은 향후 서지학적 연구가 더 필요하다.

대본으로 했는가? 또 청량에게는 '40권본『화엄경』' 전체에 주석을 붙인 소(疏; 전 10권)도 있고, 또 그에게는 '40권본『화엄경』' 중에서 제40권에 들어 있는 〈보현보살을 만나는 부분〉에만 주석을 붙인 소(疏; 전 1권)도 있다고 했는데, 이 두 '소'의 관계는 어떠한가?

좀 더 구체적으로 질문하면, 청량의 제자 규봉은 10권으로 된『화엄경행원품소』(전 10권) 중에서, '40권본『화엄경』'의 제40권 본문에 붙은 '소(疏)'만을 부분적으로 떼어내어, 그것에 '초(鈔)'를 단 것인가? 아니면 별행본으로 유통되는『보현행원품소』(총 1권)이 선행했고, 이것을 텍스트로 '초(鈔)'를 단 것인가?

이 질문에 결론을 먼저 내리면, 규봉은 별행본으로 유통되는『보현행원품소』(전 1권)을 텍스트 삼아 거기에 '초'를 단 것이다.

이렇게 말할 수 있는 근거는 두 가지 측면에서 제시할 수 있다. 첫째는 별행본으로 유통되는『보현행원품소』(全 1권)의 '간본(刊本)'이 중국 명나라 시대는 물론 우리나라 조선 시대에도 유통되었는데, 그 유통본의 본문(本文)과 규봉이 쓴『보현행원품소초』(全 6권)의 해당 본문(本文)이 서로 일치하기 때문이다. 둘째는 '40권본『화엄경』'의 제40권을 대상으로 주석해낸 청량의 소문(疏文)과, 규봉이『보현행원품소초』(全 6권)를 쓰는 과정에서 대상 삼은 청량의 소문(疏文)과, 이 둘을 대조하면 확연하거 차이가 나기 때문이다.

　필자가 처음 〈봉은사본〉『보현행원품소』(全 1권)을 보았을 때, 이점이 매우 혼란스러웠다. 그 혼란의 원인은 〈봉은사본〉『보현행원품소』(全 1권)의 「현담(玄談)」과 『화엄경행원품소』(全 10권)의 「현담」의 〈서문〉이 완전하게 일치했기 때문이다. 이로 인해 규봉 선사의 『초(鈔)』가 〈全 1권본〉으로 된 『보현행원품소』를 대본(臺本)으로 한 것인지, 아니면 〈全 10권본〉으로 된 『화엄경행원품소』를 대본(臺本)으로 한 것인지, 그 점이 혼란스러웠다. 특히 두 책의 이름에 '행원(行願)'이라는 용어가 들어 있어, 같은 책으로 착각을 한 것이다. 독자들은 그러지 않기를 바라면서 필자의 경험을 이상과 같이 적어둔다.

　더불어 두 책이 저술된 선후 관계를 밝혀보면, 『화엄경행원품소』(全 10권)이 먼저이고, 『보현행원품소』(全 1권)이 나중이다.

　이상에서 필자는 『보현행원품』의 서지(書誌) 형태를 검토했다. 이하에서 그 책의 서명(書名)을 검토하기로 한다.

　'40권본 『화엄경』'의 마지막 권인 제40권만을 적출하여 유통시킨 것은 이해할 수 있다. 왜냐하면 이 부분은 '60권본 『화엄경』'이나 '80권본 『화엄경』' 어디에도 없는 내용이니 특별하게 다룰 수 있는 여지가 있기 때문이다. 그런데 필자의 관심은 별도로 분책하여 유통시키는 것은 좋은데, 왜 하필이면 책의 이름을 『보현행원품』이라고 붙였냐는 것이다.

　'40권본『화엄경』'의 내제(內題)인「입부사의해탈경계보현행원품(入不思議解脫境界普賢行願品)」에 '보현행원품'이라는 용어가 들어있는 점을 생각하면, 별행본의 책 이름을 동일하게 '보현행원품'으로 지은 것은 의미하는 바가 있을 것이다. 더구나 유독, 이 별행본에 청량 국사 자신이「현담(懸談)」도 붙이고 주석도 붙여 소위 경전 의해(義解)의 훈고 규모를 갖추어 별도로『보현행원품소』를 내는 등, 그의 제자 규봉도 그『소』에 '초(鈔)'를 붙이는 등, 역대 화엄 강사들의 노력이 중첩되는 데에는 분명 그 이유가 있을 것이다.

　그러면, 그 이유는 무엇인가? 그 이유를 필자는 남송 시대에『보현행원품소초』를 중간(重刊)하면서「서(序)」를 쓴 신안(新安)의 도규(道奎) 선사의 말에서 찾을 수 있겠다. 즉, "'40권본『화엄경』'의 제40권에 나오는 내용이야 말로『화엄경』전체의 '강령(綱領)'을 모두 갖추고 있다."[4]라고 했다. 이점은 매우 주목할 대목이다. 도규 선사의

4　新安道奎, 『大方廣佛華嚴經普賢行願品別行疏鈔重刊序』, "續得烏荼國所貢後分, 般若三藏, 同淸涼國師, 再譯成四十卷, 其臨末一卷, 卽今十大願王是也. 乃晉唐二大部中所缺, <u>然具攝全經綱領,</u> 故淸涼於大疏鈔外, 已爲十卷疏. 疏此後譯, 而復更作別行疏. 疏此一卷, 圭峰作鈔釋之, 最爲詳盡. 竭藏海之洪瀾, 收歸一滴, 指中邊之蜜味, 頓令親嘗, 欲求開示悟入, 舍此更無門矣."(신찬속장5, 220중).

이런 평가에서 드러나듯이, 『보현행원품』에 나오는 '보현행원'이야말로 『화엄경』 전체의 핵심이라고 할 수 있다. 방대한 『화엄경』이 결국은 보현의 '행원'으로 귀결된다고 보는 평가는, 청량에서 시작되어 그의 제자 규봉으로 이어졌고, 그 후 중국 화엄 교학의 전통으로 자리한다. 특히 송대의 진수(晉水) 사문 정원(淨源) 법사는 『보현행원품』에 입각한 수증의궤(修證儀軌)에 관한 저술을 세상에 내놓았고, 그로 인해 보현의 행원을 실제 신행(信行) 생활에서 활용할 수 있는 행법(行法)이 나오게 되었다. 애석하게도 천태(天台)의 행법만큼 널리 유통되지는 못했는데, 유통되지 못한 이유가 무엇인지 면밀한 검토와 반성적 대안이 필요하다.

2. 보현행원의 내용

그러면 보현의 '10대 행원'이란 어떤 것이 있는가? 『보현행원품』에서는 열 가지를 제시하고 있다. 열 가지 행원이란 다음과 같다.

① 부처님들께 예경하기[禮敬諸佛].
② 부처님들을 찬탄하기[稱讚如來].
③ 부처님들께 공양하기[廣修供養].
④ 부처님들께 참회하기[懺悔業障].
⑤ 부처님들의 공덕을 따라 기뻐하기[隨喜功德].

⑥ 부처님들께 설법 청하기[請轉法輪].
⑦ 부처님께 세상에 오래 계시도록 간청하기[請佛住世].
⑧ 부처님들을 따라서 가르침 배우기[常隨佛學].
⑨ 중생 뜻에 따라주기[恒順衆生].
⑩ 공덕을 모두 회향하기[普皆廻向].

이 각각에 대하여 보현보살은 선재동자에게 자세하게 설명한다. 경의 본문을 살펴보면, 위의 10대 행원 각각의 '내용'은 그때그때 바뀌지만, '형식'은 정형적으로 반복된다. 따라서 본 논문에서는 〈①칭찬여래〉대목 전체를 논문 첫머리 인용하여 독자들이 『보현행원품』 본문 전체의 형식을 예측할 수 있도록 하겠다. 보현보살의 '10대 행원' 각각의 내용에 대해서는 본 논문 〈제 Ⅲ장〉에서 부분부분 인용되고 있으니 참조할 수 있을 것이다.

"선남자여, 부처님들께 예경한다는 것은, 온 법계 허공계에 있는 시방 삼세 모든 세계의 티끌 수 부처님들을 보현의 수행과 서원의 힘으로 눈앞에 대한 듯 깊이 믿고, 몸과 말과 뜻의 깨끗한 업으로 항상 예경할 적에, 부처님 계신 데마다 말할 수 없이 말할 수 없는 세계의 티끌 수 같은 몸을 나타내고, 낱낱 몸으로 말할 수 없이 말할 수 없는 세계의 티끌 수 부처님께 예경할 것이니라.

허공계가 끝나면 나의 예경도 끝나려니와, 허공계가 끝날 수 없으므로 나의 예경도 끝날 수 없느니라. 이와 같이 중생의 세계가 끝나고 중생의 업이 끝나고 중생의 번뇌가 끝나면 나의 예경도 끝나려니와, 중생의 세계와 내지 중생의 번뇌가 끝날 수 없으므로 나의 예경도 끝이 나지 아니하고, 차례차례 계속하여 잠깐도 쉬지 아니하지마는 몸과 말과 뜻으로 하는 일은 조금도 고달프거나 만족해하지 않느니라."[5]

위의 본문 인용 중에서 "허공계가 끝나면 ……"로 시작되는 뒷 문단은 '보현보살의 10대 행원'을 설하는 가운데에 후렴 구절로 계속 반복된다. 이하에서는 이런 『보현행원품』에 입각하여 제작된 의례를 살펴보기로 한다.

Ⅲ. 『보현행원품』에 입각한 의례

1. 『원각경도량수증의』와 『원각경도량약본수증의』 비교

이상은 『보현행원품』에서 소개하는 보현보살의 '10대 행원'의 하나이다. 정원 법사는 '10대 행원'을 바탕으로 그것을 신행(信行) 속에서 몸소 실천할 수 있는 구체적인 의례문을 저술하였으니, 그것이 바로 『화엄보현행원수증의(華嚴普賢行願修證儀)』이다. 정원 법사가 지은 '수증의'의 방식과 구조는 기본적으로 규봉 종밀의 『원각경도량수증

---

5 이운허 역,「4. 보현보살을 만나다」,『한글대장경-40 화엄경』(서울: 동국역경원, 1964, 597쪽). ; 본 번역서의 149~158쪽.

의』를 모방했다. 정원 법사는 이 '수증의'를 만들기 전에 방대한 『원각경도량수증의』를 축약해서 『원각경도량약본수증의』를 찬술한 바 있다. 이런 찬술의 선후 관계로 인해, 정원 법사의 『화엄보현행원수증의』를 온전하게 이해하기 위해서는 먼저 규봉 선사의 『원각경도량수증의』에 대해 알아둘 필요가 있다. 『원각경도량수증의』에 대해서는 필자의 다른 논문[6]이 있으니, 여기에서는 자세하게 논의하지 않고 『화엄보현행원수증의』의 분석에 필요한 부분만 간단하게 그 논문에서 밝힌 결과를 추려오기로 한다.

『원각경도량수증의』는 모두 18권의 방대한 분량으로, 〈1. 도량법사(제1권)〉, 〈2. 참회법문(제2권~제16권)〉, 〈3. 좌선법(제17권~제18권)〉, 이렇게 크게 세 범주로 나누어 그 각각에 『원각경』의 본문을 배치하여 상서하게 의례 행법을 서술하고 있다. 순서와 내용을 짐작할 수 있는 주제어를 뽑아 〈표1〉로 그렸다.

---

[6] 신규탁, 「의식과 교리 관계 논증 - 『원각경수증의』를 중심으로 -」, 『영산에 꽃 피다 - 어장 일응, 그 삶의 여정』(서울: 정우서적, 2013). 이 논문은 수정 가필되어 다시 『규봉종밀과 법성교학』 「규봉 종밀의 의례관」(신규탁, 올리브그린, 2013, 318~358쪽)에 게재.

〈표1〉『원각경도량수증의』와 『원각도량약본수증의』

원각경도량수증의		원각경도량약본수증의
1. 도량법사 道場法事	(1) 권수(勸修)	(1) 엄정도량(嚴淨道場)
	(2) 간기(揀器)	
	(3) 가욕(呵欲)	
	(4) 기개(棄蓋)	
	(5) 구연(具緣)	
	(6) 엄처(嚴處)	
	(7) 입지(立志)	
2. 참회법문 懺悔法門	(1) 계청(啓請)	(2) 계청성현(啓請聖賢)
	(2) 공양(供養)	(3) 공양관문(供養觀門)
	(3) 찬탄(讚歎)	(5) 칭찬여래(稱讚如來)
	(4) 예경(禮敬)	(6) 예경삼보(禮敬三寶)
	(5) 참회(懺悔)	〈생략〉
	(6) 잡법사(雜法事) ①권청(勸請) ②수희(隨喜) ③회향(廻向) ④발원(發願) ⑤설무상게 (說無常偈) ⑥계백(啓白) ⑦예참(禮懺)	(7) 수행5회(修行五悔) ②권청(勸請) ③수희(隨喜) ④회향(廻向) ⑤발원(發願) 〈생략〉 〈생략〉 ①참회(懺悔)
	(7) 선요송경(旋繞誦經)	(8) 선요염불(旋繞誦經)
	(8) 정좌사유(正坐思惟)	(4) 정좌사유(正坐思惟)
3. 좌선법 坐禪法	(1) 총표(總標)	〈생략〉
	(2) 조화(調和)	
	(3) 근방편(近方便)	

	(4) 변마(辯魔)	
	(5) 치병(治病)	
	(6) 정수(正修)	
	(7) 선발(善發)	
	(8) 증상(證相)	

 이 중에서 〈3. 좌선법〉은 천태의 『수습지관좌선법요(修習止觀坐禪法要)』[7](일명 『천태소지관』 또는 『동몽지관』)을 그대로 옮겨 놓았다. 이럴 정도로 의례 방면에 있어서 천태(天台)의 참법(懺法)은 훗날 화엄종에도 강력하게 영향을 미친다.

 역사적으로 보면, 규봉 선사의 『원각경도량수증의』(全 18권)은 널리 유통되지는 못했다. 이런 현실 속에서 화엄종에 속한 수행자들도 부득이 천태의 참법을 많이 사용했다. 이 점을 안타깝게 생각한 정원 법사는 『원각경도량약본수증의』(全 1권)를 찬술하게 된다. 정원 법사는 『원각경도량약본수증의』에서 『원각경』을 활용한 참회법을 다음과 같은 단계로 축약하여 설명하고 있다. 이하에 소개하는 순서를 보더라도 정원 법사는 천태의 수행법을 그대로 모방한 〈3. 좌선법〉을 『원각경도량약본수증의』 속에서 모두 삭제하고 있음을 확인할 수 있다. 천태종과는 독립적으로 화엄종 자체의 고유한 의례를 제정하여

---

[7] 天台智顗, 『修習止觀坐禪法要』(대정장46, 462상~475상).

그것을 유통하려는 의도이다.

『원각경도량약본수증의』의 의례 편제는 다음과 같다. (1)엄정도량(嚴淨道場), (2)계청성현(啓請聖賢), (3)공양관문(供養觀門), (4)정좌사유(正坐思惟), (5)칭찬여래(稱讚如來), (6)예경삼보(禮敬三寶), (7)수행오회(修行五悔), (8)선요염불(旋繞念佛).

이렇게 하여 종밀의 『원각경도량수증의』는 정원 법사에 의해 비로소 의궤로서의 형식이 정비되게 되었다고 말할 수 있다. 무엇보다 의궤는 간결해서 실행하기 쉬워야 하기 때문이다. 『원각경도량수증의』와 『원각경도량약본수증의』를 대조한 〈표1〉을 보면 어떻게 축약했는지를 확인할 수 있을 것이다. 두드러진 것은 천태의 수행법을 그대로 인용해 놓은 〈3. 좌선법(坐禪法)〉을 완전히 삭제한 것이다. 이렇게 천태의 좌선법을 완전하게 삭제한 정원 법사는 『화엄보현행원수증의』(No. 1472)를 집필할 때는, 〈단좌사유(端坐思惟)〉라는 항목을 신설하여 화엄교학에 입각한 새로운 좌선법을 제시하기에 이른다.

2. 『화엄보현행원수증의』 분석

중국 송나라의 정원 법사는 희령(熙寧) 2년(서기 1069년) 한겨울 『원각경도량약본수증의』를 찬술하고, 같은 해에 『화엄보현행원수증의』를 찬술하는데,[8] 이 두 문헌 사이에는 유사한 점이 매우 많다. 이 점은 뒤에 나오는 〈표 3〉을 보면 잘 드러난다.

〈신찬속장〉에 입장(入藏)된 정원 법사의 『화엄보현행원수증의』는 두 종류가 전한다. 하나는 지은이의 이름[撰號]이 "대송 전화엄교관사문 진수 정원 집(大宋 傳華嚴敎觀 沙門 晉水 淨源 集)"이라 되어 있는 『화엄보현행원수증의(No. 1472)』(전 1권)이고, 다른 하나는 "송 진수 사문 정원 집(宋 晉水 沙門 淨源 集)"[9]이라고 되어 있는 『화엄보현행원수증의(No. 1473)』이다.

그러면 이 두 텍스트는 어떤 관계인가? 내용을 볼 때 제작 시기는 『No. 1473』이 먼저이고, 『No. 1472』가 나중이다. 『No. 1473』은 정원 법사가 송 신종 희령(熙寧) 2년(서기 1069년) 한겨울에 규봉 종밀 선사의 『원각경도량수증의』를 치정(治定)하여 『원각경도량약본수증의』를

---

8 진수 정원, 『화엄보현행원수증의(No. 1473)』(신찬속장74, 369하).
9 찬자(撰者) 호(號)가 이렇게 다른 이유는, 『No. 1472』의 찬호(撰號)는 다른 사람이 붙였기 때문이고, 『No. 1473』의 경우는 정원 법사 자신이 직접 붙였기 때문이다. 『화엄보현행원수증』로 동일하게 제목을 붙인 텍스트가 2종류 존재하는데도 본 논문에서 『No. 1473』을 분석의 대상으로 삼는 이유도 여기에 있다. 즉, 『No. 1473』의 경우는 상대적으로 『No. 1472』보다 정원 법사의 원고가 원본대로 보존되었을 것으로 추정되기 때문이다.

탈고한 뒤에, 그 여세를 몰아서 집필했다. 이런 관계로『No. 1473』에는『원각경도량약본수증의』의 영향이 그대로 미치고 있다. 닮아있다.

『No. 1473』은『원각경도량약본수증의』와 형식상의 일치를 유지하려는 정원 법상의 의도가 강하게 드러난다. 그 결과『No. 1473』은『보현행원품』에 담겨있는 고유의 수행 내용을 의례(儀禮)로 특색있게 드러내지 못하고 있다. 이런 단점을 보완하기 위해서 만든 것이『No. 1472』이라고 생각된다.[10]

필자도 처음에는 이상과 같은 두 텍스트 사이의 선후 관계를 제대로 파악하지 못했다. 그 결과 과거에 발표한 논문[11]에서는『No. 1472』를 '초본(草本)'으로 이해하고『No. 1473』을 '개정본(改定本)'으로 발표한 적도 있다. 이에 텍스트 생성의 선후에 대한 필자의 과거 입장을 수정한다.

아무튼, 의례로서의 구성적 측면은 역시『No. 1473』이『No. 1472』보다 더 보편적 짜임새를 갖추고 있다. 이렇

---

10 『No. 1472』에는「正修十行」이라는 항목을 설치하여 '보현보살 10대 행원'에 입각하여, 각각의 예참 방법을 '빠짐없이' 나열하고 있다. 이런 점은『화엄보현행원수증의(No. 1472)』(신찬속장74, 365중~368중)에서 확인할 수 있다.

11 신규탁,「古代 韓中佛敎交流의 一考察; 高麗의 義天과 浙江의 淨源」,『동양철학』 제27집(서울: 한국동양철학회, 2007).

게 말 할 수 있는 근거는, 『No. 1472』의 경우는 보현보살의 10대 행원을 본문 그대로 배열하는 방식으로, 즉 경전의 본문을 수문석의(隨文釋義) 하는 훈고 방식으로 의문(儀文)을 지었는 데 비해, 『No. 1473』에서는 '공양행법', '예불행법', '참회행법', '권청행법', '수희행법', '회향행법', '발원행법' 등의 행법(行法)에 맞추어 경전의 뜻만 추려 배치하였다. 경전 본문은 따로 '송경규식(誦經規式)' 속에서 읽도록 구성했다. 다만 『No. 1473』에는 없고 『No. 1472』에만 있는 의례 행법이 하나 있는데, 그것은 '관법(觀法)'과 관련한 화엄교학 특유의 전통이 소개된 점이다.[12]

이상에서 필자는 『No. 1472』와 『No. 1473』의 집필 선후 관계 및 서로 다른 특징에 대해서 분석을 했는데, 비록 이 두 텍스트가 서로 동이점(同異点)은 있지만, 그러면서도 이 두 텍스트는 기본적으로 규봉 종밀의 『원각경도량수증의』로부터 절대적인 영향을 받고 있다. 이 점을 다시 한번 확인해두고자 한다. 『화엄보현행원수증의』와 『원각경도량수증의』, 이 둘 사이의 '유사점'에 필자가 주

---

[12] 규봉 종밀의 『원각경도량수증의』에는 천태의 『동몽지관』을 있는 그대로 옮겨다 놓고 있는데, 정원의 『No. 1472』에는 화엄종 특유의 '화엄법계관' 수행법을 소개하고 있다. 이는 송대의 화엄교학자들이 천태종과 구별되는 화엄종의 교리를 실천 방면에까지 철저하게 하려는 노력으로 평가될 수 있다.

목하는 이유는, 의례에 관한 진수 정원의 사상적 기원이 규봉 종밀에서 시작한다는 것을 분명하게 하려는 것이다.

이런 전통에서 한 가지 더 기억해 두어야 할 것이 있다. 그것은 의례에 대한 규봉의 사상은 더 거슬러 올라가면 『법화삼매참의(法華三昧懺儀)』에 기인한다는 점이다. 경전의 내용을 의례(儀禮)에 활용하는 시작은 천태 지의(天台智顗; 538~597) 대사라는 점에 주목해야 할 것이다.[13] 바로 이런 천태의 참법을 화엄의 참법으로 대체한 선구자는 규봉 선사이고, 선사의 뒤를 이어 후대에 전승시킨 화엄 학승이 정원 법사이다. 이런 점에서 규봉의 『원각경도량수증의』는 그 사상사적 의의가 크다고 하겠다.

이와 함께, 송대 이후에 유행하는 수륙재(水陸齋) 관련 의문(儀文)이 천태종의 사명 지례(四明知禮; 960~1028) 뒤를 이어 사명산 복천사(福泉寺)에 주석하며 천태학 전통을 계승하던 대석 지반(大石志磐; 생몰 연대 미상, 1269년 남송 함순 5년에 전 54권의 편년체 『佛祖統紀』 완성)에 의해 만들어진 것도, 중국불교 의례와 천태종과의 관계 속에서 기억해 두어야 할 것이다.

이하에서는 두 종류의 『화엄보현행원수증의』 중에서 『No. 1473』을 중심으로 의례 절차를 하나하나 살펴보기로 한다. 『No. 1472』를 대상으로 하지 않고, 『No. 1473』을

---

13 차차석, 「천태 찬 『법화삼매참의』의 정토적 특성 탐구」, 『보조사상』 제29집, (서울: 보조사상연구원, 2008).

분석하여 소개하는 이유는 위에서도 밝혔다시피, 『No. 1473』이 상대적으로 '의례의 보편적 요소'[14]를 온전히 갖추고 있기 때문이다. 필자가 '의례의 보편적 요소'를 특별히 거론하는 이유는, 본 연구가 단순히 지난 지성사를 밝히는 이론적 연구를 넘어, 오늘날 한국 불교의 신행 현장에도 활용할 수 있는 실천적 행법(行法)을 모색하려 하기 때문이다.

이하에서는 『화엄보현행원수증의』(No. 1473)의 순서에 따라 그 내용을 소개하면서 부연하여 설명하기로 한다.

1) 엄정도량(嚴淨道場)

정원 법사는 먼저 수행을 시작하기 위한 예비 단계로 크게 두 가지를 준비하게 하고 있다. 첫째는 수행하는 도량을 꾸미는 일을 소개하고, 둘째는 수행인 자신이 준비해야 할 사항을 소개하고 있다. 첫째 〈엄정도량〉 조(條)에 따르면 수행 장소는 무엇보다 마을로부터 멀리 떨어진 조용한 산속이 좋지만, 형편이 여의치 못해 마을에 도량을 차릴 경우는 우선 땅을 1자[尺] 내지 2자 정도 파내

---

14 의례의 보편적 요소 : 규봉 종밀은 『이구혜보살소문경』을 인용하여 수행자가 해야 할 '본질적 일[本事]' 여덟 가지로, 공양·칭찬·예경·참회·권청·수희·회향·발원을 제시하고 있는데, 정원 법사는 이 점을 『화엄보현행원수증의(No. 1473)』(신찬속장74, 369하)에서 활용하고 있다.

고 그 위에 향을 진흙에 개어 바르고 그 위에 단(壇)을 차리라고 한다. 단 앞은 여러 번(幡)을 달아서 장엄하게 꾸미고 그 가운데에 '비로자나불' 불상을 주불(主佛)로 안치하고 좌우에 '문수'와 '보현' 양대 보살상을 협시(挾侍)로 배치한다. 그리고 불상 앞에는 『보현행원품』 1질을 경함(經函)에 넣어 올려둔다.

2) 정신방법(淨身方法)

둘째는 〈정신방법〉인데, 여기에서는 수행자가 갖추어야 할 신·구·의 3업(業)을 청정하게 하는 방법이 소개되어 있다. 일단 위에서 말한 대로 단을 차리고 나면, 다음으로 수행자는 목욕하여 몸을 단정하게 하고 깨끗한 옷을 갈아입는다. 이렇게 하고 마음을 고요하게 한다. 이어서 성현을 청해 모시는 법요를 다음과 같이 시행한다.

3) 계청성현(啓請聖賢)

수행자는 도량에 들어가서는 먼저 "보현보살" 명호를 반복하여 염송(念誦)하면서 본존상(本尊像)을 한 바퀴 돌라고 한다. 그리고는 본존상 앞으로 나아가서 좌구(坐具)를 깔고 몸을 바르게 한 뒤에 합장하며 절을 올려 불·법·승 3보의 강림을 청할 준비를 한다. 3보는 시방 삼세에 상주하지만, 수행자가 청하지 않으면 감응하지 않으므로 이렇게 청해야 한다고 한다. 이때 '성덕자(聲德者)'[15]는 다음과 같이 선창(先唱)한다.

대중 모두는 공손하게 예경합시다.[16]

'성덕자(聲德者)'는 염불을 인도하는 소임자로서 현재의 '인례(引禮)'에 해당한다. 이렇게 '성덕자'의 선창이 끝나면 이어서 대중들은 다음과 같이 후창(後唱)한다.

一心頂禮 十方法界 常住三寶.
일심정례 시방법계 상주삼보

3보에 절할 때는 각각 1배만 하고 호궤하고 좋은 향을 피워 삼보를 청한다. '여타의 예참'에서는 향이나 꽃 '공양'을 먼저 한 후에 '계청'을 하지만[17], 정원 법사는 규봉선사의 『원각경수증의』에 따라 '계청'을 '공양'보다 앞 순서에 넣었다. '계청문(啓請文)'은 아래의 ①~⑨과 같다.

---

15 성덕자(聲德者) : 의례를 인도하는 소임자. 경우에 따라서는 '先導者' 또는 '만랑성(萬朗聲)'으로도 불리기도 한다.
16 『화엄보현행원수증의』, "一切恭敬." (신찬속장74. 364중).
17 '여타의 예참'이란 천태의 『법화삼매참법』을 지칭한다. 『법화삼매참법』에서의 순서는 다음과 같다. ①엄정도량, ②행자정신, ③삼업공양, ④계청삼보, ⑤찬탄삼보, ⑥예경삼보, ⑦참회업장, ⑧행도, ⑨송경.

'계청'할 때는 그때마다 '절'을 한 번씩 올린다. 단 제 ④의 순서에서는 보현보살이 현재 당사자(들)가 시행하는 참회 행법의 대상이 되는 주인공이기 때문에, 세 번 '계청'하고 세 번 '절'을 올린다.

의례 변천의 역사에서 보면, 후대에는 '청사'-'향화청'-'가영'이 하나의 짝을 이루지만, 이 당시에는 아직 그런 모습은 보이지 않는다. 만약 오늘날 한국의 불교 현장에서 보현행원의 의례를 활용하려 한다면, '봉청' 의례를 거행한 다음에 '향화청' 의례를 하고, 그런 다음에 '가영(歌詠)' 지어서 붙이는 재래의 방법을 활용해도 무방할 것이다. 이렇게 하기를 순서대로 각각 해야 할 것이다. 이것이 여의치 않다면, ①~⑨를 모두 마치고, 그런 다음에 현행하는 〈삼보통청〉의 '가영'[18]을 그대로 사용해도 무방할 것으로 생각된다.

① 一心奉請 南無十信初滿 正覺始成 不離閻
  일심봉청 나무십신초만 정각시성 불리염

浮而昇天上 無盡身雲 本尊毘盧遮那佛.
부 이 승 천 상 무 진 신 운 본 존 비 로 자 나 불

---

18 『통일법요집』(대한불교조계종 포교원 편, 조계종출판사, 1998, 87쪽)에서는 조선 후기의 전통에 따라, 가영으로 "佛身普遍十方中, 三世如來一切同, 廣大願運恒不盡, 汪洋覺海妙難窮."을 법주가 선창(先唱)하면, 동참 대중이 "故我一心歸命頂禮."으로 창화(唱和)하게 되어 있다.

② 一心奉請 南無普攝穢國 修大願王 皆蒙授記 阿彌陀佛, 盡華嚴經中 華藏世界 反來會內 十方三世 一切諸佛.

③ 一心奉請 南無大方廣佛華嚴經 部裂玄微 一乘別教 汪洋悉修 十二分經.

④ 一心奉請 南無華嚴經主 不捨因門 發明行願 徧修玄妙 普賢菩薩摩訶薩.

⑤ 一心奉請 南無七處九會 互彰主伴 文殊師利菩薩 賢首菩薩 及諸品中 微塵菩薩摩訶薩.

⑥ 一心奉請 南無華嚴經中 末會之主 五十五員 眞善知識 百城求法 一生克備 善財等菩薩摩訶薩.

⑦ 一心奉請 南無觀自在菩薩 大勢至菩薩 彌
　　일심봉청　나무관자재보살　대세지보살　미

勒菩薩 馬鳴龍樹 諸祖菩薩 及十方三世
륵보살　마명용수　제조보살　급시방삼세

一切菩薩摩訶薩.
일체보살마하살

⑧ 一心奉請 南無末會之中 舍利弗等六千比
　　일심봉청　나무말회지중　사리불등육천비

丘 盡虛空界 微塵刹中 有學無學 一切聲
구　진허공계　미진찰중　유학무학　일체성

聞緣覺聖僧.
문연각성승

⑨ 一心奉請 南無華嚴會中 常發大願 安人護
　　일심봉청　나무화엄회중　상발대원　안인호

法 梵釋四王 天龍八部 執金剛神 主虛空
법　범석사왕　천룡팔부　집금강신　주허공

神 乃至諸世界中 主執神等 及此國內 主
신　내지제세계중　주집신등　급차국내　주

善罰惡 護伽藍神 守正法者 一切賢聖.
선벌악　호가람신　수정법자　일체현성

  이 '계청문' 중에서 ①은 법신불을 계청하는 것이며, ② 중에서 앞 구절은 보신불을 계청하고, 뒤 구절은 화신불을 계청하는 것에 각각 해당한다. 이렇게 법·보·화 3신의 불보(佛寶)를 계청하고 나서는 다음으로 ③에서는 법보(法寶)를 계청한다. ④~⑧은 승보(僧寶)를 계청하는 대목이다. 그리고 마지막 ⑨ 부분은 화엄회상의 신중(神衆)을 계청하는 부분인데, 재가 신도들은 절을 해도 무방하지만, 출자 대중은 절을 하지 않는다고 한다. 그러고 보면 〈대한불교조계종〉의 일부 사찰에서 '화엄신중단'에 절을 안 올리고 『반야심경』 1편만을 봉독하는 것도 전례 없는 것이라고 비판만 할 일만은 아닌 듯싶다.

이렇게 해서 성현님들을 불러 모셨으면, 이제부터는 그분들이 이 도량에 오셨다고 상상하면서, 보현행자가 마땅히 실천해야 할 '10대 행원'을 성현님들 앞에서 '관행(觀行)'의 방식으로 실천하는 순서이다. 유의해야 할 대목은 '관행(觀行)'이라는 점이다.

4) 관행공양(觀行供養)

'관행공양(觀行供養)'에서 '관행(觀行)'은 '관상(觀想)'으로도 표기하는데, 이것은 경전에 나오는 문구를 마음속으로 관찰하는 방식으로 공양을 대신하는 것이다. 이 경우의 경전은 『보현행원품』을 지칭한다.[19] 실물을 공양하는 것

---

19 『보현행원품』의 원문에는 보현보살이 선재동자에게 법문을 내리는 형식으로 되어 있다. 그런데 이 구절을 관상용(觀想用) 의례문으로 사용할 때는, 수행하는 제자(弟子)의 입장에서 성현께 약속을 올리는 형식이기 때문에, 아랫사람이 윗사람께 말씀을 올리는 어투로 고쳤다. 간단하게 말하면, 원문을 '하어체'에서 '경어체'로 바꾸었다.

은 아니다. '성덕자(聲德者)'는 향로를 들고 다음과 같이 창(唱)을 한다.

여러 대중은 각각 호궤를 하고 '향'과 '꽃'을 들고 여법하게 공양을 올립시다.[20]

이렇게 '창'을 마친 다음, 대중들은 『보현행원품』에 나오는 아래의 본문을 '마음속으로 관찰[觀行]'한다. 오늘날 한국에서 이 행법을 재현하려고 한다면, 눈으로 각자 암송하거나, 또는 '바라지'가 탄백성(嘆白聲)으로 '촘촘하게 쓸어 저수는' 방식도 괜찮을 듯한데, 이하의 행법에 나오는 '묵상' 내지는 '관상' 대목도 역시 그렇게 하는 것이 효과적일 수 있겠다.

이하는 『보현행원품』에 나오는 '보현보살 10대 행원' 중에서 〈③광수공양〉에 해당한다.

온 법계 허공계에 있는 시방 삼세 모든 세계의 티끌 속에 낱낱이 모든 세계의 티끌 수 부처님들이 계시고, 부처님들이 계신 데마다 가지가지 대중이 둘러 모신 것을, 저는 보현의 수행과 서원의 힘으로 눈앞에 계

---

20 『화엄보현행원수증의』, "是諸衆等, 各各互互跪, 嚴持香花, 如法供養."(신찬속장74, 370하).

신 듯이 깊이 믿으며, 앞에 계신 듯이 뵈옵고 모든 훌륭한 공양거리로 공양하오니, 이른바 구름같이 많은 꽃이며, 꽃다발이며, 천상의 음악이며, 천상의 건물이며, 천상의 의복과 여러 가지 천상의 향과 바르는 향과 태우는 향과 가루 향 따위의 구름이 낱낱이 크기가 수미산 같으며 여러 가지 등을 켜는데 우유등 기름등 향유등 따위가 심지는 수미산 같고, 등의 기름은 바닷물 같은 이러한 공양거리로 항상 공양하나이다.[21]

대중들은 이렇게 상상으로 공양을 마치고 나서 '산화(散華)'를 하면서 다음과 같이 '창(唱)한다. 이때, 꽃을 올릴 경우 생화를 올려야 하지만, 서리와 눈이 내리는 추운 계절에는 조화를 올려도 된다고 한다.

---

[21] 이운허 역, 「4. 보현보살을 만나다」, 『한글대장경-40 화엄경』(서울: 동국역경원, 1964), 593쪽. ; 본 번역서 ☞ 162~163쪽 참조. ◉ 단, 저기 『보현행원품』은 보현보살께서 선재동자에게 법문을 '내리는' 형식인 데 비하여, 여기 의례문은 불자들이 부처님을 향해 참회를 '올리는' 형식이다. 그래서 어투를 필자가 약간 고쳤다. 이 점은 이하에도 적용했다.

바라옵건대 이렇게 올리는 구름처럼 많은 향과 꽃이 온 법계에 두루 펴져, 티끌처럼 많은 국토마다 계시는 모든 부처님과 존귀한 가르침과 여러 보살님과 성문과 연각 대중들께 공양을 올리오니, 올리는 것마다 모두 다 미묘한 향과 꽃이 되옵소서. 구름처럼 많은 갖가지의 공양구를 올리나니, 원하옵건대 여러 삼보님께서는 이 향과 꽃의 공양을 받으시어, 이것들을 광명 삼으사 끝없는 법계에 두루 가셔서 끝없는 불사를 이루소서.[22]

이렇게 대중들이 '창'을 마치고 나면, '성덕자'는 다음과 같이 외친다.

공양 올리기를 모두 마쳤습니다. 대중 모두는 공손하게 예경을 올립시다.[23]

---

22 『화엄보현행원수증의』, "願此香花雲, 徧滿十方界, 微塵刹土中, 供養一切佛, 尊法諸菩薩, 聲聞緣覺衆, 悉成妙花香, 種種供具雲, 而常爲供養, 普願諸三寶, 受此香花雲, 以爲光明臺, 廣於無邊界, 無邊作佛事."(신찬속장74, 371상).
23 『화엄보현행원수증의』, "供養已一切恭敬."(신찬속장74, 371상).

이렇게 '성덕자'가 외치고 나면, 대중들은 절을 올린다.

5) 칭찬여래(稱讚如來)

이상과 같이 〈관행공양〉을 마치고 나서는 위의를 갖추어 몸을 바르게 하고 모두 엎드린 채로 『보현행원품』에 나오는 다음의 구절을 상상한다. 이하는 『보현행원품』에 나오는 '보현보살 10대 행원' 중에서 〈②칭찬여래〉에 해당한다.

온 법계 허공계에 있는 시방 삼세 모든 세계에 티끌이 있고, 낱낱 티끌 속에 모든 세계의 티끌 수 부처님들이 계시며, 부처님들 계신 데마다 보살 대중이 둘러 모신 것을 내가 깊이 훌륭한 알음알이로 앞에 계신 듯이 뵈옵고, 각각 변재 천녀 보다 더 훌륭한 혀를 내고, 낱낱 혀에서 그지없는 음성을 내고 낱낱 음성에서 온갖 말을 내어서 부처님들의 한량없는 공덕을 찬탄하며 오는 세월이 끝나도록 계속하여 끊이지 아니하고 법계 끝단 데까지 두루 하겠나이다.
이와 같이 하여 허공계가 끝나고, 중생의 세계가 끝나고, 중생의 업이 끝나고, 중생의 번뇌가 끝나면 저의 찬탄도 끝나려니와 허공계와 내지 번뇌가 끝날 수 없으므로 저의 찬탄도 끝나지 아니하고, 차례차례 계속하여 잠깐도 쉬지 아니하지마는, 몸과 말과 뜻으로 하는 일은 조금도 고달프거나 만족하지 않게 하겠나이다.[24]

이렇게 묵상(默想), 즉 '관행(觀行)'으로 여래의 공덕을 찬탄하고 나서는 다음의 '찬문(讚文)' 외운다.

지혜의 광명은 맑은 해와 같고, 온갖 수행은 보름달처럼 갖추셨으며, 하염없는 공덕은 큰 바다와 같고, 허공처럼 걸림 없고 깨끗하시네.

시방세계의 모든 국토, 한 찰나에 모두 깨끗하고 장엄하게 하시며, 미묘한 음성으로 설법을 하시니, 세상 어디에도 그런 분이 없으시네.

보현보살님의 몸은 허공과 같으시니, 진리에 머무실 뿐 딴 국토가 아니며, 중생들이 원하는 것에 부응하여, 모든 곳에 온몸을 나타내시네.

---

24 이운허 역, 「4. 보현보살을 만나다」, 『한글대장경-40 화엄경』(서울: 동국역경원, 1964), 591~592쪽. 본 번역서 ☞ 159~161쪽 참조.

끝없는 공덕과 발원을 펴시사, 모든 중생에 즐거움을 내게 하시며, 미래가 다하도록 행원에 의지하여, 항상 열심히 닦고 익히며 중생을 제도하시네.[25]

6) 예경삼보(禮敬三寶)

 이상으로 여래의 공덕을 찬양하는 탄백을 마친 다음에는, 시방 삼세의 부처님께 '절[禮敬]'을 올린다. 절을 올리기 전에 우선 마음속으로 다음과 같이 묵상한다. 내용은 『보현행원품』에 있는 것으로 '보현보살 10대 행원' 중에서 〈①예경제불〉에 해당한다.

모든 부처님께 예경한다는 것은, 온 법계 허공계에 있는 시방 삼세 모든 세계의 티끌 수 부처님들을 보현의 수행과 서원으로 힘으로 눈앞에 대한 듯 깊이 믿고, 몸과 말과 뜻의 깨끗한 업으로 항상 예경할 적에, 부처님 계신 데마다 말할 수 없이 말할 수 없는

---

25 『화엄보현행원수증의』(신찬속장74, 371쪽 상~중), "智慧光明如淨日, 衆行具足猶滿月. 功德常盈譬巨海, 無垢無礙同虛空. 十方所有諸國土, 一刹那中悉嚴淨. 以妙音聲轉法輪, 普徧世間無與等. 普賢身相如虛空, 依真而住非國土. 隨諸衆生心所欲, 示現普身等一切. 普發無邊功德願, 悉與一切衆生樂. 盡未來際依行願, 常勤修習度衆生."

세계의 티끌 수 같은 몸을 나타내고, 낱낱 몸으로 말할 수 없이 말할 수 없는 세계의 티끌 수 부처님께 예경하는 것이나이다.

허공계가 끝나면 저의 예경도 끝나려니와, 허공계가 끝날 수 없으므로 저의 예경도 끝날 수 없나이다. 이와 같이 중생의 세계가 끝나고 중생의 업이 끝나고 중생의 번뇌가 끝나면 저의 예경도 끝나려니와, 중생의 세계와 내지 중생의 번뇌가 끝날 수 없으므로 저의 예경도 끝이 나지 아니하고, 차례차례 계속하여 잠깐도 쉬지 아니하지마는 몸과 말과 뜻으로 하는 일은 조금도 고달프거나 만족하지 않겠나이다.[26]

이렇게 묵상하여 '관상(觀想)'을 하고서는 다음과 같이 불법승 3보에 '절'을 올리면서 '예경' 한다.

① **一心頂禮 十身初滿 正覺始成 不離閻浮 而**
　　일심정례　십신초만　정각시성　불리염부　이

昇天上 無盡身雲 本尊毘盧遮那佛.
승천상　무진신운　본존비로자나불

---

26 이운허 역, 「4. 보현보살을 만나다」, 『한글대장경-40 화엄경』(서울: 동국역경원, 1964), 591쪽. 본 번역서 ☞ 149~158쪽 참조.

② 一心頂禮 普攝穢國 修大行願 蓮花化生 皆
　일심정례　보섭예국　수대행원　연화화생　개

蒙授記 阿彌陀佛.
몽수기　아미타불

③ 一心頂禮 發辭讚定 普現其前 同名法慧 功
　일심정례　발사찬정　보현기전　동명법혜　공

德林等 一切諸佛.
덕림등　일체제불

④ 一心頂禮 眉間放光 勸說十地 與金剛藏 法
　일심정례　미간방광　권설십지　여금강장　법

門辯才 十方諸佛.
문변재　시방제불

⑤ 一心頂禮 出現品中 稱讚大行 皆說此法 同
　일심정례　출현품중　칭찬대행　개설차법　동

名普賢 微塵數佛.
명보현　미진수불

⑥ 一心頂禮 盡華嚴經中 華藏世界 微塵刹土
　일심정례　진화엄경중　화장세계　미진찰토

十方三世 一切諸佛.
시방삼세　일체제불

⑦ 一心頂禮 大方廣佛華嚴經 部裂玄微 一乘
　일심정례　대방광불화엄경　부렬현미　일승

別教 汪洋悉備 十二分經.
별교　왕양실비　십이분경

⑧ 一心頂禮 菩提場中 佛果會主 發明十願 徧
　일심정례　보리장중　불과회주　발명시원　변

修玄妙 普賢菩薩摩訶薩.
수현묘 보현보살마하살

⑨ 一心頂禮 普光明殿 十信會主 十首菩薩
일심정례 보광명전 십신회주 십수보살

摩訶薩.
마하살

⑩ 一心頂禮 忉利天宮 十住會主 十慧菩薩
일심정례 도리천궁 십주회주 십혜보살

摩訶薩.
마하살

⑪ 一心頂禮 夜摩天宮 十行會主 十林菩薩
일심정례 야마천궁 십행회주 십림보살

摩訶薩.
마하살

⑫ 一心頂禮 都率天宮 十向會主 十幢菩薩
일심정례 도솔천궁 십향회주 십당보살

摩訶薩.
마하살

⑬ 一心頂禮 他化天宮 十地會主 金剛藏菩薩
일심정례 타화천궁 십지회주 금강장보살

摩訶薩.
마하살

⑭ 一心頂禮 重會普光明殿 顯彰因圓果滿 如
일심정례 중회보광명전 현창인원과만 여

來性起 妙德菩薩摩訶薩.
래성기 묘덕보살마하살

⑮ 一心頂禮 三會普光明殿 開發進修成行 善慧菩薩摩訶薩.

⑯ 一心頂禮 逝多林中 證入法界 如來之前 文殊師利菩薩摩訶薩.

⑰ 一心頂禮 末會之主 五十五員 眞善知識 權實菩薩摩訶薩.

⑱ 一心頂禮 圓根上器 修證軌範 百城求法 一生克備 善財菩薩摩訶薩.

⑲ 一心頂禮 應跡淨邦 觀自在菩薩 大世至菩薩 彌勒菩薩 馬鳴龍樹諸祖菩薩 及十方三世 一切菩薩摩訶薩.

⑳ 一心頂禮 會末之中 舍利弗等六千比丘 盡虛空界 微塵刹中 有學無學 一切聲聞緣覺

賢聖僧.
현 성 승

물론 이때에도 제 ⑧의 경우는 현재 도량 행법 의례를 받으시는 주인공이 보현보살이기 때문에 앞의 예와 같이 세 번 '절'을 올린다.

7) 수행오회(修行五悔)

이 대목에서는 모두 다섯 종의 '행법'이 진행된다. 다섯이란 (1)참회, (2)권청, (3)수희, (4)회향, (5)발원이다. 차례대로 보기로 하자.

(1) 참회

'예불'을 마치고 나면 다음으로 '참회'를 해야 한다. 죄에 '차죄(遮罪)'와 '성죄(性罪)'가 있으므로, '참회'에도 '사참(事懺)'과 '이참(理懺)'이 있게 마련이다. '사참'은 『방등불명경』에 있는 것처럼 모든 행에 통하기 때문에 시방의 여러 부처님께 간절하게 절을 올리고 죄상을 낱낱이 고해서 간절하게 참회해야 하는 행법이다. 한편 '이참'은 『승만경』에 나오듯이, 죄의 본성이란 안팎이 없는 것이기 때문에 '보리심'을 발하기만 하면 자연 사라진다고 한다.

그러니 '예경'을 마치고 나면 호궤하고 오른 무릎을 땅에 꿇고 『보현행원품』의 다음 구절을 묵독(默讀)하면서

'참회'를 한다. 이하는 『보현행원품』에 나오는 '보현보살 10대 행원' 중에서 〈④참제업장〉에 해당한다.

제가 지나간 세상 끝없는 겁 동안에 탐내고 성내고 어리석은 마음으로 몸과 말과 뜻을 놀리며 모든 나쁜 짓 한 것이 한량없고 가이없으니, 만일 나쁜 짓이 형체가 있다면 끝없는 허공으로도 용납할 수 없을 것입니다.
제가 이제 세 가지 깨끗한 업으로 법계에 두루 하여 티끌처럼 많은 부처님 앞에서 지성으로 참회하고 다시는 짓지 아니하오며, 항상 깨끗한 계율의 모든 공덕에 머물겠나이다.
이와 같이 하여 허공계가 끝나고 중생의 세계가 끝나고 중생의 업이 끝나고 중생의 번뇌가 끝나면 저의 참회가 끝나려니와, 허공계와 내지 중생의 번뇌가 끝날 수 없으므로 저의 참회도 끝나지 아니하고, 차례차례 계속하여 잠깐도 쉬지 아니하지마는 몸과 말과 뜻으로 하는 일은 조금도 고달프거나, 만족하지 않나이다.[27]

---

[27] 이운허 역, 「4. 보현보살을 만나다」, 『한글대장경-40 화

이렇게 묵상하며 '관상'을 하고 나면, '만랑성(萬朗聲)'은 다음과 같이 '창(唱)'한다.

4은(恩)과 3유(有), 그리고 온 법계의 중생들을 위하여 바라옵건대 일체의 모든 업장을 끊어 없애고자 귀명하오며 참회하나이다.[28]

'만랑성'의 '창(唱)'이 끝나고 나면, 대중들은 다음과 같이 소리 내면서 '참회'를 한다.

저 비구 ○○는 지극한 마음으로 '참회'하나이다. 저와 더불어 법계 일체중생들은 응당 이렇게 생각하나이다. 끝없는 지난 과거로부터 탐진치 때문에 신·구·의 3업으로 수많은 악업을 지었습니다. 만약 이 악업들이 형체가 있다면 허공에도 다 담지 못할 것입니다. 제가 이제 3업을 청정하게 하여 온 법계에 계시는 불보살님 전에 지성으로 참회하나이다. 앞으로

엄경』(서울: 동국역경원, 1964), 598~599쪽. ; 본 번역서 ☞ 181~185쪽 참조.

28 『화엄보현행원수증의』, "普爲四恩三有, 及法界衆生, 悉願斷除諸障, 歸命懺悔."(신찬속장74, 372상).

는 절대로 죄를 짓지 않고 청정한 계율을 지키고 모든 공덕을 쌓겠나이다. 그동안 제가 살아온 길을 돌아보니 어리석음 때문에 많은 죄를 지어 불법의 종자를 가로막았고 깨달음으로 가는 길을 막았으며, 성인의 뜻을 등지고 그저 못된 짓만 하였습니다. 생사윤회를 좋아하고 벗어날 생각은 조금도 하지 못했습니다. …… 〈필자 임의 생략〉…… 그저 삼보 전에 원하옵나니, 본존이신 비로자나부처님, 행원과 참회의 주인이신 보현보살님이시여, 어여삐 저를 보호하시어 참회를 받아주소서. 그리하여 3독의 마음을 뒤집어 세 가지 비밀한 창고[秘藏]로 바꾸어, 두루 모든 중생과 다 함께 진여의 법계로 올라가고자 하나이다.[29]

---

29 『화엄보현행원수중의』, "我比丘(某甲)至心懺悔, 我與法界, 一切衆生, 應當自念, 已於過去, 無始劫中, 由貪瞋痴, 發身口意, 作諸惡業, 無量無邊. 若此惡業, 有體相者, 盡虛空界, 不能容受. 我今悉以淸淨三業, 徧於法界, 極微塵刹, 一切諸佛菩薩衆前, 誠心懺悔, 後不復造, 恒住淨戒, 一切功德. 我今又念愚痴所盲, 造罪無窮, 障佛法因, 開闡提路, 違背聖意, 隨逐惡緣, 棄捨菩提, 躭玩生死, 於出離法, 無一念心. 諸苦毒因, 長夜積習, 染汗無學, 及親非親, 於出家人, 搖罵責訶, 惡法交游, 汚穢塔寺, 毁犯齋戒, 縱蕩身心, 嫉諸善人, 逆害師長, 有愛有痴, 無慚無愧. 我等自惟微善, 報在人倫, 幸値

이상으로 대중들이 '참회'를 마치고 나면, 대중들은 모두 일어서고, 이어서 '성덕자'는 다음과 같이 '창'한다.

참회를 다 마쳤으니, 이제는 보현보살과 일체 삼보님께 귀명하여 두루 절을 올리십시오.[30]

이렇게 '성덕자'의 외침이 끝나면 대중들은 모두 일어서서 '절'을 한 번 올린다. 이렇게 '참회' 행법이 진행될 때는 앞에서도 말했듯이 '호궤하고 우슬착지' 한다. 이상으로 '참회'가 끝나면 대중들은 모두 일 배(拜)를 모신다.

(2) 권청

이상으로 '참회'의 행법은 끝난다. 다음은 '권청'하는 순서이다. 『보현행원품』의 내용 중에 '권청'에 해당하는 부분은 보현보살의 '10대 행원' 중에서 〈⑥청전법륜〉과 〈⑦

釋迦像季, 遺法出家學道, 未能發明教觀淵旨, 自利利他, 雖爲義學, 講習章門, 取相乖宗, 違文背理, 譽自毀他, 虛消信施, 解脫律儀, 常多缺犯, 或爲四重, 或爲偸蘭遮, 乃至重輕一切罪障, 當淪苦趣. 惟願三寶, 本尊毗盧遮那, 行願懺主普賢菩薩, 哀憫護念, 愛我懺悔. 翻三毒心, 成三秘藏, 普與衆生, 咸登眞界."(신찬속장74, 372상). 밑줄 부분 번역 생략.

30 『화엄보현행원수증의』, "懺悔已, 歸命禮普賢菩薩, 及一切三寶."(신찬속장74, 372중).

청불주세)의 두 행원을 합친 것으로, 다음과 같이 '권청'
을 한다. 대중은 소리 내어 다음과 같이 염송한다.

저 비구 ○○는 지극한 마음으로 다음과 같이 '권청'
하나이다. 시방에 계시는 모든 부처님과 처음으로 보
리를 성취하신 님들이시여. 제가 이제 모두 권청하오
니 열반에 드시지 마시고 설법을 해주소서. 어떤 부
처님이시든 열반에 드시려 하시면 저가 지성으로 권
청하노니, 영원토록 모든 국토에 머무시어 일체의 중
생들에게 이로움을 주소서.[31]

(3) 수희

이상으로 '권청'을 마치고 나서는 '수희(隨喜)' 행법을
진행한다. '성덕자'에 따라 대중은 다음과 같이 '창'한다.

저 비구 ○○는 지극한 마음으로 다음과 같이 '수희'
하나이다. 시방에 있는 모든 중생과 성문 연각을 비

---

31 『화엄보현행원수증의』, "十方所有世間燈, 最初成就菩提者, 我今一切皆勸請, 轉於無上妙法輪. 諸佛若欲示涅槃, 我悉至誠而勸請, 惟願久住刹塵劫, 利樂一切諸衆生."(신찬속장 74, 372중).

롯하여 아라한에 이르기까지 일체의 부처님들과 보살님들께서 베푸시는 공덕을 저도 따라 기뻐하나이다.[32]

'수희'를 마치고 나서는 보현보살과 일체의 삼보님께 '귀명례'를 올린다.

(4) 회향

다음도 역시 성덕자의 지도에 따라 '회향' 의례를 진행하는데, '회향문'은 아래와 같다.

저 비구 ○○는 지극한 마음으로 다음과 같이 '회향'하나이다. 이제까지 예찬하고 공양하고, 부처님이 오래 세상에 머무시어 설법하시기를 권청하며, 수희하고 참회하여 얻은 모든 공덕을 중생과 실제와 깨달음에로 회향하나이다.[33]

(5) 발원

---

32 『화엄보현행원수증의』, "十方一切諸衆生, 二乘有學及無學, 一切如來與菩薩, 所有功德皆隨喜."(신찬속장74, 372하).
33 『화엄보현행원수증의』, "所有禮讚供養福, 請佛住世轉法輪, 隨喜懺悔諸善根, 迴向衆生及佛道."(신찬속장74, 372하).

다음은 '발원'이다. 발원문은 다음과 같다.

저 비구 ○○는 지극한 마음으로 다음과 같이 '발원' 하나이다. 신·구·의 3업을 항상 청정하게 하며, 모든 행동도 어디에나 그렇게 하겠나이다. 지혜를 갖추신 보현보살님이시여. 저와 남이 모두 그렇게 되기를 바라나이다.[34]

'발원'이 끝나면 보현보살과 모든 삼보님께 '귀명례'를 올린다. 이렇게 해서 '수행5회'를 모두 마친다.

8) 선요칭념(旋繞稱念)

이상과 같이 의례를 통하여 보현보살의 '10대 행원'을 관상(觀想)의 방법으로 실천하고 나서는, 다시 몸을 바르게 하고 잠시 일어선다. 물론 이때에도 삼보와 일체의 성현들이 허공에 가득하게 저마다의 법좌에 앉아계신다고 생각을 해야 한다. 이렇게 생각을 하면서 갖가지 향을 피우고 불보살님들의 법좌(法座)를 세 바퀴 또는 일곱 바퀴 돌면서 입으로는 다음과 같이 창(唱)한다.

---

34 『화엄보현행원수증의』, "身口意業恒淸淨, 諸行刹土亦復然, 如是智慧號普賢, 願我與彼皆同等."(신찬속장74, 372하).

南無十方佛.
나무시방불

南無十方法.
나무시방법

南無十方僧.
나무시방승

南無十身初滿盧舍那佛.
나무십신초만노사나불

南無皆蒙授記阿彌陀佛.
나무개몽수기아미타불

南無華藏世界微塵諸佛.
나무화장세계미진제불

南無大方廣佛華嚴經.
나무대방광불화엄경

南無發明行願普賢菩薩.
나무발명행원보현보살

南無洞彰信解文殊師利菩薩.
나무동창신해문수사리보살

南無七處九會諸大菩薩.
나무칠처구회제대보살

南無諸善知識善財菩薩.
나무제선지식선재보살

南無十方一切菩薩摩訶薩.
나무시방일체보살마하살

이렇게 불·법·승 3보를 칭념(稱念)하고 나서는 '송경(誦經)'을 한다. 읽는 불경으로는 『범망경』에 나오는 '10중대계(十重大戒)'를 읽어도 좋고, 또는 『보현행원품』을 읽어도 좋다고 한다. 이렇게 '송경의식'을 마친 다음에는 다음과 같이 '삼귀의례'를 봉행한다.

自歸依佛 當願衆生 體解大道 發無上心.
자귀의불 당원중생 체해대도 발무상심

自歸依法 當願衆生 深入經藏 智慧如海.
자귀의법 당원중생 심입경장 지혜여해

自歸依僧 當願衆生 統理大衆 一切無閡.
자귀의승 당원중생 통리대중 일체무애

和南聖衆.[35]
화남성중

이렇게 '삼귀의'를 마치고 나서는 보현보살을 생각하면서 법좌를 오른쪽으로 돌아 단(壇) 밖으로 나온다.

IV. 맺음말

이상에서 필자는 『보현행원품』에 입각한 예참 의례를 살펴보았다. 그 내용은 복잡한 듯하지만, 큰 골격은 성현을 도량에 청해 모시고, 그분들 앞에서 보현의 행원을 실천하는 것이다. 특이한 것은 공양을 비롯한 일체의 행법

---

35 『화엄보현행원수증의』(신찬속장74, 373상).

은 '관상(觀想)'이라는 방법으로 실행하는 점이다. 즉 '묵상하는 속에서' 보현보살의 '10대 행원' 실천을 상상하는 것이다. 이렇게 마음속에 보현행원을 훈습하여 종자(種子)를 심어두고 세상을 살아가며 인연 따라 보살행을 실천하자는 것이다.

규봉 선사에 의해 시작되고, 정원 법사에 와서 보완된 화엄 계통의 의례는 천태의 참법과 더불어 향후 동아시아 불교계에 많은 영향을 주었다. 특히 '도량'을 건립하고, 그런 다음에 '성현'을 청해 모셔 온갖 '공양'을 올리고, 그 앞에서 '참회'하고, '발원'하고, '회향'하는 등등의 행법은 불보살님께 올리는 '공양 의례'에도 같은 양상으로 나타난다. 이런 점을 고려하여 이하에서는 현행 한국 불교 사찰에 유통되는 〈상단불공(上壇佛供)〉과 대조하면서, 한국 불교의 현실 속에 예참 의례를 어떻게 정착시키면 좋을지 생각해 보기로 한다.

먼저 논지의 진행을 위해 현행의 〈상단불공〉을 요약 정리해 두기로 한다. 각 의례문(儀禮文)에 따라 출입이 있으므로, 본 논문에서는 『석문의범』(안진호 편, 만상회, 1934년, 초판)의 「각청편(各請篇)」 중에서 〈삼보통청(三寶通請)〉 의문을 기준으로 논의하기로 한다.

안진호 강백이 편집한 〈삼보통청(三寶通請)〉은 ①보례진언으로 시작하여 다음과 같이 진행된다. ②정구업진언에서 시작하여 준제송을 마치고 나서는 "원공중생성불도"

라고 창하고는 다음으로는 정삼업진언 ▶ 개단진언 ▶ 건단진언 ▶ 정법계진언 순으로 진행한다. 다음에는 ③거불 ▶ 보소청진언 ▶ 유치 ▶ 청사 ▶ 향화청 ▶ 가영 ▶ 헌좌진언으로 진행한다. 다음에는 ④욕건이 ▶ 정법계진언 ▶ 다게 ▶ 진언권공 ▶ 변식진언 ▶ 시감로수진언 ▶ 일자수륜관진언 ▶ 유해진언 ▶ 운심공양진언 ▶ 보공양진언 ▶ 출생공양진언 ▶ 정식진언 ▶ 보회향진언 ▶ 4대주 ▶ 원성취진언 ▶ 보궐진언 ▶ 예참 ▶ 정근으로 이어진다. 다음에는 ⑤축원 ▶ 탄백으로 진행하여, 상단 의례를 마친다.

이후 중단은 퇴공(堆供)하여 진행하는데, 중단 의례는 본 논문의 주제 범위에서 벗어나기 때문에 일단 논의에서 제외한다. 의례문(儀禮文)에 따라 다소의 출입은 있으나, 이것이 현행〈삼보통청〉의 일반적인 순서이다.

〈삼보통청〉의 내용을 들여다보면, 일상에서 우리가 집안으로 귀한 손님을 초청하여 음심을 대접하는 절차와 유사함을 알 수 있다. 즉, 역사상의 부처님 일행을 초청하여 공양을 올렸던 상황을 재현하는 것으로 해석할 수 있다. 이 상황을 아래와 같이 순서대로 구성해보았다.

(1)집 안팎을 잘 청소하고, (2)몸과 마음을 정갈하게 하고, (3)부처님과 승단에 공양 청장을 내고, (4)부처님 일행이 집안으로 오시면 자리에 앉으시도록 권하고, (5)공양을 올려 드시게 하고, (6)공양물을 받으신 부처님은 그 음식을 다른 이들도 들도록 베풀어주시고, (7)모인 사람들은

생활 속의 잘못을 부처님께 뉘우쳐 고백하고, (8)초청한 이들이 부처님께 서원을 아뢰고, (9)자신이 얼마나 부처님을 존경하는지 그 공덕을 찬송하고, (10)그러면 부처님께서는 모인 대중들을 위해 법문을 설해주신다. (11)법문을 듣고 난 대중들은 말씀대로 정진하고 수행하겠노라 부처님께 다짐하고, (12)끝으로 부처님 일행을 배송한다.

이상의 의례문을 대본으로 월운 강백은 그 행상(行相)을 판석(判釋)한 바 있으니, 〈표2〉[36]가 그것이다.

〈표2〉에 나오는 '결계(結界)'는 (1)과 (2)를 본뜬 것으로 볼 수 있고, '청영(請迎)'은 (3)과 (4)를 본뜬 것으로 볼 수 있고, '권공(勸供)'은 (5)를 본뜬 것으로 볼 수 있고, '가지(加持)'는 (6)을 본뜬 것으로 볼 수 있고, '예참(禮懺)'은 (7)을 본뜬 것으로 볼 수 있고, '축원(祝願)'은 (8)을 본뜬 것으로 볼 수 있고, '탄백(歎白)'은 (9)를 본뜬 것으로 볼 수 있다.

다음은 〈상단불공〉의 절차를 다시 『화엄보현행원수증의』와 대비해보기로 하자. '보례진언'으로 시작하는 송주는 〈1. 엄정도량〉과 상응한다. 다음으로 거불-유치-청사-향화청 등은 〈2. 계청성현〉과 상응한다. 다게-진언권공 등은 〈3. 관행공양〉과 상응한다. 가영-탄백은 〈4. 칭찬여래〉와 상응한다. 예참은 〈5. 예경삼보〉와 상응한다. 송

---

[36] 김월운, 『일용의식수문기』(김포: 중앙승가대학 출판국), 1991, 40~41쪽.

주의 10악 참회 부분은 〈6. 수행5회〉 중 '참회'와 상응하는데, 사실 축원 부분에는 〈6. 수행오회〉 중 '수희'-'권청'-'발원'-'회향' 등의 내용이 짧지만, 골고루 갖추어져 있다. 『4대주』를 송주하는 것은 〈7.선요송경〉과 상응한다.

〈표2〉〈상단불공〉 분과표

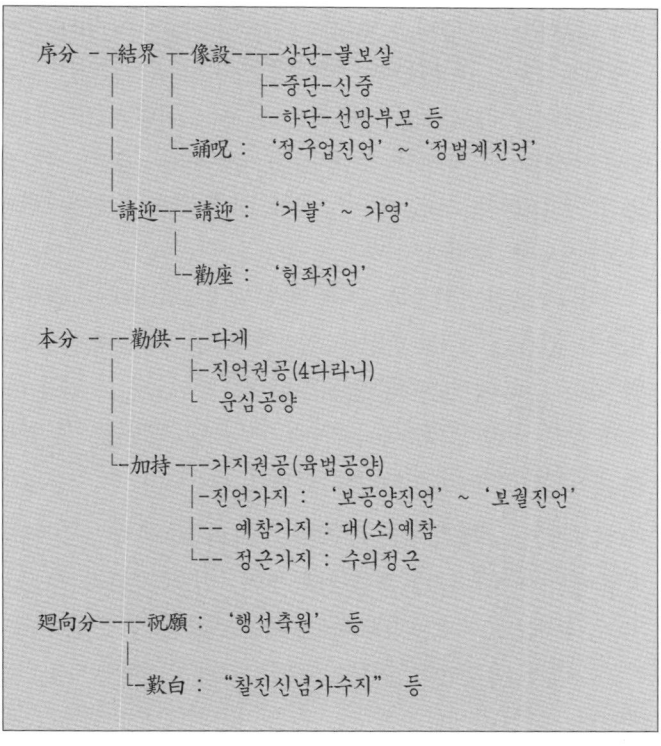

본 논문에서 거론한 각종 의례문의 조항을 대조하여 표로 그리면 〈표4〉과 같다. 이 비교 대조에서 드러나듯이, 두 종의 『화엄보현행원수증의』, 『원각경도량약본수증의』, 『이구혜보살소문경』 등을 한국 불교 현장에 유통되는 〈상단불공〉과 비교해보면, 현행 〈상단불공〉에는 '정좌사유'(또는 '단좌사유')에 해당하는 의례 절차가 빠져 있음을 확인할 수 있다. 『4대주』 독송은 〈선요송경(또는 선요칭념)〉으로 간주했는데, 이렇게 간주할 수 있다면 〈삼보통청〉에도 '송경(誦經)' 대목은 있는 셈이다. 그러니 오늘날 사찰의 현장에서 『4대주』를 생략하는 것은 절차상 옳지 않다고 할 수 있다. 이 점에 대해서는 본 논문 뒤에 다시 논의할 것이다.

그러고 보면 〈삼보통청〉은 짜임새 있고 의례에 필요한 요소도 갖춘 의문(儀文)임을 알 수 있다. 이런 점을 확인해두고, 이하에서는 『화엄보현행원수증의』의 체제를 염두에 두면서 현행 〈삼보통청〉을 보다 잘 활용할 수 있도록 보충적 제안을 해보기로 한다.

(1) 첫째, 〈삼보통청〉은 어떤 '교리'나 '수행'에 근거해서 만들어진 의례문인가를 생각해 보자. 이 궁금함을 해결하기 위해서는 〈삼보통청〉 예문(禮文) 전체를 검토해야겠지만, 예경의 대상만 살펴보아도 그 '예문'이 어느 '경전'에 근거한 예참 의례인지를 알 수 있다. 현행 〈삼보통청〉은 '소례(所禮)'의 대상은 '3신불(身佛)'을 중심으로 하여 그와

관련된 '불보살', 그리고 '선종의 역대 조사' 등임을 알 수 있다. 이점은 〈표3〉에 소개하는 '청사(請辭)'에서도 잘 드러난다. 지금은 단청(單請)으로 생략하는데 종래에는 〈표3〉과 같이 3청을 했으니, 소청(所請)의 대상이 분명하다.

〈표3〉 재래의 전통 삼청(三請) 청사(請詞) 의문(儀文)

제1청:
南無一心奉請. 三佛圓融, 十身无涯, 十方常住, 眞如佛寶. 格外禪燈, 顯密敎海, 十方常住, 甚深法寶. 三明已證, 二利圓成, 十方常住, 淸淨僧寶.
▶如是三寶, 無量無邊, 一一周邊, 一一塵刹. 唯願慈悲, 憐愍有情, 降臨道場, 受此供養.

제2청
南無一心奉請. 性天寥廓, 覺海汪洋. 法力難思, 大悲无涯. 三身四智, 眞如佛寶. 開毘盧廣大之義門, 照實際幽心之寶藏, 拈華微笑, 格外禪詮, 三藏五敎, 甚深法寶. 慈悲无涯, 善巧難思. 積資糧而, 上趣菩提. 興行願而, 下攝群品. 一乘三乘, 淸淨僧寶. ▶如是三寶, 無量無邊, 一一周邊, 一一塵刹. 唯願慈悲, 憐愍有情, 降臨道場, 受此供養.

> 제3청
> 南無一心奉請. 以大慈悲, 而爲體故, 救護衆生, 以爲資粮. 於諸病苦, 爲作良醫. 於失道者, 示其正路. 於闇夜中, 爲作光明. 於貧窮者, 令得伏藏. 平等饒益, 一切衆生. 淸淨法身, 毘盧遮那佛. 圓滿報身, 盧舍那佛. 千百億化身, 釋迦牟尼佛. 西方敎主, 阿彌陀佛. 當來敎主, 彌勒尊佛. 十方常住, 眞如佛寶. 一乘圓敎, 大華嚴經. 大乘實敎, 妙法華經. 三處傳心, 格外禪詮. 十方常住, 甚深法寶. 大智文殊菩薩, 大行普賢菩薩, 大悲觀世音菩薩, 大願地藏菩薩, 傳佛心燈, 迦葉尊者, 流通敎海, 阿難尊者, 十方常住, 淸淨僧寶. ▶如是三寶, 無量無邊, 一一周邊, 一一塵刹. 唯願慈悲, 憐愍有情, 降臨道場, 受此供養.[37]

 한국(=조선 시대) 불교가 '선교양종(禪敎兩宗)'의 전통 위에 서 있다는 점은 <표3>의 '청사'를 통해서도 반증 된다. 조선 시대에 제종(諸宗)이 정치 이념에 의해 통폐합되면서, 종파에 따른 독자적인 참회법은 사라졌다. 비록 강제적으로 통폐합되었다고는 하지만, 그래도 조선의 고승들은 '나름의 규칙'을 지켜왔다. 그 규칙이란 무엇인가?

---

37 백파 긍선 저, 『作法龜鑑』, 한불전10, 555상~중.

그것은 『화엄경』을 근간으로 하는 법성교학(法性敎學)을 '교리'의 바탕에 두고, 그 위에 남종선의 법맥(法脈)에 입각한 간화선 '수행'을 결합한 것이다. 불신관(佛身觀)으로는 '삼불원융(三佛圓融)'과 '십신무애(十身無碍)'의 화엄교학 체계를 갖추었고, 법보관(法寶觀)으로는 일승원교인 『대방광불화엄경』 말씀과 '3처전심'의 언어 밖의 도리로 선교(禪敎)를 겸했고, 승보관(僧寶觀)으로는 남종선의 사자승습(師資承襲)으로 법맥을 증거했다.

(2) 둘째, 〈삼보통청〉에 있는 『4대주』를 과연 생략해도 좋은가 하는 문제이다. 결론을 먼저 말하면, 만약 생략하면 의례로서의 형식적 요건이 손상되기 때문에 생략해서는 안 된다. 『원각경』에 입각한 규봉 선사나 『보현행원품』에 입각한 정원 법사나 두 대가들이 지은 '수증의(修證儀)' 모두에 불단(佛壇)을 돌면서 경전을 읽거나, 또는 명상을 하는 수행 의례가 들어 있다. 현행 〈삼보통청〉에서 『4대주』를 염송하는 대목이 바로 저곳의 '송경의례(誦經儀禮)'에 해당한다. 즉 『능엄주』, 『정본 관자재보살 여의륜주』, 『모다라니주』, 『불설소재길상다라니』 독경이 그것이다.

〈표4〉 의례집 항목 대조표

출전	화엄보현행원수증의 (No.1472)		화엄보현행원수증의 (No.1473)	
1	1. 嚴淨道場		1. 엄정도량	
2	2. 啓請聖賢		2. 계청성현	
3	3. 正修十行	①禮敬諸佛	5. 예경삼보	
		②稱讚如來	4. 칭찬여래	
		③廣修供養	3. 觀行供養	
		④懺悔業障	6. 修行五悔	①참회
		⑤隨喜功德		③수희
		⑥請轉法輪		②권청
		⑦請佛住世		
		⑧常隨佛學		
		⑨恒順衆生		⑤발원
		⑩普皆廻向		④회향
4	4. 旋繞誦經		7. 선요칭염	
			8. 誦經規式	
5	5. 端坐思惟		9. × × ×	

관련 논문 413

출전	원각경도량 약본수증의		이구혜 보살소 문경	현행 상단불공	
1	1.엄정도량		×	1.결계 : 송주(보례진언/천수경)	
2	2.계청성현		×	2.거불 3.유치	
3	6.예경삼보		3. 예경	4.청사 5.향화청	
	5.칭찬여래		2. 칭찬	6.가영 7.헌좌진언	
	3.공양관문		1.공양	8.욕건이	
	7.修行五悔	①참회	4. 참회	9.정법계진언	19. 예참시작 (지심정례 공양) ⇓ (동입미타 대원해)
		③수희	6. 수희	10.공양게 (혹은 다게)	
		②권청	5. 권청	11.진언권공	
		⑤발원	8. 발원	12.운심공양진언	
				13.보공양진언	
				14.보회향진언	
				16.원성취진언	
				17.보궐진언	
				18.탄백	
		④회향	7. 회향	20.축원	
4	8. 旋繞誦經		× ×	15. 4대주	
5	4. 正坐思惟		× ×	× × ×	

이런 관점에서, 필자는 '보회향진언'과 '원성취진언' 사이에 '강경의식(講經儀式)'을 행할 것을 제안해왔다.[38] 과거의 역사를 보면, 의례를 새롭게 만든다는 일은 쉬운 일이 아님을 알 수 있다. 될 수 있으면 기존의 의례를 활용하는 것이 좋겠다고 생각한다. 그러면 어떻게 활용할 수 있을까?

오늘날 한국 사원에서 재가자들을 대상으로 하는 매월의 법회(法會) 순서를 보면, 소위에 [제1부]에서는 〈삼보통청〉에 의한 '불공'을 드리고, 물론 중단 예경과 하단 시식을 간단하게 마치면 약 1시간이 걸린다. 이어서 [제2부]로 '삼귀의' 노래에 이어 '반야심경 봉독'을 마치고 '청법가' 불러 소위 법사를 모셔 '법문'을 듣는다. '사홍서원'에 이어 '산회가' 노래로 마치면 역시 1시간이 걸린다. [제1부]와 [제2부]의 중복적이고 교리와 유리된 문제점을 필자는 여러 지면에서 그 근거를 밝혀 논의해왔다. 동시에 그 대안으로 위에서 제시한 대로 〈삼보통청〉의 '보회향진언'과 '원성취진언' 사이에 '설법'할 것을 제안해왔다.[39] 그것도 특정 『경』을 독송한 후에, 그 『경』에 대한 법사의 해설을 붙이는 방식으로 말이다. 간단하게 말하면 [제1부]

---

38 신규탁, 『不干講經法會要覽』(경기: 도서출판 깃발, 2009), 23~25쪽.
39 신규탁, 「불천강경법회 설립 배경」, 『不干講經法會要覽』 (경기: 도서출판 깃발, 2009), 140~146쪽.

와 [제2부]에서 중복된 의례 절차를 빼고 이 둘을 합쳐 총 60분 안팎으로 의례를 집약하자는 제안이다.

(3) 셋째, '정좌사유(正坐思惟)'에 대한 문제이다. 각종 의례에 보면 반드시 이 대목이 들어 있다. 〈삼보통청〉에는 이 대목이 없는데, 그 이유는 〈삼보통청〉이 '공양 의례'이기 때문이다. 그런데 현실적으로 또 역사적으로 〈삼보통청〉이 많이 보급되어 있으니, 〈삼보통청〉에 약간의 첨삭을 가하는 방식으로 '정좌사유(正坐思惟)'를 수용했으면 하는 것이 필자의 생각이다. 어느 대목에 넣는 것이 좋을까? 이에 대해서는 좀 더 근거 있는 고찰이 필요하지만, '송경 의식' 전에 할 것을 방편으로 제안한다. 대승 경전의 구성을 보면, 법회가 열릴 때면 항상 삼매(三昧)에서 출정(出定)한 다음에 법을 설하는 형식을 취하고 있다는 점에서 착안한 것이다.

돌이켜보면, 한국의 불교 의례는 그동안 연구의 사각지대에 놓여있었다. 조선 시대 긴 무종산승(無宗山僧) 시대를 거치는 동안, 제종(諸宗)이 통폐합되는 과정에서 '교리'와 '의식' 사이에 적잖은 단절이 생겼다. 그 후 일제강점기에 일본 불교 의례의 유입으로 혼란이 보쾌졌고, 그 후 해방 정국에서는 소위 '비구-대처'의 갈등으로 전통 교단이 분열하는 과정에서 불립문자(不立文字)의 표어에 기대어 급조승(急造僧)이 늘어나 전통 승가 교육을 받을 기회를 놓쳐 결국 '교학'도 흔들리고, 또 '선학'도 흔들렸다.

그러나 이제는 세월이 달라졌다. 금기시되던 선어록과 각종 공안집의 선문(禪文)도 한글로 번역되기 시작했고, 각종 의례의 의문(儀文)도 한글화하기 시작했다. 한문(漢文)이라는 문자의 장벽을 무너트리면서 그 뜻을 많은 사람이 알아가게 되었다. 이런 추세에 즈음하여, 필자는 이상에서 『보현행원품』이 어떻게 의례(儀禮) 속에 활용되었는지를 정원 법사의 경우를 사례로 분석해 보았다. 나아가 한국 불교 신행 현장에서 그것을 어떻게 활용할지도 방안을 제시해 보았다.

돌이켜, 우리나라 봉건에서 근대로의 이행 과정, 더 나아가 근대에서 현대로의 이행 과정을 살펴보면, 파란만장하다는 말로도 다 표현하기 어려울 지경이다. 긴 세월 기록의 도구로 사용하던 한문(漢文)을 대신하여 이제는 한글을 전용하게 되었다. 불교의 각종 경·율·론 3장(藏)을 비롯하여 각종 의례의 의문(儀文)이 모두 한문으로 기록되었다. 이제는 그것을 읽을 수 있는 사람도 쓸 수 있는 사람도 급격하게 줄어들었다.

운허나 월운 등 선각자 스님들에 의해 한문으로 기록된 불경과 의례문을 한글화하는 운동이 전개되었지만, 현장의 승려 교육이나 신도 신행에까지 영향을 미치기에는 세월과 이 분야 구성원들의 노력이 더 쌓여야 할 것이다.

다행스럽게도, 수십 년 전부터는 남방불교의 전통이 학문의 영역을 넘어 신행의 현장까지 전파되기 시작하여,

한편으로는 중국을 통해 전래 되어 세월 속에서 우리의 전통이 된 기성의 불교를 반성할 수 있는 계기가 마련되었다. 또 불교 신행의 다양한 선택지를 열어주었다. 그런데 이런 풍부함이 그 분야 전문가 공동체에 의해 학술적으로는 물론 실천 방면으로까지 체계적으로 뒷받침되지 못하면, 도리어 실제 삶의 현장에서는 갈피를 잡을 수 없게 될 수도 있다.

이런 상황에 즈음하여, 필자는 '온고이지신(溫故而知新)'의 정신으로, 즉 옛 전통을 잘 이해하여 새로운 시대를 살아가자는 태도를 견지하며, 때로는 불교철학의 실천 영역으로 시야를 넓혀 논문 활동을 하기도 했다. 이 과정에서 필자는 지난 전통을 확인해야 했다. 그 확인 방법으로 전통 의례(儀禮)의 예문(禮文)을 분석하기도 했고, 또 조선 시대 이래 강원(講院)의 이력과정(履歷課程)을 강사 스님 앞에서 배우기도 했다. 그리고 그 강본(講本) 교재를 전통 경학(經學) 방법에 따라 한글로 주석 달아 번역하기도 했다. 청량 국사의 『화엄경 보현행원품소』 번역도 그 일환이다. 본 번역서에 첨부한 정원 법사의 『화엄보현행원수증의』 연구도 그렇다. 이런 책들에 관통하는 불·법·승 3보(寶)를 이해하는 철학이 본 논문 〈표3〉의 청사(請詞)에 집약된다. 이게 우리의 긴 전통이다.

참고자료

智顗, 『修習止觀坐禪法要』(대정장46).
智顗, 『法華三昧懺儀』(대정장46).
澄觀, 『華嚴經行願品疏』(신찬속장5).
道圭, 『大方廣佛華嚴經普賢行願品別行疏鈔重刊序』(신찬속장5).
澄觀別行疏, 宗密隨疏鈔, 『大方廣佛華嚴經入不思議解脫境界普賢行願品疏鈔』(신찬속장74).
澄觀 疏, 宗密 鈔, 『華嚴經普賢行願品別行疏鈔』(全 15卷), 臺灣: 三重淨宗學會.
宗密, 『圓覺經道場修證儀』(신찬속장74).
淨源, 『圓覺道場略本修證儀』(신찬속장74).
淨源, 『華嚴普賢行願修證儀』〈No. 1472〉, 〈No. 1473〉(신찬속장74).
白坡, 『作法龜鑑』, 한불전10.
광덕, 『보현행원품』, 서울: 삼영출판사, 1968.
광덕 옮김, 박성배 강의, 『미국에서 강의한 화엄경 보현행원품』, 안성: 도피안사, 2008.
김월운, 『일용의식수문기』, 경기: 중앙승가대학 출판국, 1991.
대한불교조계종 포교원, 『통일법요집』, 서울: 조계종출판사, 1998.
동국역경원, 『보현행원품·보문품·보안장』, 서울: 동국역경원, 1966.
법성, 『화엄경 보현행원품』, 서울: 도서출판 큰수레, 1992.
신규탁, 『불천강경법회요람』, 경기: 도서출판 깃발, 2009.
安震湖 편, 『釋門儀範』, 京城: 卍商會, 1934年, 初版.

이운허 역, 『한글대장경-40 화엄경』, 서울: 동국역경원, 1964.
이운허 역, 『한글대장경-42/43 화엄경』, 서울: 동국역경원, 1966/1968.
이종린, 『실천 보현행원품』, 서울: 불광출판사, 2003.
智顗 著, 李安 校釋, 『童蒙止觀校釋』, 北京: 中華書局, 1996, 4刷.
학담 연의, 『화엄법계와 보현행원- 화엄경 보현행원품』, 서울: 큰수레, 증보판 1쇄, 2008.
학담 편저, 『법화삼매의 길』, 서울: 큰수레, 2007.
한정섭, 『보현행원품』, 경기도: 상락향수도원, 1997.
인묵 스님 시연, 〈불교의식모음 CD 총1 8매〉, 서울: 대한불교조계종 어산작법학교.
신규탁, 「고대 한중 불교 교류의 일고찰; 고려의 의천과 절강의 정원」, 『동양철학』제27집, 서울: 한국동양철학회, 2007.
신규탁, 「의식과 교리 관계 논증; 『원각경도량수증의』를 중심으로」, 『영산에서 핀 연꽃; 일응 어장의 작법과 범패』, 서울: 정우서적, 2013.
조윤호, 「보현행원사상 연구를 위한 문헌학적 접근」, 『불교학 연구』제4호, 서울: 불교학연구회, 2002.
차차석, 「천태 찬 『법화삼매참의』의 정토적 특성 탐구」, 『보조사상』제29집, 서울: 보조사상연구원, 2008.

‖ 찾아보기 ‖

표제어 범위 :
용어 · 법수 · 과목.

(1)
1심(心) 77, 80, 83

(2)
2제(諦) 41, 70, 141, 144, 315

(3)
3덕(德) 51
3독(毒) 51, 181, 397
3장(障) 174
3처(處) 회향 186, 218, 255
3토(土) 280
3현학(玄學) 38, 40

(4)
4구(句) 45
4무량심 49
4분(分) 326
4장(障) 174
4지(智) 280

(5)
5과(果) 233
53선지식 이름 328
5상(相) 133
5주인과 99, 121
5지작법 216

(6)
62게송 분류표 245
6바라밀 정토 279
6인 · 4연 · 5과 233

(7)

7종 공양 164

7종 례(禮) 150

7가지 청정 279

(8)

80화엄 구조표 326

8난(亂) 49

(9)

9업(業) 287

(10)

10가지 법계 156

10가지 절[禮] 150

10경(經) 120

10권본 수문해석 과목표 349

10권본과 1권본 비교표 344

10례(禮) 150

10문 분별 비교표 343

10법계(法界) 120

10법행(法行) 169

10보(普) 130

10불(佛) 117, 118

10신(身) 61, 409, 411

10연(緣) 105

10인(因) 66

10종(種) 수행 169, 229, 242

10종(種) 행의 144

10종(種) 서원 294

10진여(眞如) 81

10참(懺) 176, 177

10화(華) 113

10회향 145

(ㄱ)

가행독서(加行讀書) 350

각섭(各攝) 81, 88

각현(覺賢) 100

감이수통(感而遂通) 68, 71

경계 125

경운 원기(擎雲元奇) 334

경전 듣는 공덕 226, 306
경찬회향(慶讚迴向) 324
고기송(孤起頌) 259
고통 대신 받기 221
공립(共立) 144, 315
공섭(共攝) 87
공양거리 162, 163, 164, 249, 270, 384
과용(果用) 99, 201
과위(果位) 140
과해(果海) 49, 91
관상 공양 167, 169, 173
광덕 스님 352
광소(廣疏) 68, 108, 342, 343
광수공양 162
교(教, śāsana) 111, 347
교기인연(教起因緣) 38, 64, 65, 343, 344
교상판석 21, 340
국토의 모습 285, 284
규봉 종밀 21, 61, 77, 340, 358, 369

그를 죽여 222
극락세계 235, 241, 301, 311
극락에 가서 236, 241
근본법회(根本法會) 317
근기에 감응 68
기성 쾌선 22
기수급고독원 314
기행(起行) 71, 90, 175, 179, 289
기위수행상(寄位修行相) 133, 328

(ㄴ)

나고 죽는 광야 214, 216
나쁜 동무 233
남호 영기(南湖永奇) 24, 330
능(能)·소(所) 52, 76, 90, 92, 95, 122, 132
능엄경환해산보기 336
능엄학림 337, 338

(ㄷ)

당기(當機) 51, 71
대경(大經) 41, 42, 133, 357
대방광불화엄경수소
  연의초 23, 72, 330, 332
대승돈교 94
대승종교 93
대신 고통 받기 221
대지도론 146,
대홍선사 276, 302
덕종 27, 39, 41, 98, 102
돈수(頓修) 70
돈증(頓證) 70, 315
동국역경원 9, 19, 23, 136, 139, 335
동화사판 9, 22
들어감[入] 76, 90, 123, 131
등류과(等流果) 233, 309

(ㄹ)

륵나마제 삼장 149
리구문(離垢門) 80, 82

(ㅁ)

만암 종헌(蔓庵宗憲) 335
맏아드님 294, 295, 296
명득(明得) 62, 180, 320
목건련 320
묘주장 263
무간업 227, 228
무분별지 91, 92, 96
무상경 235
무장애법계 79, 82, 96
무학(無學) 189, 196, 251, 397, 400
묵암 최눌(默庵最訥) 332, 333
문(門) 45
문수장 167, 172
미륵보살 33, 236, 318
미천 도안(彌天道安) 135

(ㅂ)

바닷물 60, 80, 96, 163, 190
박성배 351
박재현 13, 27
박한영 334
반결(反結) 216
반류문(反流門) 178
반야 삼장 35, 102, 107
방광 61, 115, 327
백암 성총 23, 330
백파 긍선 334, 410
번역의 인연 105
범본(梵本) 103, 168, 281, 284, 288, 319
법 공양 164, 167, 169
법계(法界) 39, 75, 76, 77
법계연기 75, 97
법계종오조략기 107
법설(法說) 212
법성종 69, 93
법합(法合) 214, 216
법행(法行) 169, 229, 349
변재 천녀(辯才天女) 159
별의(別義) 186, 195
별행본(別行本) 21, 108, 361
보리심 15, 26, 212
보문(普門) 286
보법(普法) 128
보살선계경 146
보인(普因) 134, 141, 347
보현관경 176
보현보살 138, 326, 349
보현행원수증 372
보현행원품 327
보현행원품 독서기 350
보현행원품 유래 56
보현행원품소 유래 339
복성(福城) 52, 314
본문의 과목표 226, 240, 243, 313
본행(本行) 167, 250
봉은사 6, 24, 330
봉은사본 6, 33, 62, 180, 184, 315, 322, 324

부처님의 경계 278, 279, 280
부처님의 수기 236
분제경(分齊境) 125
불공 금강 삼장 100
불어심품 131
불조역대통재 39, 108
불타발타라 259, 357
비유로 밝히기[喩明] 213

(ㅅ)
사기(私記) 336
사리무애 84
사문일과 23
사법계 79
사사무애 87
사암 채영 332
사용과(士用果) 234, 237, 309
사참(事懺) 176, 394
살가죽을 벗겨 199
상과인(常果因) 272
상수불학 198

상주권공 60, 207, 208, 407
상즉무애문 82
상호영락 279
생보[生報] 238
생인(生因) 279
석경(釋經) 38, 64, 341, 343, 347
석전(石顚) 334
설일체유부 233
설주(說主) 61, 99, 326
설파 상언 23, 330, 332
성문 대중 318, 320
성상혼연문 82, 84, 88
성정문(性淨門) 80
성죄(性罪) 175, 394
소생과(所生果) 281
소주(疏主) 75, 135
소지경(所知境) 125
수기(受記) 69, 115, 236, 301
속성[義;artha] 96
수지독송 241, 260

수희공덕 185, 189
순류문(順流門) 177
순생사심(順生死心) 180
승설(勝說) 196, 197
승조(僧肇) 341
승진분(勝進分) 269
시현과(示現果) 281
신견(身見) 177
실상을 염(念) 176
실제 218, 219, 220, 223, 255
심행(心行) 269
십주비바사론 146
십지경 156

(ㅇ)
아만례(我慢禮) 150
아미타불 236, 241, 311
약왕보살본사품 170
여래수호공덕품 176, 177, 179
역경승(譯經僧) 21
역류문(逆流門) 178

연담 유일 332, 333, 335
연화장세계 303
역경예규 139
영각사(靈覺寺) 23, 24, 330, 333, 362
영략(影略) 279
오다국(烏茶國) 103, 365
오지작법 216
왕생극락 236, 241
운허 용하(耘虛龍夏) 11, 19, 23, 136, 335, 430
원교(圓教) 66, 106, 359, 411
원음(圓音) 48, 277
월운(月雲) 15, 134, 335
월저 도안 23, 331, 332
유명(喩明) 213
유통분 316
응송(應頌) 259
의(義; artha) 96, 112, 115
의보(依報) 46, 80, 113
의생(義生) 314, 315, 316,

317
의인(依因) 280
의해승(義解僧) 21, 341
의행(意行) 269
이계과(離繫果) 234, 238, 309
이구혜보살소문예불법경 145, 377, 413
이법계 80
이사무애 84
이숙과(異熟果) 233, 227 309
이참(理懺) 176, 394
인명논리 216
인문(因門) 91, 99
인악 의첨 334
인연법 73
인원과만(因圓果滿) 99
인위(因位) 139, 167, 250
인지(因地) 53
인행(因行) 201, 296
일용과송(日用課誦) 23

일진법계(一眞法界) 39, 77, 360
일생보처 318
임자도(荏子島) 23, 330
입(入) 279, 284, 288
입법계품 327

(ㅈ)

자분(自分) 269
자비의 물 214, 215, 318
작법(作法) 175, 419
재물 공양 167, 168, 172, 250, 271
전섭(全攝) 87
정명경 168, 170, 176, 280
정보(正報) 41, 80, 113
정원 법사 75, 360, 366, 368
정원신역화엄경소 102
정진소설(正陳所說) 141, 243
정토의 업과 231, 234,

307
제망찰해(帝網刹海) 130
제목을 해석 109
제석천 46, 130, 151, 153, 284, 285
제석천궁 46, 357
조지훈 10, 350
조철(朝徹) 54
조칙 57, 107
좌망(坐忘) 55
죄의 본성 176, 394
주장 말하기[法說] 212
주장과 비유의
 결합[法合] 214, 216
중성점기(衆聖點記) 188
중시보인(重示普因) 134, 348
즉(卽) 84, 279, 288
증상과(增上果) 233. 309
지덕(智德) 51, 138
지말법회(枝末法會) 317
지업석(持業釋) 218
진여법계 39, 63, 110,

122
진여 81
진여자성 69
징광사 20, 330, 362

(ㅊ)
차죄(遮罪) 175, 394
참마(懺摩) 174
참회 174, 182
창화례(唱和禮) 150
첩(牒) 147, 159
청량 징관 21, 39, 343, 361, 358
청불주세 195
청전법륜 192
체(體) 77
추사 김정희 24
칭찬여래 159

(ㅌ)
통의(通義) 186, 195, 254

(ㅍ)
파도 83, 94, 95
팔상성도 187
편양 언기 331, 332
피를 뽑아 199

(ㅎ)
한글대장경 19, 136, 335
항섭(恒攝) 87, 88
항순중생 206
행상(行相) 355, 406
해탈 124
향적품 281
허공계(虛空界) 48, 152
현담(懸談) 38
현보(現報) 230, 238
현인광대상 133
형탈무기문 82
혜남(慧南) 334
화엄경 한글 번역 19, 98
화엄과도(華嚴科圖) 332
화엄품목 333
환성 지안 331, 332

환희지 서원 260, 279, 294
후득지(後得智) 280
후보(後報) 238
힘[力] 153, 287

자안시중생 慈眼視衆生
운허 스님 유묵으로 관세음보살은 자비의 눈으로
중생을 보살피신다는 무진의보살의 찬탄.
　[소장자 : 운허 스님의 증손상좌 보광사 주지 혜성 수좌.]

수경게
收經偈

금문성법의활연
今聞聖法意豁然
시지본월잉재천
始知本月仍在天
종자불의생애로
從茲不疑生涯路
원사견지상현전
願使堅持常現前

말씀듣자 마음열려
부처인줄 알았으니
일생토록 의심않고
시시때때 활용하리

위의 〈수경게〉는 월운 강백께서 〈개경게〉에 짝하여 지으셨음.

필자소개

신규탁

1994년 동경대학 중국철학과에서 「圭峰宗密の'本覺眞心'思想硏究」로 문학박사 학위를 받고 연세대 철학과 교수로 부임하여, 화엄철학, 선불교, 중국철학사, 도교사상사 분야 강의. 저서로는 『선학사전』(공저), 『선사들이 가려는 세상』, 『규봉종밀과 법성교학』, 『선문답의 일지미』, 『때 묻은 옷을 걸치고』, 『한국 근현대 불교사상 탐구』 등이 있고, 번역서로는 『벽암록』, 『선과 문학』, 『원각경·현담』, 『화엄원인론·중화전심지선문사자승습도』, 『선문수경』, 『화엄경보현행원품소』, 『사문일과』, 『안락와 사문일과 경계』 등이 있음. 『불천강경법회요람』, 『화엄종주 경운원기 대선사 산고집』, 『월운당 가리사』, 『월운당 도중사』, 『화엄경초역해설』, 『선문염송초역해설』 등을 편집 번역 해설. 불교평론상, 청송학술상, 연세대 공헌교수상 수상. 한국정토학회장, 한국선학회장, 한국동양철학회장 등 역임.

e메일: ananda@yonsei.ac.kr